校企合作财经商贸专业系列丛书

互联网+创新型“十四五”精品教材

跨境电子商务营销策划

（微课版）

主　编　汪　璟　苗　娜　张思司

副主编　吕家剑　华春革　宋瑞萍　王鹏涛

哈爾濱工程大學出版社
Harbin Engineering University Press

内容简介

本书共十个项目，主要内容包括跨境电子商务营销与策划的概念、跨境电子商务市场机会分析、跨境电子商务的客户策划、跨境电子商务文案与广告策划、跨境电子商务活动的营销、跨境电子商务搜索引擎营销、跨境电子商务的视觉营销策划、跨境电子商务社交媒体、跨境电子商务的服务营销、跨境电子商务营销创新。

本书可作为应用型本科院校、职业院校电子商务相关专业的教材，也可以作为电子商务培训机构和相关人员的参考用书。

图书在版编目（CIP）数据

跨境电子商务营销策划 : 微课版 / 汪璟，苗娜，张思司主编. -- 哈尔滨 : 哈尔滨工程大学出版社，2024.6. -- ISBN 978-7-5661-4451-5

Ⅰ. F713.365.2

中国国家版本馆 CIP 数据核字第 20240ML870 号

跨境电子商务营销策划（微课版）

KUAJING DIANZI SHANGWU YINGXIAO CEHUA（WEIKE BAN）

策划编辑 张林峰

责任编辑 章银武

出版发行 哈尔滨工程大学出版社

社　　址 哈尔滨市南岗区南通大街 145 号

邮政编码 150001

发行电话 0451-82519328

传　　真 0451-82519699

经　　销 新华书店

印　　刷 唐山唐文印刷有限公司

开　　本 787 mm×1 092 mm　1/16

印　　张 15.5

字　　数 397 千字

版　　次 2024 年 6 月第 1 版

印　　次 2024 年 6 月第 1 次印刷

书　　号 ISBN 978-7-5661-4451-5

定　　价 49.80 元

http://www.hrbeupress.com

E-mail:heupress@hrbeu.edu.cn

前　言

党的二十大报告指出，推进高水平对外开放，稳步扩大规则、规制、管理、标准等制度型开放，加快建设贸易强国，推动共建“一带一路”高质量发展，维护多元稳定的国际经济格局和经贸关系。

在今天这个全球化并且数字化的世界中，跨境电子商务已然成了新的商业机遇与市场开发的重要方式。在各种新兴的商业模式中，跨境电子商务无疑展现出了强大的生命力和发展潜力。

本书各项目均配有学习目标、项目导读、知识梳理及思考练习、思政之窗、延伸阅读等互动内容。本书具有以下特色。

（1）综合性视角。本书采用综合性视角，涵盖跨境电子商务中的各个关键方面，包括营销创新、直播营销、高阶营销技巧、营销环境与激励等，使读者全面了解跨境电商营销的多层面特点。

（2）实战案例深度解析。通过深度解析真实的跨境电商营销案例，读者将得以深刻理解实际应用中的问题和解决方法，提升实战营销的能力。

（3）前沿趋势与发展方向。本书关注行业前沿趋势，深入分析未来跨境电商可能面临的挑战与机遇，使读者对未来发展有清晰的战略规划。

（4）专业知识与实用技能并重。结合理论知识与实用技能，使读者不但能够打下深厚的理论基础，而且能够灵活应对实际问题，提高在跨境电商领域的营销能力。

（5）交互式学习体验。本书以交互式学习为特色，通过任务描述、知识嵌入等方式，激发读者的学习兴趣，培养实际操作技能。

本书由汪璟（兰州资源环境职业技术大学）、苗娜（临沂科技职业学院）、张思司（四川托普信息技术职业学院）担任主编，由吕家剑（临沂科技职业学院）、华春革（上海民航职业技术学院）、宋瑞萍（菏泽工程技师学院）、王鹏涛（河南经贸职业学院）担任副主编。本书相关资料和售后服务可扫封底微信二维码或登录 www.bjzzwh.com 下载获得。

编者在编写本书的过程中参考了大量资料，在此向相关人员表示感谢。由于编者水平有限，书中难免存在不足之处，恳请广大读者批评指正并提出宝贵意见。

编　者

前言

目　录　CONTENTS

项目一

跨境电子商务营销与策划的概念

项目导读

随着全球化和数字化的发展，跨境电子商务市场蓬勃发展，对于企业和个人来说，利用网络平台开展跨境电子商务营销已经变得越来越重要。本项目旨在介绍和探讨跨境电子商务营销与策划的相关知识、技能和实践。

学习目标

知识目标

◆熟悉跨境电子商务营销与策划的概念、目标和重要性。

◆了解跨境电子商务营销与策划的不同类型，如搜索引擎营销、社交媒体营销、事件营销和电子邮件营销。

◆掌握跨境电子商务营销岗位的相关概述、职责和要求。

◆理解第三方跨境电子商务平台营销和独立站营销的区别。

◆了解数字时代背景下的跨境电子商务营销策划的框架、流程和实践案例。

能力目标

◆能够运用专业知识和技能，实施跨境电子商务营销与策划。

◆具备市场分析和竞争分析的能力，能够准确把握目标市场的特征和机会。

◆具备品牌塑造和宣传的能力，能够设计有效的品牌推广策略。

◆能够设计和执行符合市场需求的促销活动，提高销售效果。

◆具备客户关系管理和售后服务的能力，提供优质的客户支持和满意度。

素质目标

◆增强学生对数字时代商业环境的敏感性和洞察力。

◆培养学生战略思维和系统化思考的能力，能够制定跨境电子商务营销策划。

◆提升学生沟通和协作能力，能够与团队和合作伙伴有效合作。

◆培养学生创新思维和解决问题的能力，在跨境电子商务营销领域提供创新的解决方案。

◆培养学生数据分析和决策能力，能够利用数据评估和优化营销策略。

思政目标

跨境电子商务营销与策划是新时代的新兴领域，对于培养学生的创新思维、实践能力和素质力量具有非常重要的作用。在此，希望学生能够在实践中深度理解和运用跨境电子商务营销与策划的知识和技能，为个人和社会的进一步发展做出积极贡献。

任务一　跨境电子商务营销与策划方案

任务描述

小王最近发现自己的网店流量越来越少，订单也越来越少，非常着急，听朋友说通过合理的营销与策划方案可以快速提高店铺流量和转化率，也想学习一下。那么，什么是跨境电子商务营销与策划呢？网店卖家将如何选择适合自身店铺的营销策略？通过本次任务，了解跨境电子商务营销与策划的概念和策略。

跨境电子商务营销与策划的存在，给人们的生活、工作和交往方式都带来了巨大的变革，在促进社会发展的同时，也带来了更为先进和科学的运营理念。作为新时代的运营者，首先要掌握新媒体的相关知识，做好新媒体运营的准备工作。

任务分析

跨境电子商务营销与策划是企业整体营销战略的一个组成部分，是为实现企业总体经营目标而进行的，以互联网为基本手段营造跨境网上贸易经营环境的各种活动。它实质是利用互联网对跨境产品的售前、售中、售后各环节进行跟踪服务，自始至终贯穿企业经营的全过程，包括市场调查、顾客分析、产品开发、销售策略和反馈信息等方面。

一、跨境电子商务营销与策划的策略

跨境电子商务营销与策划的策略是企业根据自身所在市场中所处地位不同而采取的一些跨境电子商务营销与策划组合，它包括产品策略、价格策略、促销策略和顾客服务策略，如图 1-1 所示。

（一）产品策略

产品策略主要分三种：产品组合策略、产品延伸策略和新产品开发策略。

图 1-1 跨境电子商务营销与策划的策略

1. 产品组合策略

产品组合是指一个企业生产或经营的全部产品线和产品项目的组合方式。包括产品组合的宽度、长度、深度和关联度。

（1）扩大产品组合策略

扩大产品组合策略也称全线全面型策略，即扩展产品组合的长度和宽度，增加产品系列或项目，扩大经营范围，以满足市场需要。该策略有利于综合利用企业资源，扩大经营规模，降低经营成本，提高企业竞争能力；有利于满足顾客的多种需求，进入和占领多个细分市场。

（2）缩减产品组合策略

缩减产品组合策略也称市场专业型策略，即缩减产品组合的长度和宽度，减少一些产品系列或项目，集中力量经营一个系列的产品或少数产品项目，提高专业化水平，以求从经营较少的产品中获得较多的利润。该策略有利于企业减少资金占用，加速资金周转；有利于广告促销和明确分销渠道，从而提高营销效率。

2. 产品延伸策略

每一个企业所经营的产品都有其特定的市场定位。产品延伸策略即指全部或部分地改变企业原有产品的市场定位，其具体做法有向上延伸、向下延伸和双向延伸三种，如图 1-2 所示。

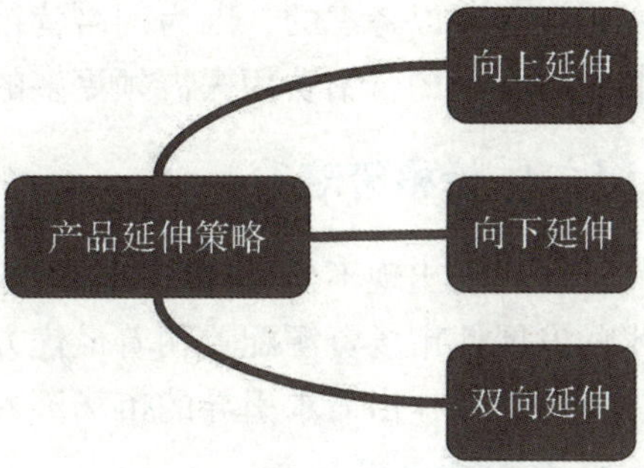

图 1-2 产品延伸策略模型

3. 新产品开发策略

（1）新产品

新产品即开创一个全新市场的产品。这种策略是网络时代最有效的策略，一般适合创新公司。网络时代使市场需求发生了根本性的变化，消费者的需求和消费心理也发生了重大的变化。因此，如果有很好的产品构思和服务概念，即使没有资本也可以凭借产品服务概念获得成功，因为许多风险投资资金愿意投入互联网市场。新产品营销本质模型如图 1-3 所示。

（2）新产品线

新产品线即让企业首次进入现有市场的新产品。这种策略往往是企业对抗模仿的一种很好的防御性策略。

（3）现有产品线外新增加的产品

现有产品线外新增加的产品即补充企业现有产品线的新产品。由于市场不断细分，市场需求的差异性增大，因而这种策略是一种比较有效的策略。首先，它能满足不同层次的差异性需求；其次，它能以较低的风险进行新产品开发，因为它是在已经成功的产品上再进行的开发。

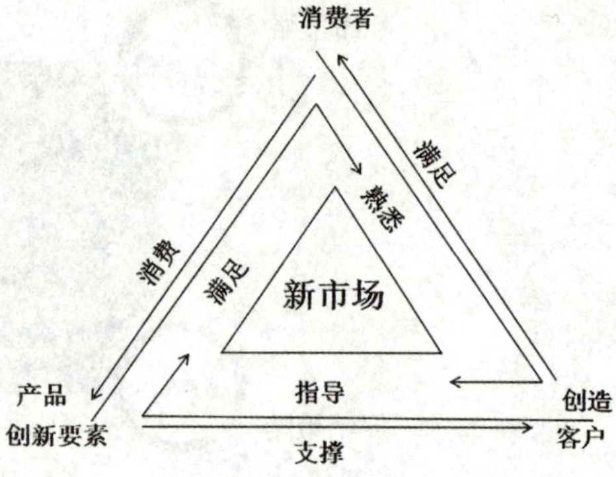

图 1-3　新产品营销本质模型

（4）现有产品的改良品或更新品

现有产品的改良品或更新品即提供经过改善的功能或较大感知价值并且替换现有产品的新产品。企业在消费者对品质需求日益提高的驱动下，必须不断改进现有产品和进行升级换代，否则很容易被市场淘汰。目前，产品的信息化、智能化和网络化是必须考虑的，如电视机的数字化和上网功能。

（5）降低成本的产品

降低成本的产品即提供同样功能但成本较低的新产品。虽然消费者注重个性化消费，但个性化消费不等同于高档次消费，它意味着消费者根据自己的个人情况（包括收入、地位、家庭及爱好等）来确定自己的需要。因此，消费者的消费意识更趋于理性化，消费者更强调产品带来的价值，同时也包括所花费的代价。

（6）重定位产品

重定位产品即以新的市场或细分市场为目标市场来定位现有的产品。这种策略在网络营销初期是可以考虑的，因为网络营销面对的是更加广泛的市场空间，企业可以突破时空限制，以有限的营销费用去占领更多的市场。

（二）价格策略

互联网的出现不但使收集信息的成本大大降低，而且还能得到很多的免费信息。网络技术的发展使市场资源配置朝着最优方向发展，这意味着市场的主动权不再属于供应方而是属于需求方，由需求引导的市场资源配置是网络时代的重要特征。

1. 低价定价策略

（1）直接低价定价策略

直接低价定价要时比同类产品低。例如，戴尔（Dell）公司的计算机定价就比同性能的其他公司的产品低 10%~15%。采用直接低价定价策略的基础是：本企业较同行能更有效地降低各项成本。

（2）折扣定价策略

折扣定价是在原价基础上进行折扣来定价。这种定价方式可以让顾客直接了解产品的降价幅度，以促进顾客的购买。这种定价策略主要用于一些网上店铺，它们对购买来的产品按照市面上流行的价格进行折扣定价。

(3) 促销定价策略

如果企业是为了拓展网上市场，但其产品价格又不具有竞争优势，则可以采用促销定价策略。促销定价策略除了前面提到的折扣定价策略，比较常用的还有有奖销售和附带赠品销售。

2. “定制生产”定价策略

根据顾客群体的不同定制生产可以分为以下两类：一是面对工业组织市场的定制生产；二是面对消费者市场的定制生产。

“定制生产”定价策略是指在企业能实行定制生产的基础上，利用网络技术和辅助设计软件，帮助消费者选择配置或者自行设计能满足自己需求的个性化产品，同时承担自己愿意付出的价格成本。

3. “使用”定价策略

“使用”定价策略是顾客通过互联网注册后可以直接使用某公司产品。顾客只需要根据使用次数或时间进行付费，而不需要将产品完全购买下来。这样不仅可以减少企业为完全出售产品而进行大量不必要的生产和包装的浪费情况，同时还可以吸引那些有顾虑的顾客来使用产品，扩大市场份额。

采用按使用次数定价，一般要考虑产品是否适合通过互联网传输，是否可以实现远程调用。目前，比较适合这种定价策略的产品有软件、音乐和电影等。另外，采用按使用次数定价对互联网的带宽有很高的要求，因为许多信息都要通过互联网进行传输，如果互联网带宽不够，则会影响数据传输，进而影响顾客使用和观看效果。

（三）促销策略

跨境电子商务营销与策划促销简称网络促销，是指利用网络技术向境外虚拟市场传递有关产品和服务的信息，以刺激消费需求，引发消费者购买欲望和购买行为的各种活动。

网络促销有以下两个特点：一是网络促销通过网络技术传递信息；二是网络促销是在虚拟市场上进行的。

1. 网络广告

网络广告是指以计算机网络作为广告媒体，采用相关的电子多媒体技术设计和制作，并通过计算机网络传播的一种广告形式。网络广告可以分为旗帜广告、电子邮件广告、电子公告栏广告和新闻组广告等。

2. 站点推广

站点推广就是企业利用网络营销策略扩大站点的知名度，提高网站的被访问次数，起到宣传、推广企业及企业产品的一种促销形式。

站点推广主要有两类方法：一类是通过改进网站内容和服务，吸引顾客访问，起到推广效果；另一类是通过网络广告宣传推广站点。

3. 销售促进

销售促进是指企业利用可以直接进行销售的网络营销站点，采取一些销售促进方法如打折、抽奖和拍卖等，宣传和推广产品的一种促销形式。

4. 关系营销

关系营销是指通过借助互联网的交互功能吸引顾客与企业保持亲密关系，培养顾客忠诚度，提高顾客的再购率的一种促销形式。

（四）顾客服务策略

1. 网上售前服务

企业提供售前服务的方式主要有两种：一种是通过自己企业网站的宣传，向顾客介绍产品信息。这种方式要求企业的网站必须有一定的知名度，否则很难吸引顾客注意。另一种方式是通过网上虚拟市场提供产品信息。企业可以免费在虚拟市场上发布产品信息广告，提供产品样品。为方便顾客购买，企业还应该提供一些产品的相关信息。

2. 网上售中服务

网上售中服务是指产品的买卖关系已经确定时，顾客等待企业将产品送到指定地点过程中的服务，如了解订单执行情况和产品运输情况。

3. 网上售后服务

网上售后服务就是企业借助互联网直接沟通的优势，以便捷方式满足顾客对产品帮助、技术支持和使用维护等需求的一种网上服务方式。网上售后服务有两类：一类是基本的网上产品支持和技术服务；另一类是企业为满足顾客的附加需求提供的增值服务。

4. 网上个性化服务策略

个性化服务也叫定制服务，就是按照顾客的要求提供特定服务。个性化服务包括三个方面：服务时空的个性化；服务方式的个性化；服务内容的个性化。目前，网上提供的定制服务一般是网站经营者根据顾客在需求上存在的差异，将信息或服务化整为零或提供定时定量服务，让顾客根据自己的喜好去选择和组配，使网站在为大多数顾客服务的同时，变成能够一对一地满足顾客特殊需求的市场营销工具。

案例链接

小狗电器的跨境营销

小狗电器是一家专注于清洁电器研发、销售的高新技术企业，主要基于互联网电子商务模式为消费者提供产品和服务。公司的主营业务为研发与销售吸尘器、扫地机器人及除螨仪等清洁电器，公司产品主打“小狗”品牌，它是著名清洁电器品牌之一。图 1-4 为小狗电器的 Youtube 主页。

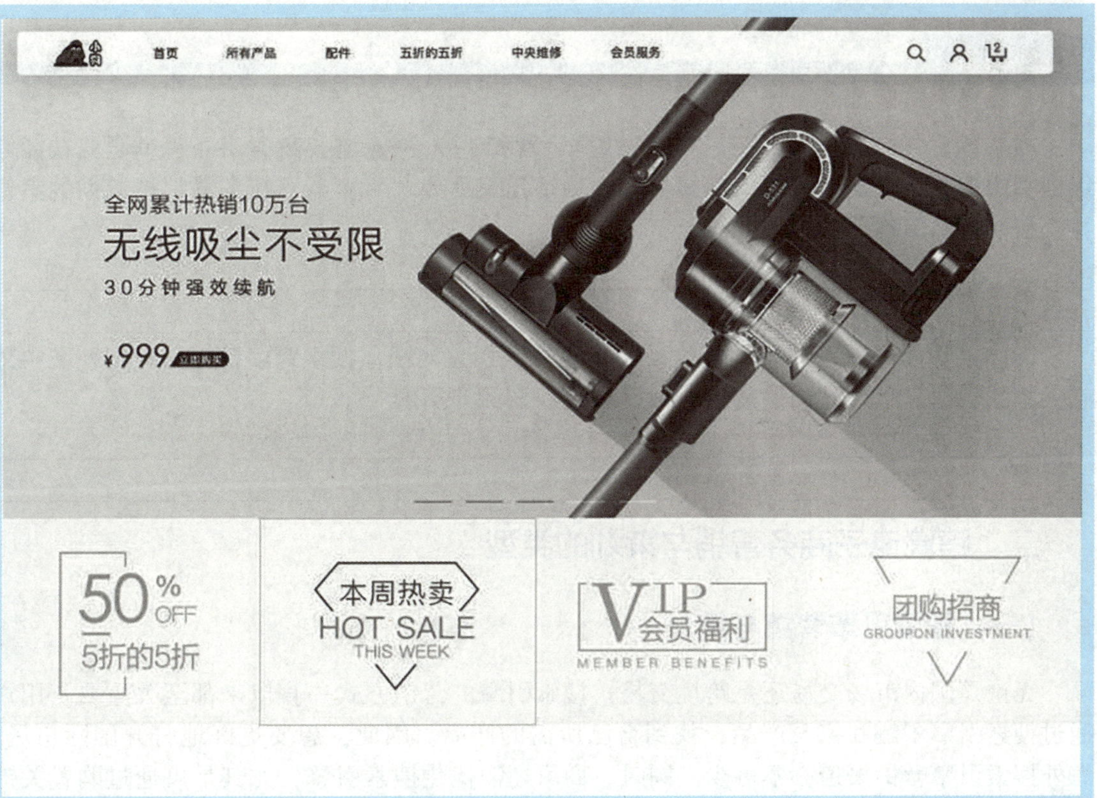

图 1-4　小狗电器的 Youtube 主页

在 2019 全球跨境电子商务成都大会上，小狗电器副总裁闵农发表了题为《中国品牌跨境出海方法论》的主题演讲。他表示，中国品牌出海要注意三点：品牌、专利、创新。小狗电器很多年前在全球范围内去做品牌的注册，这个钱是值得花的。走向国外市场不要给别人做嫁衣，不要有后顾之忧，中国很多品牌已经在国外被注册掉，甚至很多中国品牌走向欧洲时，通过政府的谈判协商，让品牌有一个合理的价位被收回，这有很多“血淋淋”的事实。在小狗品牌的全球布局当中，特别是跨境电子商务市场中，一定要做国际品牌的注册，品牌是根基。

小狗电器在 2014 年开始进驻速卖通，主要市场在俄罗斯和欧洲。他们希望在国际市场复制国内的成功，但一路走来也充满挑战，毕竟国际市场是一个更大的、更需要揣摩的领域。刚入驻的时候，在国际市场没有知名度，但很多东西其实是一脉相承的，他们决定像当初攻占国内线上市场一样，放低姿态，从零开始。他们深信口碑和社交媒体传播的力量，认为核心还是在产品、服务和售后。通过各个方面的提升优化，以及团队的努力和真诚服务，小狗电器最终获得了国外消费者的认可。

在品牌出海的浪潮中，小狗电器是其中重要的一员。不仅要守住自己的一片沃土，还要不断去开拓创新，寻找新的市场，这是品牌延续生命力的关键，也是中国品牌放眼世界时的哲学。

技能训练

（1）根据1+X跨境电子商务B2C数据运营和1+X跨境电子商务海外营销职业技能等级证书中相关社交媒体营销的考核要点，列举我国品牌做跨境电子商务营销与策划的案例并分析其营销策略。

____

____

（2）通过智联招聘、前程无忧、中华英才等相关网站，搜索跨境营销与策划领域中最感兴趣的职位，了解其岗位需求，做好职业规划和简历。

____

____

二、跨境电子商务营销与策划的类型

（一）搜索引擎营销与策划

无论是国内市场交易还是跨境交易，搜索引擎的营销方式一直以来都至关重要。用户通过搜索引擎了解商家及产品，找到自己所需的产品。因此，想要更好地打开国际市场，海外搜索引擎营销渠道必不可少。同时，商家还需优化搜索引擎，尤其是可通过购置关键词的方式，使产品更容易被海外用户搜索到，还要注意不同国家的搜索引擎。搜索引擎营销（search engine marketing，SEM）通常会使用的方式有搜索引擎优化（search engine optimization，SEO）、点击付费制（pay per click，CPC）、竞价推广（search engine marketing，SEM）。通过关键词引导客户通过搜索引擎访问自己的网站或店铺。

（二）社交媒体营销与策划

社交媒体营销为产品更好地挖掘潜在用户，可以为商家带来丰富的流量。在TikTok、Facebook、YouTube、Instagram等社交媒体上，用塑造品牌故事、发布视频等方法展示产品。一些知名公司通过发布有创意的广告宣传品牌概念，使品牌形象不断被深化。

同时利用大数据来进行营销活动的策划，通过收集和积累客户资料，然后针对性地使用多种营销方式对用户进行深度的挖掘和维护。

（三）事件营销与策划

企业通过策划、组织和利用具有新闻价值、社会影响以及名人效应的人物或事件，吸引媒体、社会团体和消费者的兴趣与关注，以求提高企业或产品的知名度、美誉度，树立良好品牌形象，并最终促成产品或服务销售的目的。

（四）电子邮件营销与策划

电子邮件营销（email direct marketing，EDM），是在用户事先许可的前提下，通过电子邮件的方式向目标用户传递价值信息的一种网络营销手段。电子邮件营销有三个基本因素：用户许可、电子邮件传递信息、信息对用户有价值。三个因素缺少一个，都不能称之为有效的电子邮件营销。电子邮件营销广泛地应用于跨境电子商务营销与策划领域。

案例链接

Anker 的跨境营销之路

安克创新（Anker）是扎根中国本土，业务遍及海外的中国出海企业典型代表。公司在全球最大传播集团 WPP 与 Google 联合发布的“BrandZ™ 中国全球化品牌 50 强”上连续四年上榜并位居前列（图 1-5），并入选 2019 灵眸奖“十大实力全球化领军企业”和 2019 年“福布斯中国 AIoT 百强企业”，已成为中国消费电子品牌走向世界的一面旗帜。

BRANDZ™中国全球化品牌50强

	品牌		类别	品牌力得分	成长率 %
1	HUAWEI	华为	消费电子	1,938	+4%
2	Lenovo	联想	消费电子	1,881	+11%
3	Alibaba Group 阿里巴巴集团	阿里巴巴	电子商务	1,666	+3%
4	ByteDance	字节跳动	内容型App	1,368	+56%
5	mi	小米	消费电子	1,098	+3%
6	Haier	海尔	家电	835	+8%
7	Hisense	海信	家电	821	0%
8	1+	一加手机	消费电子	771	+20%
9	AIR CHINA 中国国际航空公司	中国国际航空	航空	713	-2%
10	TSINGTAO 青岛啤酒	青岛啤酒	酒类	674	NEW
11	ANKER	安克	消费电子	546	-10%
12	oppo	OPPO	消费电子	518	+51%
13	SHEIN	SHEIN	线上快时尚	490	+4%
14	dji	大疆创新	智能设备	460	-7%
15	中国银行 BANK OF CHINA	中国银行	银行	460	-12%
16	Tencent 腾讯	腾讯	移动游戏	454	+34%
17	中国東方航空 CHINA EASTERN	中国东方航空	航空	447	-1%
18	FUNPLUS	趣加游戏	移动游戏	438	-24%
19	zenjoy	创智优品	移动游戏	396	+22%
20	vivo	Vivo	消费电子	348	+35%
21	HONOR	荣耀	消费电子	345	+34%
22	TCL	TCL	家电	317	-21%
23	lilith	莉莉丝	移动游戏	310	NEW
24	MOONTON	沐瞳科技	移动游戏	298	NEW
25	網易 NETEASE www.163.com	网易	移动游戏	295	+23%

海尔的品牌力评估基于海尔集团子公司之一海尔智家的全球业务

图 1-5　2020 BrandZ™ 中国全球化品牌 50 强中部分品牌

Anker 成立于 2011 年，公司主要从事自有品牌的移动设备周边产品、智能硬件产品等消费电子产品的自主研发、设计和销售，成功打造了全球知名的高端创新充电品牌 Anker，Anker 主要生产移动电源、充电器、数据线等智能数码周边产品。

Anker 目前是北美、亚洲、欧洲多国、中东多国线上市场领先的智能配件品牌，畅销全球 100 多个国家和地区，主要通过亚马逊直接销售。Anker 成功的关键是产品的质量以及品牌从生产笔记本电脑电池转型到手机充电器，更关键的是它的跨境电子商务营销与策划战略。

Anker 正在实施双轨战略：一方面，继续通过亚马逊销售，因为品牌得益于强有力的评论。正面评论的数量、合理价格以及亚马逊市场搜索排名中的靠前位置都有助于转化率。另一方面，Anker 也通过幸运抽奖、提供新产品给领先用户以推动对外反馈（power user）以及明星贡献者计划（用户生成内容），鼓励回头客户或非亚马逊客户直接从 Anker 的网站购买。

Anker 在 2012 年开始转向手机充电器生产，积极接触国际影响者，并邀请他们在社交媒体平台上以图文帖子或短视频的形式来评价产品。这也产生了反向链接，让 Anker 网站的搜索引擎排名更靠前。

Anker 通过品质和品牌建立起竞争壁垒，赚取品牌溢价，避免陷入低价竞争的恶性循环。随着跨境电子商务营销与策划方法的不断升级，营销过程中，产品的质量和口碑因素加重，逐步回归商业的本质。如果制造企业能在发挥产品优势的基础上，灵活运用各种营销方法，放眼全球，开拓进取，一定会出现像 Anker 这样的企业，在垂直行业成为全球领先的品牌。

技能训练

（1）结合 1+X 跨境电子商务 B2C 数据运营和 1+X 跨境电子商务海外营销职业技能等级证书中有关跨境电子商务社交媒体运营的考核要点，列举目前主流的跨境社交媒体营销平台并分析其特点。

____

____

（2）分组讨论。各小组选择适合做跨境电子商务的产品，简要写出其营销方案。

____

____

任务二　跨境电子商务营销岗位

任务描述

小王对跨境电子商务营销与策划的各种类型有了基本的了解，在此基础上，他意识到选择一种适合自己店铺的营销策略仅仅是第一步。为了深入理解各种营销策略的实施过程和效果评估，小王需要对跨境电子商务营销岗位的职责有一个清晰的认识。不同的营销策略需要专业人才以不同的方式执行，包括市场分析、产品定位、广告投放、社交媒体管理、客户关系维护等，而这些都是跨境电子商务营销岗位的关键职能。通过本次任务，小王将学习如何匹配相应的人才与营销策略，以及如何通过各岗位的专业能力以达到最佳的营销效果，从而为自己的店铺带来稳定且持续增长的跨境销售业绩。

任务分析

跨境电子商务是指分属不同关境的交易主体，通过电子商务平台达成交易、进行支付结算，并通过跨境物流送达商品、完成交易的一种国际商业活动。

跨境电子商务的核心主体包括：电子商务平台、电子商务企业（店铺）、支付企业、物流企业、快递企业、消费者。我国对跨境电子商务监管的核心要求是“三单比对”，即电子商务平台、支付企业、物流企业通过和海关系统联网，实现订单信息、支付信息和物流信息的交互，如图 1-6 所示。

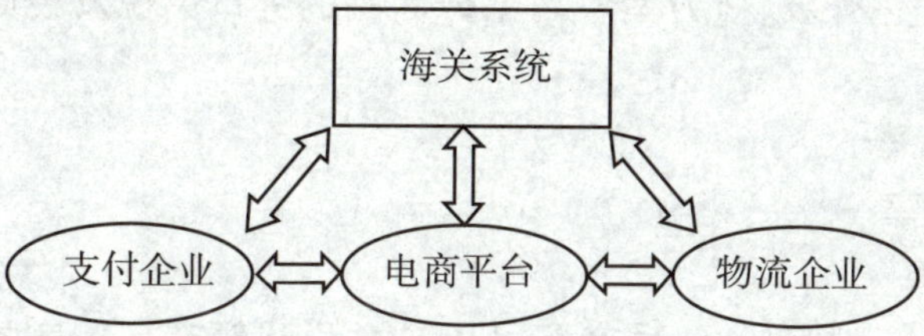

图 1-6　订单信息、支付信息和物流信息的交互

一、跨境电子商务营销概述

（一）跨境电子商务营销的含义

跨境电子商务营销是为了促进跨境电子商务交易达成，发现或发掘准消费者需求，让消费者了解该产品进而购买该产品的活动、过程和体系，是以最少的营销预算找到最合适的消费者、进行最有效的沟通的过程。跨境电子商务营销可以看作“互联网+国际市场营销”。跨境电子商务营销活动是为了满足国外消费者和用户的需求，必须注意产品和劳务的市场适销性。

在 Mayjoy 电子商务有限公司，运营部门负责独立站的运营、在亚马逊等跨境电子商务平台的站内运营和基本的站内营销，营销部门需要配合运营部门开展公司产品销售分析和优化、营销活动策划、品牌宣传、站外引流和广告、社交媒体账号的运营等工作。

（二）跨境电子商务营销工作类型

按照跨境电子商务类型的不同，跨境电子商务营销工作可以分为以下几类。

（1）依据商品流向不同，可以分为跨境电子商务出口营销和跨境电子商务进口营销。本教材主要研究跨境电子商务出口营销。

（2）依据交易对象不同，可以分为企业间电子商务（Business-to-Business，B2B）、企业与消费者间电子电子商务（Business-to-Customer，B2C）、消费者间电子商务（Customer-to-Customer，C2C）营销。其中前两类较多。

（3）依据销售经营模式不同，可以分为第三方跨境电子商务平台营销和跨境电子商务独立站营销。在跨境电子商务平台上开设一个店铺，根据平台的规则展示商品，平台提供服务、撮合交易，收取一定的佣金，这就是平台模式。跨境电子商务独立站是通过销售方自主开发的展示或销售产品的网页，在展示或销售产品过程中开展营销。

案例链接

跨境电子商务政策解读——《2021年关税调整方案》

经国务院批准，《2021年关税调整方案》（以下简称《方案》）自2021年1月1日起实施。2021年关税调整方案以推动高质量发展为主题，支持国内国际双循环，推动实体经济创新发展、优化升级。《方案》对部分商品的进口关税及税则税目进行调整，调整情况说明如下。

一、进口关税税率

（一）最惠国税率

1. 进口暂定税率

自2021年1月1日起对883项商品（不含关税配额商品）实施进口暂定税率，其中自2021年7月1日起，实施进口暂定税率商品为874项，取消9项信息技术产品进口暂定税率。

一是，支持进口替代，提高部分商品进口关税。为支持装备制造业提高自主化水平，提高或取消喷气织机、光通信用的玻璃毛细管等商品进口暂定税率；为支持国内基础产业加快发展，提高或取消蓝宝石衬底、轮胎等商品的进口暂定税率；对正丙醇等实施反倾销反补贴措施的商品取消了进口暂定税率。

二是，降低国内亟需的高新技术设备及零部件、国内紧缺资源品以及部分优质原料等商品的进口关税。如降低航空零部件的关税，税率从3%~20%下降至1%，其中对飞机发动机用传动轴税率从6%降至1%，据企业反映每年预计降低企业进口成本170万元，有助于提升我国航空产业技术发展水平和促进国际技术合作。如降低了特殊患儿所需食品、部分抗癌药和罕见病药品原料、人工心脏瓣膜、无水乳糖以及乳业加工设备及零件的关税，将进一步减轻患者经济负担，改善人民生活品质。

三是，加大生态环保支持力度，调整部分商品进口关税。取消6项金属废碎料进口暂定税率，缩小2项商品的暂定税率适用范围，取消再造烟草的进口暂定税率。同时，降低柴油发动机排气过滤及净化装置、废气再循环阀及用于生产聚酰胺的发酵液等部分环境产品关税，继续降低部分木材和纸制品进口暂定税率，有助于改善空气质量，保护生态环境。

2. 信息技术产品最惠国税率

根据信息技术产品降税协议安排，自 2021 年 7 月 1 日起，对 176 项信息技术产品实施第六步降税，其中 119 项商品降低至零。

（二）关税配额税率

继续对小麦等 8 类商品实施关税配额管理，降低棉花配额外进口暂定税率，按主流进口棉花均价计算，滑准税税率由 13. 7%降至 10. 7%左右。

（三）协定税率

根据我国与有关国家或地区签订的自贸协定或优惠贸易安排，2021 年我国将对 16 个协定、27 个国家或地区实施协定税率。其中，自 2021 年 1 月 1 日起，对我国与新西兰、秘鲁、哥斯达黎加、瑞士、冰岛的双边贸易协定以及亚太贸易协定的协定税率进一步降低。其中，原产于蒙古的部分进口商品自 2021 年 1 月 1 日起适用亚太贸易协定税率，遵循亚太贸易协定原产地规则（海关总署公告〔2018〕69 号）。2021 年 7 月 1 日起，按照我国与瑞士的双边贸易协定和亚太贸易协定规定，进一步降低有关协定税率。同时，我国与毛里求斯自贸协定自 2021 年 1 月 1 日起生效。当最惠国税率低于或等于协定税率时，协定有规定的，按相关协定的规定执行；协定无规定的，二者从低适用。

（四）特惠税率

2021 年继续对与我国建交并完成换文手续的其他最不发达国家实施特惠税率，适用商品范围和税率维持不变。

二、出口关税税率

自 2021 年 1 月 1 日起继续对铬铁等 107 项商品征收出口关税，适用出口税率或出口暂定税率，征收商品范围和税率维持不变。

三、税则税目

为适应产业发展和科技进步需要，便利贸易管理和统计，同时规范执行《商品名称及编码协调制度》。

一是，增列大西洋鲑鱼、甘蔗糖或甜菜糖的糖浆、黑茶、基因测序仪等商品税目。

二是，拆分插电式混合动力汽车、不锈钢平板轧材、发光二极管的灯管和灯泡税目。

三是，修订稀奶油、芜菁、番木瓜、滤光镜等货品名称、类注和章注。

四是，调整银鲳、落叶松、花旗松、滑板等税目位置。

二、第三方跨境电子商务平台营销和独立站营销比较

（一）第三方跨境电子商务平台

第三方跨境电子商务平台主要分为 B2B 平台、B2C 平台和 C2C 平台。

1. B2B 平台

B2B 平台帮助生产商、供应商、采购商和合作伙伴传递商品或服务信息，实现批量交

易。这类平台一般会通过一些附加服务，如搜索、广告等，帮助买卖双方完成交易。平台通过收取会员费、认证费、营销推广费等形式获得收益。常用的 B2B 平台主要有以下几个。

（1）阿里巴巴国际站：阿里巴巴集团的首个网站，是中国最早出现的 B2B 跨境电子商务出口平台，也是很多外贸企业拓展海外市场的首选外贸平台。

（2）敦煌网：全球优质的在线外贸交易平台之一，可以为中小型企业提供一系列金融服务。

（3）环球资源：多渠道 B2B 媒体公司，通过环球资源网等资源进行 B2B 整合推广服务，包括提供综合性的 B2B 出口推广服务、提供从设计到出口的一条龙服务等。

（4）中国制造网：创建于 1998 年，汇集中国企业产品，面向全球采购商，专注于出口推广。

（5）自助贸易网：前身为中华商贸网，具有个性化的自助建站功能，可以提供即时将企业资料提交全球主要搜索引擎的个性化技术服务。

（6）ECVV：全球范围内第一家按效果付费的 B2B 电子商务网站。

（7）易唐网：综合性 B2B 跨境电子商务平台，交易模式如同 B2C。

（8）万国商业网：拥有全球最多的地方贸易站。

（9）亚洲产品网：为亚洲的国际贸易出口产品提供整合性的解决方案。

（10）速贸天下：提供 B2B 服务，是我国交易速度最快的外贸电子在线交易平台。

2. B2C 平台

B2C 平台作为独立运营的第三方，一般不参与支付、物流等交易环节。B2C 平台以收取佣金为主，收取会员费、广告费为辅，特点是门槛低、周期短、支付方式灵活、利润较高。常用的 B2C 平台主要有以下几个。

（1）全球速卖通：阿里巴巴旗下唯一面向全球市场打造的集订单、支付、物流于一体的外贸在线交易平台，是全球第三大英文在线购物网站。

（2）亚马逊：美国最大的电子商务公司，也是最早经营电子商务的公司之一，已成为全球商品品种最多的网上零售商。

（3）Wish：北美地区最大的移动跨境购物平台，95%的订单量来自移动端，60%~70%的商家来自中国。

（4）Shein：中文名希音，中国跨境电子商务 B2C 快时尚巨头，2021 年 5 月取代亚马逊成为美国 iOS 和 Android 平台下载量最多的购物应用，6 月在美国快时尚市场的市场份额达 30%。

3. C2C 平台

C2C 平台向所有个人开放注册，向卖家收取商品的展示费和交易服务费，平台提供支付保障，一般不参与洽谈和物流等交易环节，其特点是商品种类繁多、门槛低、利润较高。常用的 C2C 平台主要有以下几种。

（1）eBay：一个可让全球用户买卖物品的线上拍卖及购物网站，目前已发展成为全球最大的网络零售市场。在 eBay 的全球交易中，约 20%属于跨境贸易，交易使用 PayPal 进行支付。

（2）Etsy：一个在线销售手工工艺品的社交性跨境电子商务网站，被认为是复古和创意电子商务，凝聚了一批富有影响力和号召力的手工艺术品设计师。每个人都可以在 Etsy 开店，销售自己的手工艺品，其模式类似于 eBay 和淘宝，2015 年 3 月在美国上市。

（二）跨境电子商务独立站

独立站就是具有独立域名的网站，有时被称为“自建站”或“品牌官网”等。国内最早的独立站出现在 2004 年左右，起初是借助 Google SEO 的流量红利在线销售游戏金币，之后逐渐拓展到其他的品类，慢慢形成一些固定的产品销售和运营的模式。跨境电子商务独立站和第三方平台的主要区别在于是否对卖家开放平台，如果各类卖家都可以独立在平台销售，这个网站就可以被称为跨境电子商务第三方平台网站。

未来跨境电子商务行业也会持续出现更多的创新模式，为消费者提供高品质的产品和良好的购物体验。

提 示

国内成熟的微商模式通过 WhatsApp、Line、Facebook Group 嫁接到跨境电子商务领域，形成“海外微商”模式；利用 AR/VR 购物的“直播电子商务”模式等。

（三）第三方平台和独立站的比较

1. 第三方平台开店运营的优劣势

在第三方平台开店运营的优势主要有以下几个方面。

（1）第三方平台拥有一定的认可度，自带流量。第三方平台往往有大量现成的流量，卖家入驻平台直接享有流量，而且都是购物意向非常高的流量，无须自主引进流量。

（2）第三方平台服务完善。平台为引进更多卖家入驻，其配套的服务也会比较完善，而且会根据卖家的需求不断调整自身的服务。

（3）第三方平台管理有序。在第三方平台售卖产品需要遵守平台制定的规则。平台也会对部分不遵守规则的卖家进行封店清理，以营造良好的竞争环境。

在第三方平台开店运营的劣势主要有以下几个方面。

（1）开店审核手续复杂。如在亚马逊开店需要提供的资料比较烦琐。

（2）规则多，不清楚运营规则的卖家容易触碰“高压线”，导致封号。

（3）需要收取一定的服务费用。平台服务并不是无偿的，如佣金、广告推广费。如果使用平台的仓储物流，也需要支付一定费用。

（4）无法清楚买家具体信息，不便于二次销售。所有的买家都是通过平台进入，卖家无法导出数据，不利于保存买家信息进行二次销售。

2. 独立站运营的优劣势

独立站运营的优势主要有以下几个方面。

（1）控制权自由。独立站是卖家独立建立的网站，卖家拥有绝对的控制权，可减少对开店平台的依赖，无须受平台约束，自由把握售卖权利。

（2）可以独享客源，避免平台的恶意低价竞争，提高客户黏性和忠诚度。卖家卖出的产品可赚取所有的利润，无须向平台缴纳佣金、推广费用等，实现100%盈利。

（3）买家资料信息收集及维护更方便。买家资料可以直接被卖家收集，用来做后续持续的重复营销和交叉销售。对于产品开发型公司来说，还可以通过和用户的沟通，不断获取产品的直接反馈，持续优化产品，后期提升买家用户体验更加方便。

（4）可以绑定独立域名，更容易做搜索引擎推广，推广的方式也更多。独立站有助于建设自有品牌，容易推广企业品牌信息，彰显品牌个性，更方便品牌宣传。

（5）更容易提升企业形象，灵活展示企业信息，全面展示企业实力。

（6）功能更强大，扩展性更好，可设定自己的规则，可以给客户更好的购买体验，能让商业灵感、创意更快得到实施，带来更大商机。

独立站运营的劣势主要有以下几个方面。

（1）需要有好的技术团队和运营团队支撑。虽说随着类似Shopify这样的第三方SaaS建站工具的普及，创建自己的独立站不像以前一样需要有技术前端、后端做开发，但基本的网站的用户体验、购物流程的设置、网站的产品详情页等还是需要组建专业技术团队来建设、维护，需要的成本和后续费用比较高。

（2）没有免费的自然流量。流量获取是独立站一个瓶颈。独立站需要通过用户运营来让前期引流回来的用户留存、转化和价值挖掘最大化，海外推广难度比较大。

（3）资金投入高。建立一个网站需要花费的资金比平台入驻的资金要高很多，花费的精力需要更多，新客户信任的建立也需要一个比较长的周期。

（4）支付方式相较第三方平台会少一些。

技能训练

（1）基于你对跨境电子商务的理解，你认为在未来几年，跨境电子商务会如何发展？如何利用现有的技术和趋势来进行创新和拓展？

（2）分组讨论。你知道的跨境电子商务平台有哪些？这些平台各有哪些特点？

任务三　跨境电子商务营销思维

任务描述

小王学习了跨境电子商务营销岗位，清楚各岗位的职责和工作内容。下一步需培养跨境电子商务营销思维，包括预测市场趋势、理解文化差异、创造性解决问题和持续优化策略。这将帮助他在国际市场竞争中站稳脚跟，反应敏捷并主动出击，发现新机遇并转化为业务增长点。

任务分析

在消费升级驱动下的整个跨境电子商务产业的供应链优化升级始终围绕着两个终极目标展开，即降本和增值。跨境电子商务营销也是围绕这两个目标展开的，营销的两个抓手即通过流量的精细化运营，提高营销效率来降低成本；通过塑造品牌来创造溢价和增值。只有当物联网将所有物品与每个人连接起来，生产和分配的边际成本降低的时候，技术给消费者带来的利益才会增长。菲利普·科特勒（Philip·Kotler）曾经说："营销就是比竞争对手更加有利润地满足顾客的需求。"因此，跨境电子商务营销是技术驱动下围绕"人"这个核心实现成本效率和企业价值最大化。

一、跨境电子商务营销发展趋势

（一）依托多元渠道发展

跨境电子商务营销渠道的多元体现在两个方面：一是营销市场更趋向多元。比如，欧美购物者趋向从欠发达地区采购，呈现渠道流量下沉的态势；二是营销渠道更趋向多线。除了第三方电子商务平台外，独立站、App、新兴媒体、区域媒体营销平台、线下等多种平台成为越来越多跨境电子商务商家的选择。

（二）依托社交大数据发展

腾讯广告主席刘胜义表示："网络媒体正在从单纯的内容提供方进化成开放生态的主导者，大数据时代的社会化营销重点是理解消费者背后的海量数据，挖掘用户需求，并最终提供个性化的跨平台的营销解决方案。"所以说，在大数据营销时代，人际关系不仅是本质，而且是核心要素。大数据的营销价值是随着实名制社区和电子商务的普遍化，在用户之间产生人际关系链，并通过这种人际关系链实现交易数据和交互数据的融合，再通过社交数据挖掘，分析人类族群自身。在这一基础上，用户对品牌而言，就不仅仅只是一个占购买总数比例的数字，他们对提高销售业绩、塑造成功的品牌等都发挥着关键性的作用。

（三）依托智能化应用技术发展

无论是 Facebook 的动态广告，还是谷歌的应用广告，媒体营销平台越来越趋向于集智能化、复杂化为一体，操作可能看起来越来越简单，但是要理解背后这样操作的逻辑则越来越专业和复杂。

同时，跨境电子商务营销相关的技术整合应用能力不断升级，服务商创造出新的工具、新的应用，帮助跨境电子商务企业深入开展营销活动。

提 示

在服务客户过程中，为了解决“痛点”，飞书互动开发了 Facebook 智能投放系统——Facetool，其特点是中文界面、无须翻墙、支持人民币充值、一键创意、智能优化，大大降低了 Facebook 的广告投放门槛。

二、跨境电子商务营销思维概述

在全球化日益加深的今天，跨境电商已成为企业拓展国际市场、实现品牌全球化的重要途径。然而，跨境电商营销并非简单的将国内营销策略复制到海外，而是需要一套全新的、更具前瞻性和创新性的营销思维。

（一）全局思维

1. 全市场洞察

营销全市场洞察主要是指区域市场和品类趋势。Facebook、谷歌以及亚马逊平台都有很多工具可以帮助商家做预测和选择，通过大数据分析营销费用投放方向和品类，确定各个市场的广告投放效果，更好地做全市场洞察，指导营销费用投放管理。

2. 全渠道覆盖

2019 年被称为独立站元年。大量卖家意识到独立站对于沉淀独立用户、数据追踪和挖掘、独立营销闭环、建立渠道品牌以及规避电子商务平台规则调整的风险都是很有必要的，于是开始建独立站。从长远来看，卖家需要合理规划第三方平台、独立站、App 和线下各方渠道。

3. 全媒体整合

即合理地规划和分配预算到站内流量、付费流量和自然流量，除了头部流量平台外，也要关注新兴媒体和区域媒体。从早些年的谷歌，到 Facebook、Pinterest 等，每一个新兴媒体的兴起都会带来流量红利。因此，先知先觉发掘趋势媒体、整合区域新兴媒体非常重要。

4. 全链路优化

引流到网站之后，整个用户路径在站点上形成的购买转化、广告账号体系的搭建、目标人群的定位、优化手段的选择、测试素材的制作和选取、不同平台本地化内容的发布等，都会影响转化率和最终的投资回报率。

（二）品牌思维

品牌是消费升级的必然需求。从消费者角度看，现在年轻一代消费者的个性化需求已不仅仅是物美价廉，还寄托了个人情感表达和价值观认同，这样的消费需求唯有品牌才能承载。从产品运营角度看，品牌是精细化运营的必然产物，电子商务的精细化运营意味着更多的投入，倒逼企业必须做品牌。从竞争角度看，品牌化成为激烈竞争的必然出路。因此，品牌思维对跨境电子商务营销十分重要。

（三）创新思维

企业要适应快速发展的市场，要在激烈的竞争中站稳脚跟，就要有创新思维。在海量的跨境电子商务营销中，只有那些充满创意的策划才会赢，因为创新具有重新构造的想法、言说的能力以及分享的力量。

创新思维

（四）热点思维

营销就是要让更多的人看到、听到、被吸引到，而最热门的事情总是最吸引人的，将其运用到销售上就可以成为“引爆点”，让企业产品和服务“搭乘”最新的社会热点“列车”，制造话题来引起大众的好奇心，从而成功进行营销。目前，制造“引爆点”有 IP 化趋势，可以是创造独立 IP 形成热点，如智能硬件产品通过众筹首发，由共同参与聚集一批铁杆用户，形成强认同、强关联，赋予产品 IP 属性之后，再通过自媒体渠道扩散到全网平台；如和大 IP 绑定，借助于高热度、高人气来做跨界营销。

（五）用户思维

要做好跨境电子商务营销，就要对用户以诚相待，真正做到以用户为中心。营销企业替用户把关，解决用户难题，和用户分享、包容、互动和沟通，这就是用户思维。借助用户体验和用户反馈、分享及互动，从而知道用户的真正所需，准确地抓住用户的“痛点”和“爽点”，然后快速且持续地改进产品，超出用户的预期，刺激消费，增加企业的收益。

（六）大数据思维

跨境电子商务营销应该以大数据为先，通过数据实实在在解决营销中的各种问题，而不仅仅靠经验判断。通常，数据在跨境电子商务营销中可以提供的支持包括以下几点。

1. 用户行为与特征分析

通过积累足够的用户数据，分析用户的喜好与购买习惯，做到“比用户更了解用户自己”，这是许多大数据营销的前提与出发点。

2. 精准营销信息推送

通过用户特征数据支撑及详细准确的分析，实现真正的精准营销。现在的实时竞价

（RTB）广告等应用则展示了比以前更好的精准性，而其背后靠的就是大数据的支撑。

3. 引导产品及营销活动投用户所好

通过数据分析，在产品生产之前了解潜在用户的主要特征，以及他们对产品的期待，从产品设计、推广等多方面投其所好。数据分析能洞察新市场，并在把握经济走向上给予企业极大的支持。

4. 竞争对手监测

可以通过大数据监测分析得知竞争对手在做什么、有什么布局，从而了解竞争对手目前的状况并预测其未来的动作。

5. 品牌传播及危机监测

可以进行品牌传播趋势分析、内容特征分析、互动用户分析、正负情绪分析、口碑品类分析、产品属性分析等，也可以通过监测掌握竞争对手的传播态势，并参考行业标杆进行用户策划。

在品牌危机爆发过程中，最需要的是跟踪危机传播趋势，识别重要参与人员，方便快速应对。大数据可以采集负面定义内容，及时启动危机跟踪和预警，按照人群社会属性分析事件过程中的观点，识别关键人物和传播路径，抓住源头和关键节点，从而快速有效地处理危机。

6. 重点用户筛选

通过用户主要访问的网站及其在社会化媒体上发布的各类内容、与他人互动的内容等大数据分析，可以发现哪些是最有价值的用户，从而帮助企业筛选重点的目标用户。通过大数据掌握重点用户使用产品的状况后，可及时改善用户体验。

7. 客户分级管理支持

大数据可以分析活跃用户的互动内容，设定消费者画像的各种规则，关联潜在用户与会员数据，关联潜在用户与客服数据，筛选目标群体做精准营销，进而可以使传统客户关系管理与社会化数据结合，丰富用户不同维度的标签，并动态更新消费者生命周期数据，保持信息新鲜有效。

8. 市场预测与决策分析支持

关于数据对市场预测及决策分析的支持，过去早就在数据分析与数据挖掘盛行的年代被提出过，著名的沃尔玛“啤酒与尿布”案例就是20世纪90年代的杰作。大数据时代数据的大规模与多类型对数据分析与数据挖掘提出了新要求。更全面、速度更及时的大数据，必然会对市场预测及决策分析的进一步发展提供更好的支撑。

三、营销的4P理论和4C理论

研究跨境电子商务营销可以从传统营销的理论框架入手。

（一）4P营销理论

1967年，菲利普·科特勒在其畅销书《营销管理：分析、规划与控制》中，对尼尔·博登（neil·borden）提出的“市场营销组合”（marketing mix）进一步深化，提出了4P营销理论（the marketing theory of 4Ps），确认了以4P为核心的营销组合方法，具体包括：产品（product），注重开发的功能，要求产品有独特的卖点，把产品的功能诉求放在第一位；价格（price），根据不同的市场定位，制定不同的价格策略，产品的定价依据是企业的品牌战略，注重品牌的含金量；渠道（place），企业并不直接面对消费者，而是注重经销商的培育和销售网络的建立，企业与消费者的联系是通过分销商来进行的；推广（promotion），包括广告、公共关系、人员销售和销售促进等一系列的营销行为。4P是最基础的营销理论。

（二）4C营销理论

1990年，美国西北大学的教授罗伯特·劳特朋（Robert·Lauterborn）在其《4P退休4C登场》一文中提出了与传统营销的4P相对应的4C营销理论。他认为，传统4P中的产品（product）要换成顾客价值（customer value）；价格（price）要换成客户成本（customer cost）；渠道（place）要换成顾客便利（customer convenience）；推广（promotion）要换成顾客沟通（customer communication）。4C营销理论以消费者需求为导向，重新设定了市场营销组合的四个基本要素，瞄准了消费者的需求和期望。就跨境电子商务而言，使用4C理论作为理论框架更为合适。

技能训练

（1）跨境电子商务营销思维对于企业的发展有什么重要作用？请举例说明不同的跨境电子商务营销思维对于目标市场的影响。

____

____

（2）营销的4P理论和4C理论是跨境电子商务营销中常用的工具。请解释这两种理论的核心概念和应用，并分析它们在跨境电子商务营销中的差异与联系。

____

____

任务四 数字时代的跨境电子商务营销策划

任务描述

小王发现传统跨境电子商务营销方法不足，需深入了解数字时代跨境电子商务营销策划，掌握数字工具和平台提升营销效果。要求掌握数据分析、客户在线行为洞察、数字广告投放、内容营销、社交媒体策略等多方面知识和技能。通过本任务学习帮助小王升级跨境电子商务营销策划能力，适应数字经济发展趋势，赢得全球市场竞争优势。

任务分析

几乎所有的互联网企业都在“小步快跑”，因为时代进步的速度太快了。技术、模式的创新此起彼伏，用户喜好变化多端，个性化、离散性越来越普遍。所以必须指出，框架不是为了桎梏创新，更不希望与产业脱节沦为无用的“学问”，而是为了提倡快速迭代，为了强调与时俱进。

一、跨境电子商务营销策划框架

做好跨境电子商务的数字营销，需要注意以下两个重要的标准。

（1）构建一套跨境电子商务营销框架体系，即开始用全局视野来审视营销，用系统性框架取代随机性，减少盲目性，增强目标性。

（2）对于框架中的各个具体任务，选定了一个或多个诊断指标，能对该方面的营销工作进行评估，并能根据评估结果优化营销策略，直至优化整个营销框架体系。

（一）典型的跨境电子商务营销策划框架体系——13N1 模型

典型的跨境电子商务营销策划框架体系（13N1 模型）如图 1-7 所示。

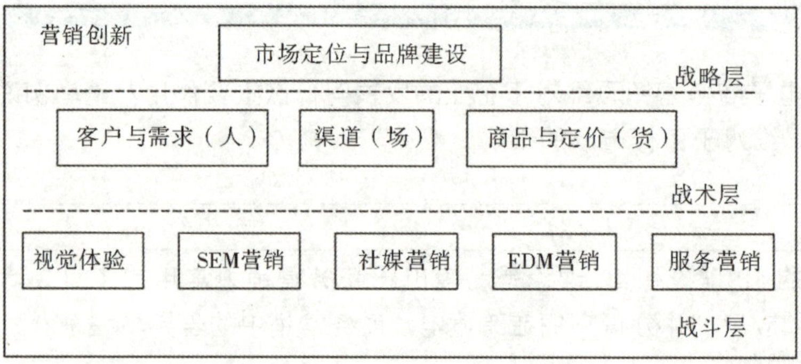

图 1-7　典型的跨境电子商务营销策划框架体系（13N1 模型）

13N1 模型分为三层九项，其中战略层的主要任务只有一项：市场定位与品牌建设（13N1 模型中的第一个“1”）。市场定位与品牌建设即通过宏观环境和微观环境分析完成 SWOT 矩阵，对市场进行细分，进而确定自己的目标市场，并最终确定本企业的品牌定位。这个过程需要综合考虑战术层、战斗层的所有相关因素，是企业高管（如首席营销官）或“老板”的职责。

战术层的主要任务有三项：客户与需求（人）、渠道（场）、商品及其定价（货）（13N1 模型中的第二个数字“3”）。在该层次，必须深刻分析所面向的客户群体，即商业模式中的“人”是谁，产品或服务解决这个群体什么需求，即提供的“货”是什么，以及通过什么渠道在什么地方满足这个群体的具体需求，即业务发生的“场”在什么位置。简单地讲，就是跨境电子商务的“人—货—场”战术模型。例如，A 公司在阿里巴巴国际站销售高尔夫球训练模拟器套件，则 A 公司的战术可以描述为：通过阿里巴巴国际站官方旗舰店（场）辅助其他网络营销模式，为高端商务人士（人）提供在办公室可以使用的（需求）、定价不超过两次高尔夫球场地费用的（定价）高尔夫球训练模拟器套件（产品）。战术层的任务是承上启下，是企业中层干部（如营销主管）的职责。

战斗层的主要任务给出了五项：视觉体验、SEM 营销、社媒营销（即社会化媒体营销）、EDM 营销和服务营销。实践中，战斗层的任务很多，这里并没有穷尽（故在 13N1 模型中简写为 N）。只要是有助于战略目标达成的，且一般需要专人应用专业技术实现的活动均可以定义为战斗任务。例如，近年兴起的直播营销等。战斗层随技术与时代的进步而快速变化，是当前产业界关注的重点。在跨境电子商务企业中，战斗任务由一线人员执行。

另外，创新是对三层九项任务的统一要求，从这个层面上看，营销创新应该属于战略层任务。同时，营销创新也有具体任务及内涵。

（二）13N1 模型分析

构建跨境电子商务营销策划框架体系是企业真正开启跨境电子商务事业的必要条件之一，因为只有构建了相对稳定的、系统的框架体系，才标志着企业主动掌控了自己的命运，知道自己在干什么，从而不容易随波逐流，人云亦云，迷失方向。

在瞬息万变的市场中，把握一些不变的东西至关重要。三层框架自下而上稳定性依次提高，即企业市场战略具有最高的稳定性。当确定了市场定位与品牌，在相当长的时间内应保持不变。它是制定战术的依据，更是在日常战斗任务中不可偏离的方向。而战术与战斗任务的执行，将加强企业的品牌地位。

战术层任务也要在一定时间段内保持稳定。要注意客户需求在快速变化，而围绕某个需求点提供产品需要较长时间才能实现。这正是策划的价值，选择满足什么客户的什么需求，需要经过周密地调研，理性地选择。策划时应常常问自己一个问题：这个需求是刚需吗？算不算强需求，还是只能算弱需求，或根本就是伪需求？

战斗层任务的稳定性最低，是创新高发层，要鼓励一线人员依据市场反馈快速变化。例如，在社媒营销中，近年 TikTok 在海外异军突起，成为短视频和直播营销的重要平台，那么负责社媒营销的专员应该快速在 TikTok 上“落户”进行营销，往往早期用户的营销成本较低。目前，在阿里巴巴国际站做直播营销，成本和效果都不错。

跨境电子商务营销策划框架特别重视系统性，各任务间有内在逻辑关系，无论是否意识到，它们都是不可分割、相互影响的。例如，A 公司通过阿里巴巴国际站官方旗舰店辅助其他网络营销模式，为高端商务人士提供在办公室可以使用的、定价不超过两次高尔夫球场地费用的高尔夫球训练模拟器套件。这是对 A 公司跨境电子商务事业的简化描述，其中，人—货—场是紧密关联的，任意要素发生变化，将会产生新的业务模型，在管理上要独立核算或配置专门的团队。如果电子商务平台改为亚马逊，业务模式修改为 B2C，平台规则完全不同，实践中，必然成立相对独立的团队负责。如果客户对象修改为高尔夫球职业运动员，那么模拟器这种产品需求很可能弱化成伪需求。将由人—货—场组成的一组战

术任务定义为一个战略业务单元（SBU），则有

$$SBU = 客户 \times 渠道 \times 商品$$

（三）框架构建与应用的注意事项

实践中，跨境电子商务营销策划框架总是在影响工作，或显性的或隐性的。问题的关键不是是否构建框架，而是如何发现和应用它。建议读者关注以下几点。

（1）适合本企业

框架并没有绝对的最优解，只有最适合。这是最有趣的地方，对 A 企业合适的框架，不一定适合 B 企业。这和企业所处的宏观环境和微观环境、企业的初心，以及企业所处的发展阶段等有关。

（2）简化

为了适应快速变化的市场，应尽量简化模型。如战术层，简化为人—货—场三项任务，该层面的责任人不必考虑战斗层任务的具体细节，而要真正深挖客户需求，选用最便捷渠道，将最合适的产品提供给客户且满足其需求。另外，部分项目尝试给出量化数学模型对营销效果进行评估，事实上这些模型非常难构建，总是有漏洞，必须要简化才有可操作性，故后面的量化模型在科学性上很容易被质疑，有待进一步优化。

（3）突出重点

在未形成系统打法时，不求全，一个一个点去突破。例如，有的店铺营销还未展开，就开始使用搜索引擎营销往店铺引流。这样做可能给店铺带来一定的流量，但也可能为平台引流了，即平台利用产品关联将用户引导致更优质的店铺去了。所以，在某个特定阶段，企业应关注框架中的某个重点，强调系统性绝不是眉毛胡子一把抓，在基础框架构建完成后，要做逐步改善。

（4）应用中优化

框架必须在不断应用中试错与优化，策划往往落地在纸面上（策划方案），但要特别留意，策划工作停留在纸上谈兵将变得毫无价值。

综上所述，构建框架时，既不能完美主义，追求最优方案，也不能一成不变，在企业发展的不同阶段使用同一套框架，应寻找最合适企业当前阶段的框架。在构建框架时，要努力追求简化模型，不要使问题复杂化，即使不严谨，也要保障可操作性。突出重点是简化方法之一，某个阶段只关注某一项任务，弱化甚至忽略其他任务是可行和必要的。只要坚持在应用中持续优化，相信一定能构建出合适的营销策划框架，指导做好营销工作。

二、跨境电子商务营销策划实践

在跨境电子商务营销策划框架中，每一项关键任务都有其内涵，做好数字营销的标准之一就是了解各项营销任务的主要策略，能选定评估指标对该项任务进行诊断评估，从而指导策略优化。优秀的数字营销人员正在不断追求营销策划落地实践及循环迭代的速度。

（一）跨境电子商务营销策划实施方法

跨境电子商务营销策划的实施方法完全可以采用管理学中的戴明环（PDCA），即“制定策略—执行策略—诊断评估—优化策略”，但考虑到互联网时代尤其强调速度，本书将更短时间周期内的 PDCA 循环修订为“实战—诊断—优化—实战”（DCA 循环），如图 1-8 所示。

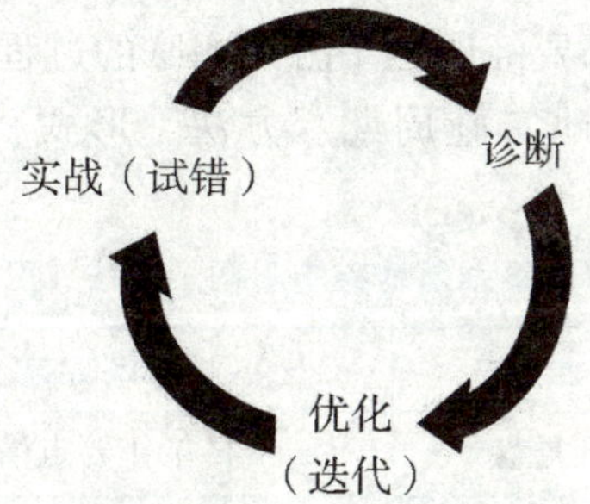

图 1-8　DCA 循环

DCA 循环压缩了 PDCA 循环中的计划环节（P），这符合跨境电子商务产业实践，特别是战斗层的任务，常常没有时间制订详细的书面计划，想到即做。因为没有充分计划，所以出错的概率很大。但互联网人认为，这是追求创新与速度必须付出的代价，还创造出“试错”这个词。并发展出互联网快速试错，在纠错中迭代的理论，即所谓的“给飞奔的汽车换轮胎”。但在做的过程中，跨境电子商务较传统产业更重视诊断。这也是数字营销的优势，有足够多的数据作为诊断依据。跨境电子商务产业也非常重视优化环节，优秀的互联网企业都会持续优化迭代，以拉动下一轮 DCA 循环。

实践中，还可能将 DCA 循环进一步简化，即“执行—复盘”（do-review 循环，简称 DR 循环），这是将 PDCA 循环进一步压缩整合的结果，即将 CA 整合为 R。

总之，跨境电子商务营销策划在实践中完全适用 PDCA 循环，根据执行任务的复杂程度不同，跨境电子商务企业可将实施方法修订为 DCA 循环，甚至 DR 循环。本书采纳 DCA 循环，在每一项目内容安排上也尝试应用 DCA 循环，用于界定基本概念和在跨境电子商务领域的作用。

（二）提高循环速度

当前，跨境电子商务产业快速迭代，也要求人们快速响应。当人们构建了 13N1 模型，就要在推动模型应用好三种循环，直至团队磨合成熟。是否成熟的标志可以用下列方法检查。

（1）在月、周、日三个周期内，团队能自觉执行 PDCA、DCA 或 DR 循环。

（2）团队认同三种循环的评价方法，使用一套指标体系和计算方法客观评价效果。

（3）团队围绕月度目标，依据周评价效果，相互配合实施改进策略，并保持开放、创新的心态，迎接不确定的变化。

上述三条也可以分步实现。例如，第一步先“打呆仗”，从每日 DR 循环做起，复盘时，要求员工做笔记，列表式地写下要点。第二步要求汇总一周记录的要点，逐步学会总结归纳，把一个一个散点归纳成独立的任务。第三步要求根据归纳的任务预测下周进展。第四步正式推行周目标管理制度，每周末复盘本周成果，并提出下周目标。第五步尝试汇总月度成果，如果有连续性任务，要求归纳成一个月度成果，并预测下月进展。第六步正式推行月计划制度，要求提出月度关键目标，并分解到周，对于不能提出关键成果的细节工作，不要列入月度计划中。最终，让团队习惯三层循环体系。这个过程是漫长的，随着优胜劣汰，只要有新人加入，都要经历这个融入团队的过程，由专人追踪辅导。

跨境电子商务营销策划落地实施周期、方法、形式、工具和主体对照表如表 1-1 所示。

表 1-1　跨境电子商务营销策划落地实施周期、方法、形式、工具和主体对照表

周期	循环种类	落地形式	落地工具	实施主体
日	DR 循环	日复盘	日工作要点清单	一线员工
周	DCA 循环	周例会	周行动目标	主管
月	PDCA 循环	月度工作会	月度计划目标	经理

对于第二点，确定一套评价体系，评估周营销任务的成效，可以将定性评价与量化指标相结合。难点是让团队成员接受，并按实施方法表行动。

对于第三点，强调的是持续改进，改进的方向是加速 DCA 循环。

构建适合本企业的跨境电子商务营销策划框架体系，如 13N1 模型，采用 PDCA—DCA—DR 嵌套循环推动框架的落地实施，并不断提升循环速度，是提高营销效率的秘籍。

技能训练

1. 跨境电子商务营销策划框架的构建有哪些注意事项？

____

____

2. 跨境电子商务营销策划的实践中，企业需要关注市场环境与竞争环境，那么你认为在数字时代下如何确定跨境电子商务的目标市场以及定位策略？

____

____

项目小结

在本项目中读者探讨了跨境电子商务营销与策划。明确了营销与策划方案的重要性，学习市场细分、目标市场选择和营销工具应用。了解跨境电子商务营销岗位设置与职责，包括营销经理、市场分析员等。培养全球化视野和跨文化交流能力，掌握创新思维和策略

思维。探讨数字时代下的营销策划，学习利用大数据、人工智能优化策略，关注消费者行为变化。

通过本项目的学习，读者将掌握跨境电子商务营销与策划的基础知识，培养相关的素质和能力，能够在数字时代背景下进行跨境电子商务营销策划，并为个人或企业的业务发展打下坚实的基础。

练习思考

一、选择题

1. 关于跨境电子商务营销与策划类型的理解正确的是（　　）。

A. 只有搜索引擎营销和社交媒体营销是跨境电子商务营销与策划类型

B. 事件营销和电子邮件营销只适用于国内电子商务营销

C. 搜索引擎营销、社交媒体营销、事件营销和电子邮件营销都是跨境电子商务营销与策划类型

D. 跨境电子商务营销与策划的策略包括品牌策略

2. 跨境电子商务营销岗位的职责和要求中，以下哪项是不正确的？（　　）

A. 营销经理在跨境电子商务中负责数字营销、社交媒体营销和品牌策略

B. 运营经理在跨境电子商务中负责起草营销计划、管理流程和分析市场

C. 仓储经理在跨境电子商务中负责物流、仓储和发货等

D. 技术经理在跨境电子商务中负责金融结算和风险控制

3. 以下哪项是 4P 营销理论的核心要素之一？（　　）

A. 外部因素　　B. 产品　　C. 价格　　D. 推广

二、填空题

1. 跨境电子商务营销与策划的类型主要分为以下四种：__________、__________、__________、__________。

2. 跨境电子商务的核心主体包括：电子商务平台、电子商务企业（店铺）、________、________、快递企业、________。

3. 第三方跨境电子商务平台主要分为__________、__________和__________。

项目二

跨境电子商务市场机会分析

项目导读

在全球化的今天，跨境电子商务已成为推动国际贸易的重要力量，为企业提供了前所未有的市场拓展机遇。本项目旨在帮助读者进行跨境电子商务市场机会分析，通过深入探究跨境电子商务营销调研和环境分析，为读者的跨境电子商务业务提供战略指导和决策支持。

学习目标

知识目标

◆了解跨境电子商务营销调研的概念和目的。

◆掌握跨境电子商务营销调研方案设计的基本流程和方法。

◆熟悉跨境电子商务市场营销调研内容和方式。

◆掌握跨境电子商务的概念、特点和发展趋势。

◆了解跨境电子商务的法律、政策和监管体系。

◆了解国际贸易规则和运营模式。

能力目标

◆能够分析和总结跨境电子商务市场的特点和趋势。

◆能够设计适合跨境电子商务营销调研的方案，包括调查问题、样本选择等。

◆能够采用合适的方法和工具进行数据收集和分析。

◆能够分析跨境电子商务的宏观环境和中观环境，包括政策、法规、市场等因素。

◆能够识别跨境电子商务中存在的机遇和挑战，为营销策略的制定提供支持和参考。

◆能够预测和适应跨境电子商务环境的变化。

素质目标

◆培养学生独立思考的能力和创新精神。

◆增强学生团队合作和沟通能力。
◆培养学生客观、求实和科学的态度。
◆培养学生国际化视野和全球化思维。
◆增强学生判断力和决策能力。
◆培养学生学习和创新能力。

思政目标

跨境电子商务既是机遇也是挑战，只有把握其发展方向同时兼顾社会公平正义、文化多样性以及环境保护，才能确保其可持续发展。作为现代人，需要不断学习新知识，积极参与社会实践，以此提高学生的全局观和责任感，共同创造一个更加繁荣稳定、文化多元并持久绿色的社会发展环境。

任务一　制定跨境电子商务营销调研方案

任务描述

小丽在快速成长中的跨境电子商务公司担任营销分析师。她的公司计划扩大在国际市场上的业务，特别是在东南亚和北美地区。她应该如何制订和开展调研计划呢？通过本任务学习制定高效的市场进入策略。

任务分析

跨境电子商务营销调研即针对跨境电子商务营销环境进行调查设计、搜集资料和初步分析的活动。营销人员需要利用各种调研方法和调研工具系统地搜集有关人员或企业（市场）的数据，然后对其进行分析，以更好地了解该人群的需求，解决商务活动中的问题。

一、跨境电子商务营销调研

跨境电子商务营销调研

市场调研对客户为何要购买产品给予定性和定量的回答，它是科学与直觉相结合。有时候直觉可能让人们有一个判断，但数据告诉人们的也许会有所不同。所以必须综合所有信息，做出正确的决策。

有的跨境电子商务小企业可能觉得市场调研离自己很远、很空泛，或者这是大品牌才需要做的事，但事实上，开展任何事业的第一步都需要调研，店铺日常运营中查看平台数据、制作报表并进行分析就是调研的一种类型。常见的需要调研的情形还包括：打算开始做跨境电子商务业务或想进入新的市场时；打算在店铺增加新产品时；希望增加销售额和利润时；想给客户提供产品配套服务时；想调整价格时等。

二、调研方案设计

跨境电子商务营销调研方案设计即制订市场调研计划，需要根据调研的目的和要求，对调研的各个方面和各个阶段进行通盘考虑和安排。

跨境电子商务营销市场调研方案的格式内容如下。

（1）前言。前言简明扼要地说明调研的背景与原因。

（2）调研目的与意义。阐明为何开展此调研；列出调研项目并提出相应的假设；指明调研结果的用途，如企业决策价值、经济效益、社会效益、理论价值等。

（3）调研内容。明确界定调研的对象与范围。

（4）调研实施说明。说明调研涉及的内容，包括调研方法，调研的对象或人数，调研区域，调研访问方式、访问实施的操作过程、监督管理办法，调研数据处理办法等。

（5）提交调研报告的方式。

（6）调研进度安排。

（7）调研经费。

（8）附录。

（一）确定调研的目的和任务

在开展小型调研时可以根据需要选取市场调研中的部分内容，完整步骤如下。

（1）明确调研目的，包括为什么要进行调研，调研要了解那些信息，具体要解决什么问题，即为什么要调研、调研结果有什么用处。在确定调研目标时，应当使目标具体化，使调研的问题定量化，以利于对调研结果的审核和评估。

（2）明确调研任务，即在调研目的既定的条件下，调研应获取哪些信息才能满足本次调研的要求。

（二）确定调研对象和调研单位

调研对象是指一定时空范围内所要调研的总体，它是由客观存在的具有某一共同性质的许多个体单位组成。

调研单位是调研总体中的每个个体单位，是调研项目的承担者或信息源。调研前必须清晰地界定调研对象和调研单位的含义和范围。

例如，在对美国跨境电子商务社交平台营销情况进行调研时，调研对象是所有美国主要社交平台，调研单位就是准备调研的每个社交平台。

（三）确定数据搜集的内容和形式

根据调研目的、所需的调研数据类型以及设定的一些假设等，确定以下工作。

（1）需要搜集哪些数据来实现上述目的和假设。即确定数据搜集的内容，如在调研爆款产品时，内容可以包括产品特性、产品定位、产品主要购买者、广告投入情况、适用场景、品牌形象、产品生命周期等。

（2）这些内容数据可以从哪些渠道获取。根据调研内容列出市场调研所需搜集资料的细目。一手数据即原始数据，指根据调研目的所需，直接从目标对象那里采集到的信息。传统的调研需要通过问卷、访谈、观察等方法搜集原始数据，这些数据与调研目的非常匹配，且很精准，但是所需的成本会很高。

（3）二手数据指已经存在的数据，即从实地调查以外有关方面得到的各种数据、图文、音像资料等，二手数据不一定是同一个机构为同样目的搜集的。它的优点在于能够节省很多时间和成本，缺点是不一定完全适合目前调研的问题，精准性也可能存在问题。

需要思考哪些数据资料可以利用已有的二手数据，二手数据是否有代表性，能否通过合理合法的渠道获得，哪些数据资料需要通过问卷调查方法获得，哪些信息需要通过实地考察或访谈等方式获得等。二手数据的来源包括以下几点。

1. 开放的公共资源

开放的公共资源包括政府机构网站、公共图书馆和大学图书馆、国际性大银行发行的期刊、商情调研机构定期公布的市场报告和专题研究论文、相关企业的年度报告、国际组织网站等。其中与国际市场信息相关的国际组织网站主要有以下几个。

（1）联合国（United Nations），网址为 http：//www. un. org/，出版有关国际的和国别的贸易、工业和其他经济方面的统计资料。

（2）国际货币基金组织（International Monetary Fund），网址为 http：//www. imf. org/，出版有关各国和国际市场的外汇管理、贸易关系、贸易壁垒、各国对外贸易和财政经济发展情况等资料。

（3）世界银行（World Bank），网址为 http：//www. worldbank. org/。

（4）世界贸易组织（World Trade Organization），网址为 http：//www. wto. org/。

2. 合作机构搜集的数据

合作机构搜集的数据包括通过协议可以获得的由合作伙伴搜集和管理的数据，或者与合作伙伴共同搜集并共享的数据信息等，例如，多方联合发起的用户调研；系统接口产生的交换数据；与合作伙伴交换的数据信息；与监管机构交换的数据信息等。这类数据往往是在经营或服务过程中与客户发生直接或间接接触，或者通过联盟协议共享信息。

3. 商业机构相关数据

商业机构相关数据包括政府部门登记的房产信息，企业工商注册的登记信息、第三方征信公司的信用信息、社会化技术公司收集的数据、相关行业积累的数据信息等。一般需要通过查询、租用、交换或购买等方式获取。

（四）调研时间和调研期限

（1）调研时间。调研资料的所属时间（期初、期末或其他时点）。

（2）调研期限。整个调研工作所占用的时间。

（五）确定调研方式和方法

1. 调研方式

传统的方式有市场普查、重点市场调研、典型市场调研、抽样市场调研、非概率抽样调研等。

2. 调研方法

在调研方式确定后，搜集资料的具体方法通常有观察法、专题讨论法、访问法、实验法等。在互联网技术下，通过数据挖掘利用大数据开展调研是跨境电子商务营销过程中最主要的方法。但大数据分析和传统市场调研的价值和效果不同，企业在决策过程中有时需要结合使用，调研方法包括以下几种。

（1）观察法

虽然跨境电子商务销售是线上的，但是了解客户的方式仍然应当回归到客户生活的环境，只有了解他们的状况和需求，才能提供真正让客户满意的产品和服务。当前，有越来越多的卖家已经充分认识到对本土市场实地考察的重要性。调研人员通过现场观察调研对象的行动来搜集情报资料的方法就是观察法，具体可以到线下购买现场观察，可以到产品使用单位的使用现场观察，也可以使用照相机、摄影机、录音机等进行录音和拍摄。这一方法适用于企业对重点关注的市场、产品或特定消费者的调研。

（2）专题讨论法

专题讨论法往往是大规模问卷调研前的一个试探性步骤，网上开展专题讨论法可通过新闻组（Usenet）、电子公告牌（BBS）或邮件列表讨论组关于某种产品、某项服务、某个组织或其他市场营销话题进行讨论。一般而言，在确定目标市场后，先对网络平台上可选的讨论组进行识别和选取，再确定讨论的具体话题，通过登录相应的讨论组来过滤系统发现有用的信息，或创建新的话题让大家讨论，获得有用的信息，还应注意查阅讨论组上的常见问题。

（3）访问法

访问法常采用的形式是问卷调研，问卷调研的目的是了解人们的认识、看法、喜好和满意程度等，以便在总体上衡量这些数值。传统的问卷调研有邮寄、电话、面访（包括“约定访问”和“拦截访问”）三种接触主体的方法，目前更多采用互联网在线发放问卷。虽然借助系统也可实现在网站的页面上进行调研，但是弹出窗口可能分散网站访问者的注意力。很多公司会把调研问题嵌入订单确认页面，如果这样操作，则只有在交易完成后才进行调研，不会分散人们下订单时的注意力。在设置网络问卷时，要注意内容尽量精简，一般以3~7个问题为宜，能让客户在几秒钟内迅速回答，以免让调查对象产生厌烦情绪，影响采集数据的质量。这样的快速调研涉及以下多个方面。

- 购买/服务满意度——“您如何评价近期的购买经历？”
- 一般表态——“您会不会将我们推荐给朋友？”
- 产品使用——“您什么时候/在哪里使用我们公司的产品？”

· 与竞争对手的比较——“您为什么购买我们的产品，而不是××公司的？”

· 信息偏好——“您希望在每月的广告订阅中看到什么内容？”

· 对新产品、新营销活动、新网页界面的反馈——“如果我们向您提供××，您会喜欢吗？”

· 相关的生活方式问题——“您会在汽车/家中/办公室使用本产品吗？”

· 放弃产品或服务的理由——“您为什么退订？”

案例链接

调研问卷

调研问卷一般包括开头、正文和背景资料。

1. 开头

调研问卷开头部分一般包括以下几点。

(1) 问卷标题（点明调研的主题与内容）。

(2) 问卷编码（每一个问题及答案的代码，便于归档与统计，简单的调研可省略）。

(3) 问卷说明词（说明调研的目的及调研结果的用途，一般需要向调研对象介绍调研组织，请求其积极合作，消除调研对象的顾虑，向其表示感谢等）。

(4) 问卷填写说明（为规范调研对象对问卷的回答，在自填式问卷中要有详细的填表说明）。

2. 正文

正文部分是调研问卷的主体部分。调研人员应依据调研主题设计调研内容，设计问题前要先考虑清楚这个问题与其他问题的关系，以及通过这个问题或一组问题想要获得什么结论，再设计问题的选项和提问的方式。一般调研的问题可分为三类。

(1) 事实、行为类问题。主要是了解市场中已发生或正在发生的客观现象、人们的行为和结果。

(2) 观点、态度、动机等类问题。主要是了解调研对象的主观认识、消费偏好等。

(3) 未来的可能性类问题。主要是了解调研对象未来的一种态度，而不是一种准确的行为预测。

3. 背景资料

背景资料通常放在调研问卷的最后，是问卷的基础数据，包括调研对象的主要特征等，便于对调研资料开展后期分析。

使用专门的调研软件发放问卷也是常见的方式，低成本的调研系统包括 Survey Monkey、Survey Gizmo 等，可以制作调研报告并将其嵌入确认页面中。另外还有通用表单构建器，如 Wufoo，可以更灵活地设计表单。除此之外，iPerceptions、OpinionLab、Clicktools 等专业供应商的系统功能更强大、更专业，但同时会增加更多成本。

Google Surveys 也是广受外贸企业喜爱的一款调研工具。通过 Google Surveys，企业可以设计调查问卷，并指定受众范围定向投放问卷，一般只需三天即可获得结果。

（4）实验法

实验法是最科学的调研方法。该法选择若干有可比性的 A 组和 B 组，分别赋予不同的营销实验方案，控制外部变量，并检查所观察到的差异是否具有统计上的显著性。其理论依据是：在将外部因素剔除或加以控制的情况下，观察到的结果与实验方案中的变量具有一定的相关性。

（六）分析信息并形成报告

在报告中需要明确数据分析的手段，以及通过这些数据分析手段可以获得哪些结论；明确报告分析的原则、内容、方法、要求；明确报告的编写人员分工、成果的发布等安排；明确最终成果以何种方式体现，如 Word/PPT 版不同格式的报告。

（七）确定组织计划和进度安排

在组织计划中，要确定调研的组织领导、调研机构的设置、调研人员的选择与培训、各项调研工作的分工等。企业委托外部机构进行市场调研时，还应对双方的责任人、联系人、联系方式做出规定。

在进度安排中，需要罗列重要节点，并且充分考虑工作量进行时间节点的安排，可能的话，尽量明确每个不同节点的负责人员。可以采用甘特图进行进度安排，其中，横轴表示时间，纵轴表示要安排的活动，线条表示在整个进度中计划的和实际的活动完成情况。

以抽样调研为例，一个市场调研的进度一般可分为以下几个阶段。

（1）总体方案的论证、设计。

（2）抽样方案的设计，调研实施的范围、时间、人员分工等具体细节的规定。

（3）问卷的设计、测试、修改、定稿。

（4）网络问卷工具和方式的选择及发布，或者问卷印刷、调研人员的挑选和培训。

（5）调研的组织实施，并根据反馈调整。

（6）调研数据的整理，包括计算机录入、汇总与制表。

（7）统计分析研究。

（8）调研报告的撰写、修订、定稿。

（9）调研成果的鉴定、论证、发布。

（10）调研工作的总结。

市场调研报告一般包括导言、报告主体和附件。

1. 导言

（1）标题扉页。

（2）前言，具体包括报告的根据、研究目的与范围、研究方法、致谢辞等。

2. 报告主体

（1）详细的调研目的。

（2）详细的研究方法。

（3）调研结果的描述与解释。

（4）调研结果与结论的摘要。

（5）建议。

3. 附件

（1）样本的分配。

（2）图表。

（八）编制市场调研经费预算

预算编制需要考虑不同的调研形式，如为纯外包，则由第三方提供，并由内部审核；如由内部自行组织调研，则需要考虑相关人员的各项费用以及调研周期等。预算一般包括以下几个方面。

（1）总体方案策划费或设计费。

（2）抽样方案（或实验方案）设计费。

（3）调研问卷设计费，包括测试费。

（4）调研问卷软件服务费或印刷费。

（5）调研实施费，包括选拔和培训调研员的费用、试调研的费用、交通费、调研人员劳务费、管理督导人员劳务费、礼品费、复查费等。

（6）数据录入费，包括编码、录入、查错等。

（7）数据统计分析费，包括上机、统计、制表、作图、购买必需品等。

（8）调研报告撰写费。

（9）资料费、复印费、通信联络等办公费。

（10）专家咨询费。

（11）公关、协作人员的劳务费等。

（12）上交管理费或税金。

（13）鉴定费、新闻发布会及出版印刷费用等。

（14）未可预先费用。

技能训练

（1）在进行跨境电子商务营销调研时，为了准确了解目标市场特征，你会采用哪些研究方法和工具，并解释选择这些方法的理由。

（2）在跨境电子商务营销调研中，你认为分析竞争对手策略的重要性有哪些方面，以及分析策略时可能遇到的挑战有哪些，你将采取哪些措施来应对这些挑战？

____

____

任务二　跨境电子商务环境分析

任务描述

在进行跨境电子商务环境分析后，小丽意识到公司需要调整品牌策略以提升竞争力。于是小丽组织了一次内部会议，与公司高层及相关团队讨论品牌策略的调整方案，那么她应该怎样开展这次会议呢？应该制定什么样的策略？接下来通过本任务学习跨境电子商务的环境分析。

任务分析

电子商务环境，作为现代商业运作的核心舞台，不仅体现了技术的飞速发展，更是商业模式创新的集中体现。随着全球化和数字化的深入，电子商务环境日益复杂多变，其涵盖的范围也从最初的在线购物、支付扩展到了供应链管理、客户服务、市场营销等多个方面。

一、跨境电子商务宏观环境分析

（一）开展宏观环境分析

宏观环境分析是为了确认和评价政治、经济、社会文化、技术、生态和法律等宏观因素对企业战略目标和战略选择的影响。跨境电子商务企业通过平台进入国外市场、直接接触国外客户时，不仅需要了解客户，更需要从更高的层次出发，看清市场及行业的总体发展趋势，判断市场的投资价值，关注宏观政治、经济政策及法律和技术的变迁对市场的影响力度与方向及对企业成本的影响。例如，政策因素导致的关税上涨，或经济因素导致的汇率波动等情况，都会影响跨境电子商务企业的利润，企业如果能对政治和经济等宏观环境保持动态调研和观察并具备一定的敏感性，就能提前做好价格策略、销售策略、运输策略、海外仓储布局策略等策略的调整，避免企业遭受损失。

（二）宏观环境分析模型

1. PEST 分析模型

PEST 分析是指宏观环境分析模型。宏观环境又称一般环境，是指一切影响行业和企业的宏观因素。对宏观环境因素进行分析，不同行业和企业根据自身特点和经营需要，分析的具体内容会有差异，但一般都应对政治（political）、经济（economic）、社会（social）和技术（technological）这四大类影响企业的主要外部环境因素进行分析，因此，称之为PEST分析模型，如图2-1所示。

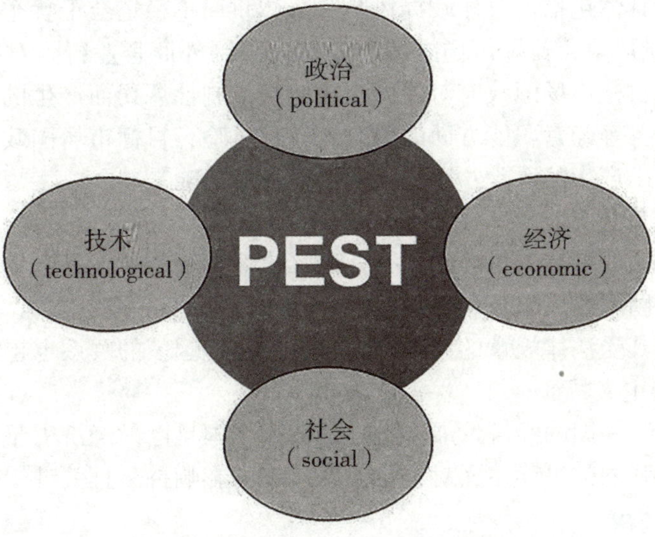

图2-1 PEST分析模型

2. PESTEL分析模型

PESTEL分析模型，即大环境分析模型，是分析宏观环境的有效工具，不仅能够分析外部环境，而且能够识别一切对组织有冲击作用的力量。它是调查组织外部影响因素的方法，其每一个字母代表一个因素，即政治（political）因素、经济（economic）因素、社会（social）因素、技术（technological）因素、环境（environmental）因素和法律（legal）因素。

（三）宏观环境调研的要素

1. 政治环境调研

政治环境的调研和分析可以从以下几个角度进行。

（1）分析政府及其政策趋势

分析政府及其政策趋势具体包括：分析政府类型；评估政府在经济中所起的作用；评估政府的廉洁与行政效率等。

（2）分析政治稳定性

一般而言，政权的更迭往往带来政府政策的变化，从而改变企业营销的政治环境。因此，需要综合分析政权更迭频率、暴力事件出现率、文化分裂程度、宗教冲突等信息。

（3）分析政治干预政策

分析政治干预政策具体包括：分析税收政策，税收政策即通过征收不同的税收来限制或鼓励外国产品进口的政策，分为限制性税收政策和鼓励性税收政策两大类；分析进口管制政策，包括限制进口数量的各项措施和限制外国产品在本国市场上销售的措施；分析外汇管制政策，即是否对外汇的供需及利用有限制。

（4）分析政治风险

分析政治风险具体包括：总体政局风险，总体政局不稳定会干扰企业经营决策和获利水平；所有权/控制风险，目标市场国政府注销或限制外商企业行为对企业来说可能导致风险；经营风险，目标市场国政府对外国企业实行控制性惩罚而产生的风险，主要表现在对生产、销售、财务等经营职能方面的限制；转移风险，目标市场国政府限制外国企业经营所得和资本的汇出产生的风险；还包括货币贬值的风险。

（5）分析国家间关系

国与国之间关系的好坏，也会影响企业国际市场营销的成败。具体可以看目标市场国是否参加地方性或国际性组织及是否遵守双边和多边条约。一般而言，一个国家加入的国际性组织越多，则其受法律规章的束缚也越大，与其他国家的关系也越密切。

（6）分析民族主义特征

民族主义认为，一国的经济发展要更多地依靠本国自己的经济力量，要特别维护本国民族工业的发展。强烈的民族主义对全球市场营销的影响持久且关键。

2. 经济环境调研

构成市场的三要素是购买者、购买欲望和购买力，其中就涉及收入和人口问题。经济环境的调研和分析可以从以下几个角度进行。

（1）分析收入

① 分析国民收入。国民收入是经济统计中一个衡量经济发展的综合性指标。分析国民收入的一个有效方法就是比较各国的国民生产总值（GNP）。在评估经济环境和市场潜力时，应对国民生产总值和人均国民收入进行对比分析，还应注意收入、利息、储蓄等的变化，这些对生产价格敏感产品的企业影响较大。另外，要考虑通货膨胀和物价上涨因素。

② 分析个人收入。个人可支配收入是从收入中减去个人所得税以及各种社会保险等的余额。一般而言，个人收入是以工资、红利、租金等形式以及从其他来源获得的总收入。个人收入决定了消费者个人和家庭购买力。个人可任意支配收入，即在个人可支配收入中减去用于维持个人与家庭生存不可缺少的费用（如房租、水电、食物、燃料、衣着等项开支）后剩余的部分，这部分收入是消费需求变化中最活跃的因素，也是分析时要考虑的主要对象。

（2）分析人口

① 人口规模及增长速度。一般而言，市场规模会受到人口总量的制约，市场规模与人口数量往往成正比。

② 人口结构具体包括性别结构、年龄结构、家庭结构、民族结构、城乡结构、教育水平、人口密度、人口流动性的高低和流向。

3. 社会文化环境调研

各个国家的社会文化既有差异也有共性，在分析社会文化环境时，应当找出各种差异与共性，在跨境电子商务营销过程中针对需求的差异性制定营销战略和方案。具体分析内容包括以下几个方面。

（1）分析目标市场语言文字

应明确目标市场不同的地区和人群习惯使用哪些语言，有哪些主要的语言。商品进入目标市场时，商品品牌的确定、说明书的翻译、广告信息的传递等都应采用合适的语言，避免翻译造成的歧义。

（2）分析价值观念与态度

价值观念与态度主要包括：对待物质财富和享受的态度；对待男性和女性的态度；对待家庭和子女的态度；对待工作和成就的态度；对待变革及创新的态度；对待时间的态度；对待风险的态度等。这些都会影响人们的消费行为和方式。

（3）分析教育水平

不同教育水平的人对商品的需求不同，对商品的包装、附加功能和服务的要求有差异。另外，实施营销调研的方式以及产品经销方式也会受到教育状况的影响，可以对目标市场各类教育水平人数比例、文盲率、教育投资占国民收入的比例等进行比较分析。

（4）分析主要宗教信仰

宗教信仰直接影响人们的生活态度、价值观念、风俗习惯和消费行为。一般而言，宗教节日会引起商品需求的大起大落；宗教要求与禁忌影响人们的消费行为。

（5）分析风俗习惯

一般而言，风俗是指世代相袭、固化而成的一种风尚；习惯是指由于重复或练习而巩固下来的并变成需要的行动方式。不同的消费习俗决定不同的商品需要，应当具体分析目标市场消费者的禁忌、习俗、避讳、信仰、伦理等特点，以及在饮食、服饰、居住、婚丧、信仰、节日、人际关系等方面表现出的心理特征、道德伦理、行为方式和生活习惯。

（6）分析与产品相关的美学标准

美学是一种文化的审美观念和审美能力，通常表现为对艺术、音乐、戏剧、舞蹈、颜色及形状等的鉴赏力。应特别注意分析消费者对商品的好坏、美丑、善恶的评价。人们挑选、购买商品的过程就是一次审美活动，实质上反映了一个时代、一个社会人们共同的审美观念和审美趋势。

4. 技术环境调研

跨境电子商务营销中的技术因素主要是互联网技术应用环境。技术发展水平分析包括与技术实力、技术竞争力、技术创新能力、研究与发展经费、互联网运用程度、人才技能水平和培养途径、人均拥有电话数、人均用电量等。

5. 生态环境调研

污染问题已引起了各国政府高度重视，他们纷纷出台环保法律和法规，并强制要求企业购买设施和采取措施解决环境问题。同时，各类环保主义运动和环保组织层出不穷，以各种方式开展环保活动。一方面，制造污染的企业在社会舆论的压力和政府的干预下，不得不采取措施控制污染；另一方面，这也给控制污染设备的生产企业带来市场和营销机会。应着重分析当地政府和市场消费者对环境保护的关注程度，以及相关环保组织和环保标准。一般而言，可以通过宣传产品使用了可再生资源、强调对环境污染小等来迎合消费者环保观念。产品如果通过 ISO 14000 环境管理系列标准的环保认证，就可以在全球市场免除与环境相关问题的检查，并树立企业的环保品牌。

6. 法律环境调研

对于法律环境的调研可以从以下几个方面开展。

（1）该国有哪些关于互联网的法规？

（2）互联网上投放广告的规则是什么？是否有不能在互联网上做广告的产品或服务？

（3）通过互联网向消费者或企业提供金融服务产品的广告或销售是否受到管制？如果是，则由谁以及如何进行管制？

（4）在线视频内容的管理方式与电视内容相同吗？是否有单独的规定？

（5）该国管理部门对知识产权的管理有哪些要求？是否有权进行与知识产权侵权有关的突袭检查和冻结？

（6）该国法律如何定义“个人数据”？

（7）涉及个人数据处理的各方（如网站所有者）是否必须向监管机构注册才能处理个人数据？

（8）是否根据客户同意或其他理由来处理个人数据？获得客户同意或建立其他处理依据普遍采用的机制是什么？

（9）涉及个人数据处理的一方（如网站提供商）可以将个人数据出售给第三方吗？

（10）是否有针对电子商务数据泄露的通知或其他网络安全法律？

（11）该国有哪些电子邮件和其他远程营销方面的法规和指南？

（12）在处理个人数据方面拥有哪些权利？这些权利是仅限于本国公民还是扩展到外国人？

（13）开展跨境电子商务的公司如果在当地注册，应在何时、何地缴纳增值税或其他税？互联网销售如何征税？

二、跨境电子商务中观环境分析

（一）行业调研的方法

行业调研可以从以下两个角度展开。

（1）从全球角度看，需要了解产品在哪里热度最高、销售量最大，主要的市场在哪里等。可以通过谷歌全球商机通、谷歌趋势（Google Trends）等工具直接找到相关信息。

（2）从区域市场角度看，需要了解产品主要的销售市场、畅销的区域、目标市场产品结构、市场饱和度、行业是否有垄断性等。可以通过数据网站、调研报告、新闻报道等途径了解。

可以通过行业市场研究报告来了解市场规模、增长率和趋势。除了国内行业相关网站和公众号之外，以下是一些可靠的行业信息的主要来源。

（1）尼尔森（Nielsen）：一家领先的全球信息和数据公司，提供有关人们观看、收听和购买的市场研究、观点和数据。

（2）皮尤研究中心（Pew Research Center）：是一个信息库，向公众介绍影响美国和世界的问题、态度和趋势。

（3）Market Research. com：是有关产品、市场、公司、行业和国家/地区的市场研究报告和行业分析的领先提供商。

（4）美国人口普查局（United States Census Bureau）：这是有关人员、企业和经济的高质量数据的来源之一。

（5）NPD 集团（NPD Group）：通过行业分析和咨询服务帮助零售商识别市场趋势，以制定更明智的业务决策。

另外，谷歌也是查找行业文章非常重要的工具。假如搜索电子商务服装趋势，输入“ecommerce apparel trends”，并在页面右上角选择“工具（tools）”，然后将搜索时间范围更改为“过去一年（past year）”，如图 2-2 所示。

图 2-2　电子商务服装趋势搜索结果

通过图 2-2 可以看到不少有用的行业信息。如果企业计划为女性推出新的服装系列，并想了解趋势，那么上面的搜索范围就太大了，其内容很可能与女装的实际情况不符合，因此要增加特定的搜索词，尝试优化搜索，找到的数据越具体越好，如可以再增加关键词“women”，如图 2-3 所示。

图 2-3　电子商务女装趋势搜索结果

另外，从社交网络的讨论组群中了解大家的想法也是获得行业趋势的一个方式。假如希望了解女性运动产品方面的需求和趋势，可以通过搜索“women′s athletic facebook groups”进入社交群筛选信息，获得产品改良的启发，如图 2-4 所示。

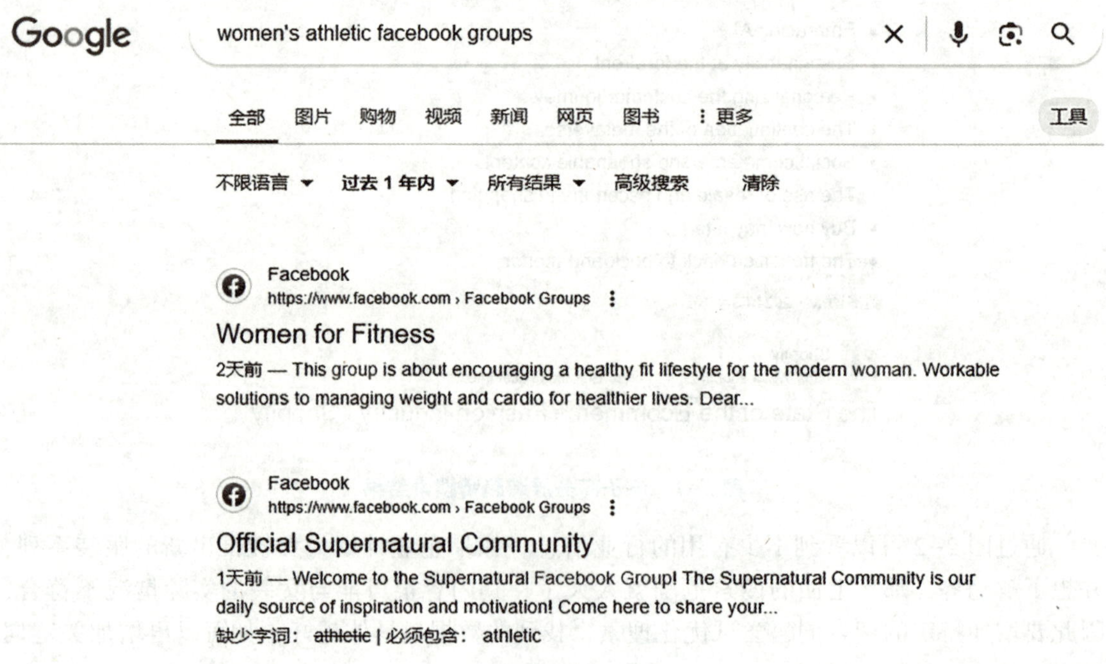

图 2-4　女性运动产品社群搜索结果

（二）波特五力模型分析

1. 波特五力模型简介

在中观调研中，可以参考的理论框架是波特五力分析模型，又称波特竞争力模型（Porter's Five Forces Model）。该模型是迈克尔·波特（Michael Porter）于20世纪80年代初提出的用于竞争战略分析的模型，可以有效地分析客户竞争环境。五力分别是：供应商的议价能力、购买者的议价能力、潜在竞争者进入的能力、替代品的替代能力、行业内竞争者现在的竞争能力。我们可以通过这个模型分析目标对象的竞争压力情况，而在跨境电子商务营销过程中，也可以借鉴这个模型的指标，科学系统地了解行业整体情况。

通过分析发现，供应商的议价能力、潜在竞争者进入的能力、替代品的替代能力、行业内竞争者现在的竞争能力都属于行业调研，而购买者的议价能力属于消费者调研。对消费者的调研在宏观、中观、微观层面都有涉及，宏观层面调研侧重消费者的结构性和趋势性数据，如人口总量、各年龄层数量和发展趋势等；中观层面调研侧重消费者某个群体数量和意向；微观层面调研侧重消费者个体行为模式和偏好。

波特五力分析模型如图2-5所示。

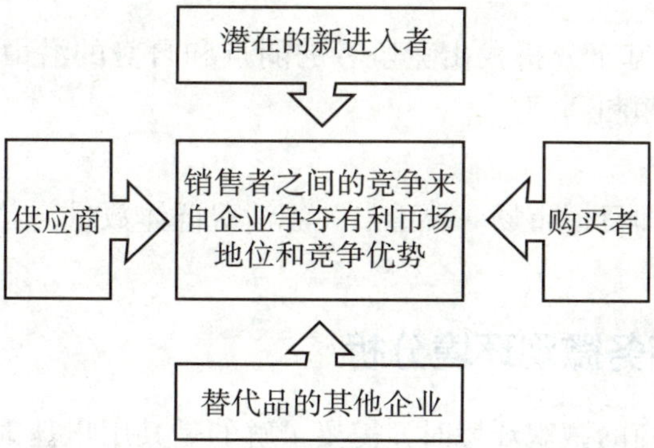

图2-5　波特五力分析模型

2. 波特五力模型分析内容

参考波特五力分析模型的五个指标，在进行中观调研时，可以从以下几个方面入手。

（1）分析供应商

对跨境电子商务卖家来说，供应商是指向企业及其竞争者提供产品或原材料的企业和个人，以销售的产品为主，对有些企业来说，还包括提供原材料、设备、能源、劳务、资金等。供应商所提供资源的价格和供应量直接影响企业产品的价格、销量和利润。对供应商调研的主要内容包括：供应商的数量、供应商品牌知名度和地位、产品特色、产能和销售范围、供应商产业链、供货稳定性、价格趋势、供应链整合参与意愿等。

（2）分析新进入者

新进入本行业的企业可能与现有企业发生原材料与市场份额的竞争，最终导致行业中现有企业盈利水平降低，严重的话还有可能危及这些企业的生存。对新进入者调研的主要内容包括行业进入门槛、现有企业对新进入者的反应模式等。

（3）分析替代品

两个处于不同行业中的企业，可能由于所生产的产品互为替代品，从而产生竞争行为。替代品价格越低、质量越好、用户转换成本越低，其所能产生的竞争压力就强。对替代品调研的主要内容包括销售增长率、替代品厂家生产能力与盈利扩张情况等。

（4）分析竞争者

分析竞争者主要从以下几个方面入手。

① 识别竞争者：确定行业中的主要竞争者，包括市场领头羊和主要的竞争者数量。

② 确定竞争地位：通过数据报表、销量、购物车数据、用户收藏等信息，确定竞争对手的市场地位。

③ 分析竞争目标和策略：洞察竞争对手的市场份额目标、流量获取、技术创新和服务提升等方向，评估其对当前位置的满意度。

④ 评估优劣势：收集并分析竞争对手的销量、市场份额、盈利能力、品牌影响力、技术专利等，识别其优势与弱点。

⑤ 理解反应模式：观察竞争者对市场变动的响应，如价格调整、促销强度及新产品推出，以调整自身策略。

⑥ 制定竞争策略：基于分析找出竞争者的弱点和自身的潜力提升领域，制定有效的竞争行动以增加市场份额和利润。

（5）分析购买者

购买者就是顾客，即目标市场。要重点关注消费群体数量、总体意向和趋势，并匹配他们的购买力。

三、跨境电子商务微观环境分析

在深入探讨跨境电商的微观环境时，需要了解的是其用户基础，这构成了整个分析框架的基石。

（一）用户画像分析

1. 用户画像

用户画像又称客户画像或用户角色，是一种勾画目标用户、联系用户诉求与产品设计方向的有效工具。单个用户画像通常代表产品的典型购买者，所描述的内容代表同类群体用户的需求。用户画像的内容一般包括：目标用户的背景信息、行为模式、动机、技能以及使用产品的场景。我们需要用浅显和贴近生活的语言将用户的属性、行为与期待联结起来。

2. 建立用户画像

用户画像可以通过多种方式来建立，主要取决于项目预算、项目类型以及设计人员能采集到的数据类型。建立用户画像的一般流程如下。

（1）搜集用户信息

建立用户画像是为了还原用户信息，因此数据来源于所有与用户相关的数据。从属性来看，数据可以分为静态信息数据和动态信息数据两大类，如图 2-6 所示。在从网络获取数据的基础上，对目标用户进行足够数量的访谈和观察也是至关重要的。

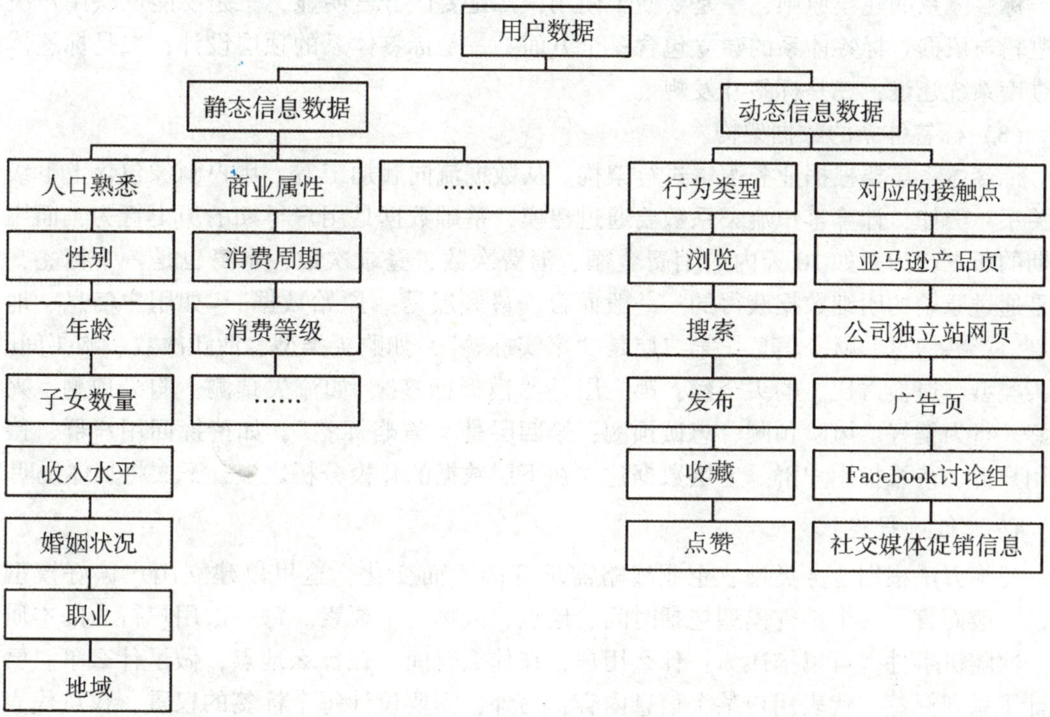

图 2-6　用户数据类型

（2）静态信息数据

静态信息数据是指用户相对稳定的信息。主要包括人口属性、商业属性等方面数据。这类信息如果有真实来源，则无须过多建模预测，只要做数据清洗工作。

（3）动态信息数据

动态信息数据是指用户不断变化的行为信息。当用户行为集中到互联网，通过购物平台、社交媒体、广告页面等用户的接触点，用户行为的展现就会比线下更为聚焦，数据的可获得性也大大提高。

3. 基于数据建立标签体系

在获取数据后，通过列表整理行为变量，并按一定的逻辑层级分析用户，找到相似的行为模式的类型，给每个类型赋名，将同类别的用户对标到合适的变量区间中。简单地说，就是把用户分到相对应的类别里面去。这就需要设计相关类型、明确类型彼此之间有什么联系，也就是设计用户画像标签体系。

（1）标签体系类型

通常有两种思路设计用户画像的标签体系：一种是结构化的标签体系，这类标签可以直接从人口属性、物品信息等基本信息中直接得到，有明确的层级关系，如性别、省市、商品分类等；另一种是非结构化标签体系，各个标签各自反映各自的用户兴趣，彼此之间并无层级关系。

（2）建立标签体系的要求

标签体系的建设原则，一是要便于使用，二是要区分度明显，三是要能反映用户决策的逻辑与依据。标签体系的建立包含三个方面：一是标签体系的顶层设计；二是标签体系的维度系统建设；三是标签开发规范。

（3）标签体系的数据架构

标签体系需要根据业务逻辑进行架构。从数据流向和加工看，用户画像包含上下级递进关系。例如，计算客户流失系数要通过建模，基础数据是用户早期的历史行为，而用户早期的历史行为，如10天内的消费金额、消费次数、登录次数，本身也是一个标签，它们是通过原始的明细数据获得的。一般而言，最底层是“原始数据”，如用户信息、地理信息、产品信息、财务信息；第二层是“事实标签”，如购买类型、活跃次数、购买间隔、购买类型、退换占比、购买金额；第三层是“模型标签”，如流失预测、购买预测、兴趣偏好、行为偏好、风险预测、忠诚预测；第四层是“策略标签”，如待挽回用户群、待发展用户群、待维护用户群。上层数据建立在下层数据的建模分析之上，下文将具体说明。

4. 进行数据建模

建模方法根据业务类型、企业战略需求等因素而变化，这里以建立用户偏好模型为例。一般而言，一个事件模型包括时间、地点、人物三个要素。每一次用户行为的本质就是一次随机事件，可以描述为：什么用户，在什么时间，在什么地点，做了什么事。已经设计了系列标签，代表用户某个信息内容，另外，需要设计每个标签的权重，权重代表指数，也可以理解为需求度、可信度或概率。

（1）什么用户

用户的关键在于对用户的标识，用户标识是为了区分用户、单点定位。互联网主要的用户标识方法包括Cookie、购物平台/网站/社交媒体注册的ID、电子邮箱地址、手机号、社保号、护照号等，视企业的用户黏性，可以获取的标识信息有所差异。

（2）什么时间

时间包括两个重要信息，即时间戳和时间长度。其中，时间戳用于标识用户行为的时间点，通常采用精度到秒的时间戳。

（3）什么地点

地点指用户接触点（touch point）。每个用户接触点潜在包含两层信息，即网址和内容。网址本身表征了用户的标签偏好权重，而网址对应的内容则体现了标签信息。

① 网址：每一个URL链接（页面/屏幕），即定位了一个互联网页面地址，或者某个产品的特定页面。可以是电脑上某电子商务网站的页面URL，也可以是手机上的社交媒体功能页面或某款产品应用的特定画面。

② 内容：每个URL网址（页面/屏幕）中的内容。可以是单品的相关信息，包括类别、品牌、描述、属性、网站信息等，如出现在每个互联网接触点的公司产品。

互联网上接触点的不同体现出了权重差异。例如，对于 A 品牌产品，直接登录公司独立站购买的客户、在亚马逊搜索 A 品牌进入产品页的客户，以及看到产品打折广告后点击进入的客户，对于 A 品牌的喜好程度和黏性不同，他们愿意为该品牌产品支付的价值也不同，因此不同网址对应的权重也不同，需要根据各自的业务需求构建权重值。

（4）什么事

事即用户行为类型。用户对于电子商务有如下典型行为：浏览、添加购物车、搜索、评论、购买、点赞、收藏等。不同的行为类型，对于接触点的内容产生的标签信息具有不同的权重。例如，购买行为的权重就应当比浏览行为的权重高。

综上所述，内容决定了标签，行为类型、网址决定了权重。同时，用户标签的权重可能随时间的增加而衰减，因此定义时间为衰减因子，用户画像的数据模型可以概括为下面的公式

标签权重=衰减因子×行为权重×网址权重

表 2-1 列举了各种权重，仅作为构建思路的参考，事实上权重本身也需要建模产生。

表 2-1　权重举例

权重类型	信息和对应权重举例			
网址权重	独立站：1	亚马逊店铺：0.9	广告页：0.7	……
行为权重	购买：1	添加购物车：0.9	浏览：0.7	……
衰减因子	当天行为：1	昨天行为：0.95	昨天至一周内：0.9	……

例如，用户 Daisy 昨天在公司亚马逊店铺浏览 A 品牌女式夹克信息。

标签：女式夹克，A 品牌。

时间：因为是昨天的行为，衰减因子为 0.95。

行为类型：浏览行为权重为 0.7。

地点：亚马逊店铺网址权重为 0.9。

因此，权重是 0.95×0.7×0.9=0.598 5。

用户偏好标签是：用户 Daisy，女式夹克，A 品牌，0.598 5。

5. 找到交互场景并建立用户画像

用户画像本身是没有价值的，只有被运用在某些场景之中，其价值才会显现出来。场景（scenario）通常是描述用户通过与产品的何种交互来实现产品具体目标的一段文字。通过将用户画像（用户信息）和场景（用户与产品产生的交互行为）进行合并，能快速收集用户的核心需求，并策划营销解决方案。场景通常从目标用户的视角，来描述可能发生的用户与产品之间的交互行为。

用户画像文档通常需要包括用户姓名、用户照片（避免使用真实姓名和照片）、个人信息（如性别、年龄、地区、家庭背景）、目标和需求、“痛点”、行为、标志性特质等信息。

（二）分析客户触点和客户旅程

1. 触点

营销中的“触点”（touch points）也称为“接触点”，指客户能与一个公司（品牌）产生互动的任何方式，包括面对面互动以及通过网页、应用或其他任何交流方式。简单来说，触点就是客户“触碰”到品牌信息的媒介点。为了使消费者在主动搜索信息时能触达企业的产品，企业需要先了解消费者会去什么样的地方碰到产品信息，再考虑怎么控制所有的触点，让消费者碰到的都是企业精心设计过的、能促使消费者购物的信息。

2. 客户触点分析方法

（1）触点辨识

提升客户体验的第一步是找到所有的触点，要对客户可能有的触点进行辨识。营销人员需要通过数据搜集和访谈，按照购买前、购买中、购买后的时间线，列出客户会在什么时间点、什么地点碰到品牌信息。可以用一些问题帮助梳理思路，例如，客户在工作或生活中，如果碰到产品使用的困境，会去哪里寻找答案？如果客户听说有一款工具或服务可以帮助他解决这些问题，他会去哪里寻找更多信息？如果客户准备决定买这款产品，他会去哪里寻找信息做最终判断？在购买后，客户会去哪里查询产品使用说明、发表产品评价？通过这个步骤，尽量穷举客户触达品牌信息时会碰到的所有可能媒介，如表 2-2 所示。

表 2-2　客户触达品牌信息时会碰到的可能媒介

购买前	购买中	购买后
产品评论	跨境电子商务平台	交易通知
广告	品牌独立站	关怀邮件
社交媒体	线下门店	销售支持
口碑	促销展示和链接	帮助中心
用户故事	呼叫中心	账单
公关活动	支付设备	后续跟进服务

（2）制作客户旅程地图

客户旅程地图（customer journey map）指的是描绘客户在与某公司或品牌交互时经过的所有体验场景总和的图示。客户旅程地图可以使方案制定者站在客户的立场来“观看”他们是如何体验从第一次听说此产品到最终购买，乃至购买后的整个旅程的，它用于理解和解决客户需求和“痛点”。客户旅程地图的内容主要包括以下三部分。

第一部分描述行动、思维和情绪。其中，行动代表了客户在整个旅程的特定阶段所做的事情；思维包括有关客户对产品/服务的所有关注；情绪则是要捕捉用户从一个阶段移至另一阶段时的主要情绪。

例如，购买游戏的客户 A 的所有行动包括查看游戏等级、查看游戏画面、查看价格、阅读说明、播放预告片等。他的思维可能包括“嗯，价格似乎很合理”“哇！很酷的人物造型”“啊！这让我想起了我最爱的游戏”“预告片很有趣，我希望游戏也一样”等。同时，在不同的阶段，他的情绪会随着行为和思绪的变化有所不同，如犹豫不决、快乐、惊讶等。

第二部分制作触点地图。这部分的表现形式就是一连串前后都有联系的触点，一般分为几个阶段，如“品牌认知”“筛选考量”“产生好感”“购买行动”“品牌忠诚”等，每个阶段会对应好几个触点，例如，A 对游戏的认知阶段可能包括移动应用程序、Xbox 上的游戏商店、游戏评论网站、广告等触点。潜在消费者需要经历数个阶段才能成为客户，因此这些阶段也可以称作“客户阶段”。这一部分的具体制作步骤如下。

第一步，在制作时首先应该考虑各类典型客户的购买旅程，将一系列用户目标和操作转化为时间线骨架，结合自己品牌的所有触点形成旅程框架。

第二步，将这几个阶段拆分成多个行为动作，如“品牌认知”就可以拆分为“他人推介”“看到广告”“看到宣传文章”等动作。将阶段与动作写在横列。

第三步，列出营销触点，放在纵列。

第四步，从用户画像入手，用客户的行为来充实这个框架形成客户路径。用圆点代表客户，点出所有的触点相关行为，并用线连起来。

把几类主要客户行为路径绘制出来进行对比分析。分析哪些触点的表现促进了客户成交，哪些出现了问题，用不同的颜色填充这些空格。图 2-7 为触点地图示例。

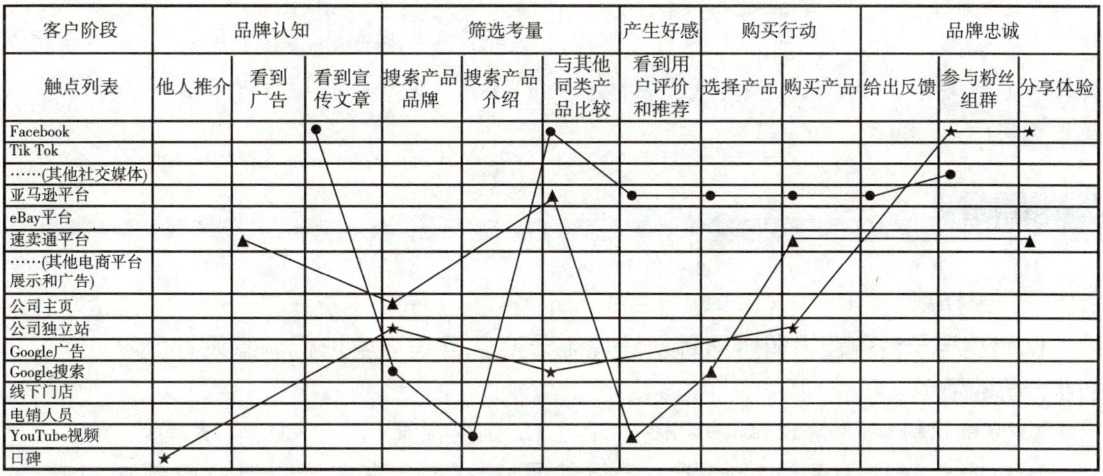

图 2-7 触点地图示例

第三部分描述机遇。通过对客户使用产品及服务的各个阶段分析得出营销的机会点。根据地图支持的业务目标，输出应该有所不同，重点是分析旅程上每一个触点的体验效果，描述发现的“痛点”。这意味着我们需要进一步分析与整合客户体验过程中的各种机会点，制定每个触点的优化策略，从而设计更贴近客户的营销方案，提升客户体验。

使用可视化的工具来传达设计过程的信息，合成一张客户旅程地图。制作客户旅程地图的网站工具有很多，它们可提供客户旅程地图绘制的模板、指南，对客户旅程地图进行编辑和可视化操作，部分还有采集数据或实现触点与实际数据的连接功能。

技能训练

1. 基于跨境电子商务宏观环境分析，你认为政策环境对跨境电子商务发展的影响是什么？

____

____

2. 根据跨境电子商务中观环境分析中的行业竞争态势和消费者需求分析，你认为对于一个新进入目标市场的跨境电子商务公司来说，如何确定自己的差异化竞争策略并满足消费者的需求？举例说明并谈谈可能遇到的挑战。

____

____

项目小结

本项目聚焦于跨境电子商务市场的深度剖析，旨在通过科学的营销调研与全面的环境分析，挖掘并评估市场中的机遇与挑战，为企业制定针对性的市场进入与扩张策略提供有力支持。

通过本项目的学习，读者将全面了解跨境电子商务市场机会分析的关键要素，掌握制定跨境电子商务营销调研方案和进行环境分析的技能。这将在跨境电子商务领域取得成功提供坚实的基础。

练习思考

一、选择题

1. 跨境电子商务营销调研即针对跨境电子商务营销环境进行调查设计、________和初步分析的活动。（　　）

A. 搜集资料　　B. 环境考核　　C. 上网搜索　　D. 环境模拟

2. 对宏观环境因素进行分析，分析的具体内容会有差异，但一般都应对政治、__________、社会和技术这四大类影响企业的主要外部环境因素进行分析。（　　）

A. 市场　　B. 价值　　C. 经济　　D. 发展

3. 一个事件模型包括时间、地点、__________三个要素。（　　）

A. 人物　　B. 事件　　C. 作用　　D. 逻辑

二、填空题

1. 宏观环境又称一般环境，是指__________。

2. 波特五力分别是：__________、__________、__________、__________、__________。

3. 标签体系的建设原则，一是__________，二是__________，三是__________。

项目三

跨境电子商务的客户策划

项目导读

跨境电子商务行业快速发展，客户运营对于企业的成功至关重要。在这个项目中，将深入研究客户洞察、客户价值评价和客户运营策划等关键步骤，并提供实例和案例分析来帮助读者理解和应用这些概念。

学习目标

知识目标

◆了解跨境电子商务营销调研的概念和目的。

◆掌握跨境电子商务营销调研方案设计的基本流程和方法。

◆熟悉跨境电子商务市场营销调研内容和方式。

◆掌握跨境电子商务的概念、特点和发展趋势。

◆了解跨境电子商务的法律、政策和监管体系。

◆了解国际贸易规则和运营模式。

能力目标

◆能够基于客户洞察和数据分析结果，制定针对性的客户运营策略和计划。

◆能够实施和落地客户运营策略，包括客户获取、留存和发展等方面。

◆能够监测客户运营效果，及时调整策略并优化运营效果。

◆能够维护并提升客户满意度，增强客户忠诚度，实现长期的合作关系。

素质目标

◆培养学生具备良好的市场敏感度和洞察力，能够准确把握市场需求和趋势。

◆培养学生具备较强的数据分析能力，能够深入挖掘客户数据，形成客户洞察和价值评估报告。

◆培养学生具备良好的沟通和协调能力，和客户建立良好的合作关系。

◆培养学生具备创新思维和问题解决能力，能够针对客户运营中的问题提出创新的解决方案。

思政目标

跨境电子商务行业对于社会和环境的影响越来越大。学生应该积极关心社会和环境责任，推动公司实现可持续发展，致力于为社会创造更多的价值。

任务一　客户洞察与运营

任务描述

小王是一位跨境电子商务行业的销售人员，他意识到要想提高销售业绩和满足客户需求，深入了解消费者的心理和行为是至关重要的。他决定通过学习消费者心理学的知识，提升自己的销售技巧，从而更好地与客户沟通和互动。

任务分析

本次任务将重点介绍客户画像和客户购买决策两个关键概念，能够更好地理解和应用这些概念。

一、客户洞察

了解客户是客户管理的首要问题，可以通过客户画像来认识客户，通过分析客户的购买行为来判断客户的成交可能性，从而形成客户洞察。

客户洞察

（一）客户画像

1. 客户画像的概念

客户画像以客户为中心，已经成为跨境电子商务精细化运营的共识，而精准地理解客户是精细化运营的首要任务。在大数据技术的赋能下，商家可以使用客户画像技术来深度认识客户。

客户画像是商家利用搜索引擎、电子商务平台、社交网络及其他应用程序得到的客户数据，把客户信息标签化，并用标签集合从多个维度对客户群体特征进行描述，统计、挖掘潜在价值信息，从而抽象出的客户信息全貌。客户画像是真实客户的虚拟代表，是建立在一系列真实数据之上的客户模型。例如，阿里巴巴国际站设立了 300 多个标签，用来定义客户的特征，覆盖客户基本属性、购买能力、行为特征、社交特征、心理特征、兴趣偏好等多个方面。相对于传统的客户画像，与电子商务交易相关的浏览、订单、客服、配送和物流等有关数据都可以引入客户画像的建模过程，从而更加精确地描绘客户的全方位特征。图 3-1 为客户画像示例。

图 3-1　客户画像示例

客户画像是定向广告投放与个性化推荐的前置条件，为数据驱动运营奠定了基础。客户画像使得搜索、推荐、广告等营销系统能更加智能地服务客户。例如，利用客户画像，可以在客户搜索时，推断客户购物意图，针对客户的属性特征、性格特点或行为习惯，推荐符合该客户偏好的商品。这种推荐方式称为“千人千面”。

2. 客户画像的方法

对客户进行画像分为三个步骤：获取客户基础数据、进行客户研究、分析洞察后形成客户画像。

商家可以利用跨境电子商务平台、自有数据库等方式收集客户信息，不同的行业有不同的客户画像信息维度。客户画像按照交易模式可以分为面向跨境电子商务 B2C 交易的个人客户画像和面向跨境电子商务 B2B 交易的企业客户画像。

跨境电子商务 B2C 个人客户画像一般包括客户基本信息、网站行为信息、内容偏好信息、交易信息、评价反馈信息、社交分享信息六个维度，如表 3-1 所示。

表 3-1　跨境电子商务 B2C 个人客户画像的信息维度

信息维度	信息内容
客户基本信息	性别，年龄，国家、城市，地址，联系方式等
网站行为信息	页面浏览量，商品浏览量，页面停留时长，加购数，加收藏数，页面访问路径等
内容偏好信息	浏览商品，搜索关键词，搜索次数，产品偏好，类目偏好等
交易信息	交易金额，客单价，退换货率，优惠券使用额等
评价反馈信息	客户售前、售中、售后服务反馈与评价等
社交分享信息	客户邀请行为，客户分享行为等

跨境电子商务 B2B 企业客户画像的信息维度有：企业基本信息、企业联系人信息、交易信息、网站行为信息、内容偏好信息，如表 3-2 所示。

表 3-2　跨境电子商务 B2B 企业客户画像的信息维度

信息维度		信息内容
企业基本信息		企业名称、地址、联系方式、创立时间、组织方式、资产、商业类型等
企业联系人信息		姓名、性别、联系方式、职位等
交易信息	全站交易	全站交易数量、全站交易金额、交易供应商数量、采购规模等
	本店交易	交易金额、交易次数、交易时间、付款方式等
网站行为信息		产品浏览次数、发起询盘数量等
内容偏好信息		搜索关键词、浏览商品、询盘商品、采购品类偏好等

客户基本信息、网站行为信息、内容偏好信息是 B2C 交易和 B2B 交易都具有的维度。相对于 B2C 交易关注客户评价与社交反馈，B2B 交易会更看重客户的采购潜力。

获得客户信息后，要基于统计数据，对数据进行分析和挖掘。结合客户访谈，归纳消费场景及客户的利益诉求、“痛点”，分析客户利益诉求及需求层次。结合客户实际的数据与感性描述，产生客户洞察，最终形成画像。客户画像会根据商家对客户了解程度的加深，使得数据标签不断加厚，而从模糊变得清晰。

在阿里巴巴国际站后台，客户信息的主要来源有数据管家模块、客户管理模块、商机沟通模块，具体包括数据管家模块的客户画像与客户详情、客户管理模块的客户列表与客户分析、商机沟通模块的客户信息。图 3-2 为阿里巴巴国际站某店铺客户画像示例。

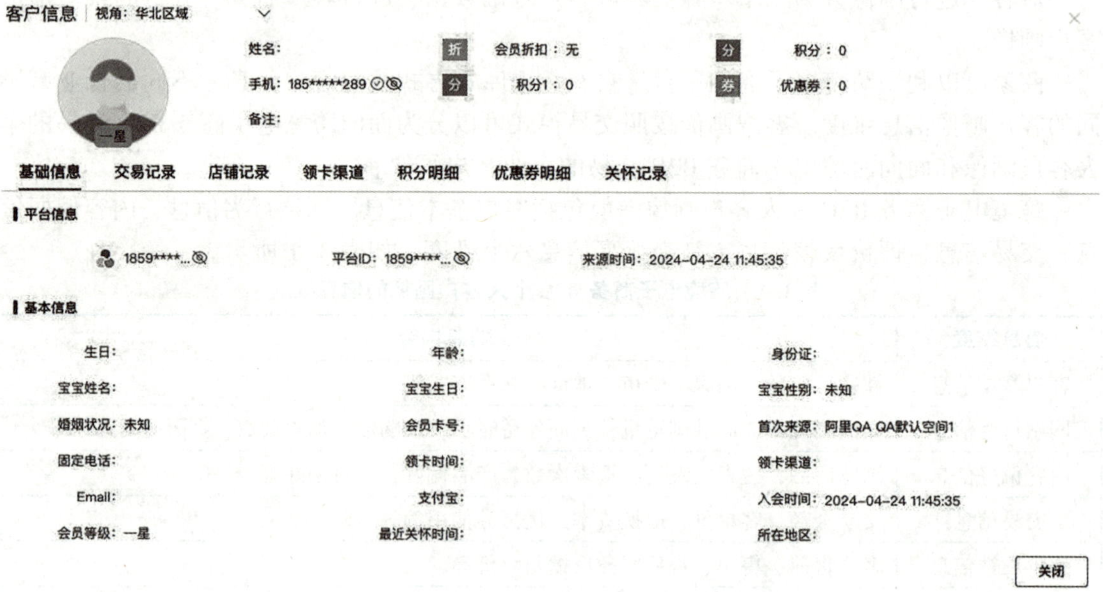

图 3-2　阿里巴巴国际站某店铺客户画像示例

3. 客户画像的典型应用

商家可以通过客户画像对客户进行全面的理解，优化客户定位、产品设计、营销策划、服务营销等相关策略。

（1）科学的客户定位

传统的客户定位往往是描述性的和模糊的，应用客户画像可以让客户定位更加精准。例如，某商家的初始化客户定位是20~30岁的俄罗斯、巴西女性，但是根据店铺后台数据显示，实际购买人群是25~35岁的北美和欧洲女性。于是，该商家根据实际消费群体的喜好，从产品、视觉等各方面对店铺进行了系统调整。调整之后，客户满意度获得了大幅提升。

（2）精准推广

当客户规模达到一定程度时，店铺的客户画像也随着样本的增多而更加全面、精准。客户画像可以进一步指导店铺的推广、引流工作，使其更加具有针对性。例如，在做站内推广时，可以设置自定义受众，通过提高溢价将商品展现给更加精准的受众。又如，某商家通过客户画像初步了解到，店铺的客户群体有95%为女性，其中89%处于18~35岁年龄段，来自新兴国家市场，在推广时就可以定向选择此类客户群体。

（二）客户购买决策

1. 个人客户购买行为影响因素

客户的购买行为处在一个特定的环境之中，众多因素都会影响客户的购买行为。

（1）个人因素

影响消费者行为的个人因素主要是指年龄、职业、个人经济状况及生活方式等几个方面。由于这些方面的差异，人们有了不同的需要，这些需要自然而然地会引出不同的消费行为。

（2）生命周期

客户购买行为同样受到生命周期的影响。可以把人的一生中几个有明显区别的阶段划分出来，分别对待，以确定客户在各个阶段购买行为的不同。

（3）社会阶层

社会阶层是由具有相同或类似社会地位的社会成员组成的相对持久的群体。社会阶层是一种普遍存在的社会现象。同一社会阶层成员在态度、行为模式和价值观等方面具有相似性。社会阶层显著影响了消费行为。

（4）文化

文化是不同地理区域和民族传承下来的精神活动及其产物的集合体。例如，中国文化、伊斯兰文化等。文化影响、改变着消费者对商品的认知，影响着消费行为。

2. 企业客户购买行为影响因素

影响企业客户购买行为的因素包括环境因素、组织因素、人际因素、个人因素。

（1）环境因素

环境因素是指商家无法控制的外部影响因素，一般包括宏观经济环境、市场需求水平、技术发展、竞争态势、政治法律等方面。

（2）组织因素

组织因素包括经营目标和战略、政策、程序、组织结构、制度等方面。

（3）人际因素

人际因素是指采购商内部参与采购过程的各种角色之间的关系。

（4）个人因素

个人因素是指参与购买过程的有关人员的年龄、教育、个性、偏好、风险意识等。

商家应当高度重视以上因素，结合客户画像分析影响企业客户购买行为的主要影响因素。

二、客户运营

因为客户的需求不同，在消费行为上有显著的差距，所以商家的一套运营策略难以同时奏效。也正是因为如此，才出现了精细化客户运营的需求。

精细化客户运营一般从以下三个方面去考虑。

（1）客户分层视角

以客户的购物行为为基础，如询盘、首次交易、复购等，分为认知客户、兴趣客户、购买客户、忠诚客户。找出需要重点运营的客户群体，引导客户从兴趣客户转化为忠诚客户。

（2）客户生命周期视角

界定客户从接触店铺到离开店铺的典型周期，定义关键时间节点和关键行为，做好客户行为的预警和干预。

（3）客户激励

通过客户贡献价值对客户进行等级划分，通过身份、权益等方式对客户的采购行为进行激励。

这三个方面可以独立使用，也可以交叉使用。一般来说，商家会用到其中的多种视角，进行复合、叠加，以实现客户精细化运营。

（一）客户冰山模型

1. 客户冰山模型的概念

商家的客户群体，就像浮在水中的冰山。其中，浮在水面上的部分是日常运营可见的，支撑店铺业绩的忠诚客户群体；冰山以下不可见的部分包括大量潜在客户、兴趣客户、成交客户，如图 3-3 所示。

客户冰山模型的四个层次如下。

（1）潜在客户：潜在客户又分为高潜客户和低潜客户，低潜客户通过各种渠道被动接触店铺商品。高潜客户虽未与商家有过直接的沟通，但会主动进入店铺浏览。潜在客户群体与商家的推广力度有关。

（2）兴趣客户：兴趣客户是指发生加购、加收藏、询盘等行为的客户。

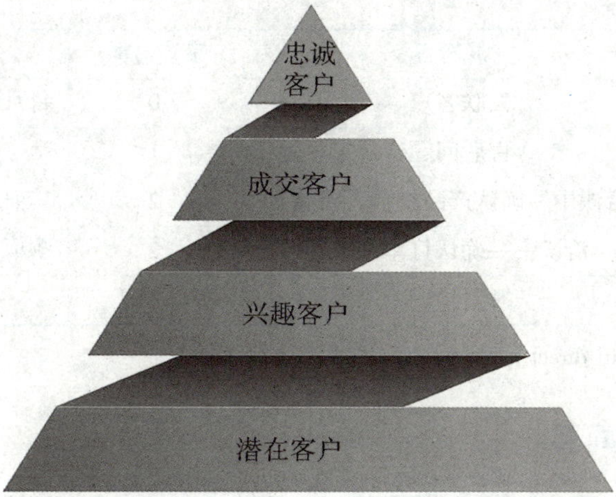

图 3-3　客户冰山模型

（3）成交客户：成交客户是指在店铺下过样单，但并未形成复购的客户。

（4）忠诚客户：忠诚客户是指在店铺稳定复购的客户。

冰山模型指导下的客户运营是一个积极主动地把潜在客户转变为忠诚客户的过程。

2. 冰山模型的应用

冰山模型的重要应用是客户分层。它可以让商家找出重点客户，促进客户转化。如表 3-3 所示，把客户分层和交易阶段进行结合，进一步确定其购买意向，根据购买意向确定客户跟进策略。例如，对于忠诚客户的售后问题，需要一对一精准跟进，高效即时响应。

表 3-3　客户分层与客户跟进策略

<table>
<tr><th colspan="2">客户层次</th><th>交易阶段</th><th>采购意向</th><th>客户跟进策略</th></tr>
<tr><td colspan="2">潜在客户</td><td>—</td><td>—</td><td>每日盘点、访客营销</td></tr>
<tr><td colspan="2" rowspan="4">兴趣客户</td><td>未成交</td><td>0</td><td>EDM 营销[1]、站内批量营销</td></tr>
<tr><td>洽谈中—确认产品细节及价格</td><td>1</td><td rowspan="3">一对一精准跟进，高效、即时响应</td></tr>
<tr><td>洽谈中—确认订单细节</td><td>2</td></tr>
<tr><td>待付款</td><td>3</td></tr>
<tr><td rowspan="9">成交客户</td><td rowspan="4">样单客户</td><td>寄样后失联及未成交客户</td><td>0</td><td>EDM 营销、站内批量营销</td></tr>
<tr><td>洽谈中—确认产品细节及价格</td><td>1</td><td rowspan="3">一对一精准跟进，高效即时响应</td></tr>
<tr><td>洽谈中—确认订单细节</td><td>2</td></tr>
<tr><td>待付款</td><td>3</td></tr>
<tr><td rowspan="5">首单客户</td><td>成交后失联客户</td><td>0</td><td>EDM 营销、站内批量营销</td></tr>
<tr><td>成交后售后有问题</td><td>1</td><td rowspan="4">一对一精准跟进，高效即时响应，每日跟进</td></tr>
<tr><td>洽谈中—确认产品细节及价格</td><td>1</td></tr>
<tr><td>洽谈中—确认订单细节</td><td>2</td></tr>
<tr><td>待付款</td><td>3</td></tr>
</table>

续表

客户层次	交易阶段	采购意向	客户跟进策略
忠诚客户	失联客户	0	每月跟进，批量营销
	售后问题	1	一对一精准跟进，高效即时响应，每日跟进
	洽谈中—确认产品细节及价格	2	
	洽谈中—确认订单细节	2	
	待付款	3	

注：EDM 营销[①]：email direct marketing。

（二）客户生命周期

1. 客户生命周期概述

客户生命周期是指客户从接触店铺产品到与店铺完全终止业务关系的过程。按照客户生命周期来区分客户群体，能够帮助商家了解不同生命周期的客户群体的独特需求，以便采取有针对性的营销策略对客户的购买行为进行积极引导，能更加精细化地进行店铺运营，延长客户生命周期，实现客户价值最大化。

客户生命周期包括开发期、成长期、成熟期、衰退期、流失期，如图 3-4 所示。

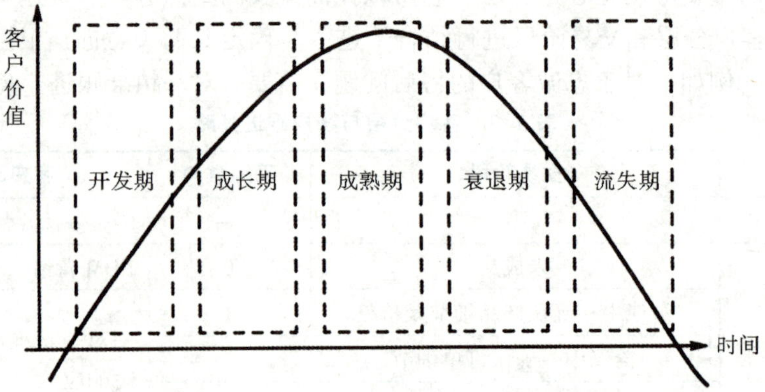

图 3-4　客户生命周期

（1）开发期

开发期是从客户被动接触店铺产品到在店铺完成首次购买的阶段。

（2）成长期

成长期是从客户发生重复购买，但没有到达稳定复购状态之前的阶段。在成长期，客户购买的金额逐渐增加，购买的时间间隔逐渐变小，整体趋势是越买越多。

（3）成熟期

成熟期是客户在店铺稳定复购的阶段。

（4）衰退期

衰退期是客户持续购买，但购买的金额在减少，同时时间间隔在增加，趋势是越买越少的阶段。

（5）流失期

流失期是客户在一定时间段没有下单行为的阶段。

在使用客户生命周期时，需要注意如下两个问题。

① 并非每个客户都会经历完整的生命周期过程，特定客户的生命周期也不是完全的线性发展，有可能在生命周期的不同阶段跳动。

② 不同商家适用于不同的客户生命周期判断方法，商家要根据实际情况来建立适用于自身店铺的生命周期模型。通常，判断客户生命周期要根据购买时间、购买频率、购买金额三个维度。图 3-5 为某店铺应用客户生命周期模型对店铺客户进行的盘点。

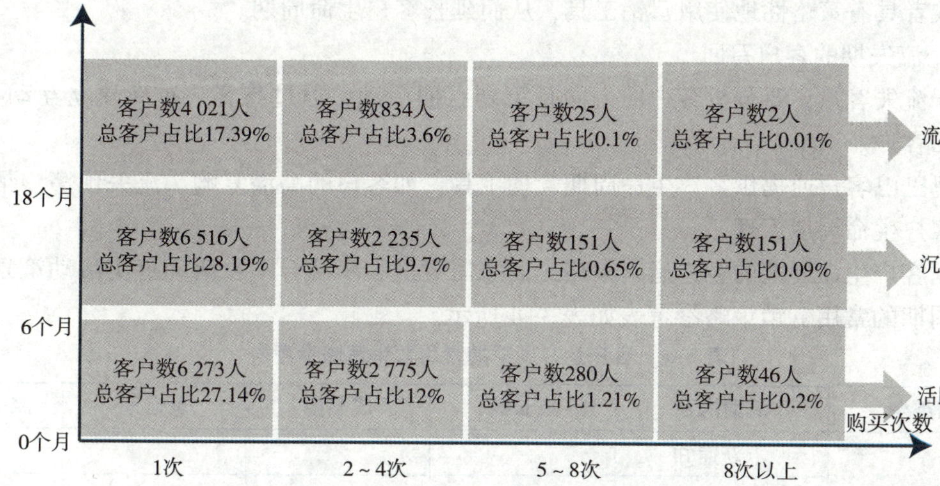

图 3-5　某店铺应用客户生命周期模型对店铺客户进行的盘点

2. 客户生命周期运营策略

根据客户在客户生命周期的关键动作，商家需要采取对应的策略，才能积极有效地促进客户状态的转化，如图 3-6 所示。

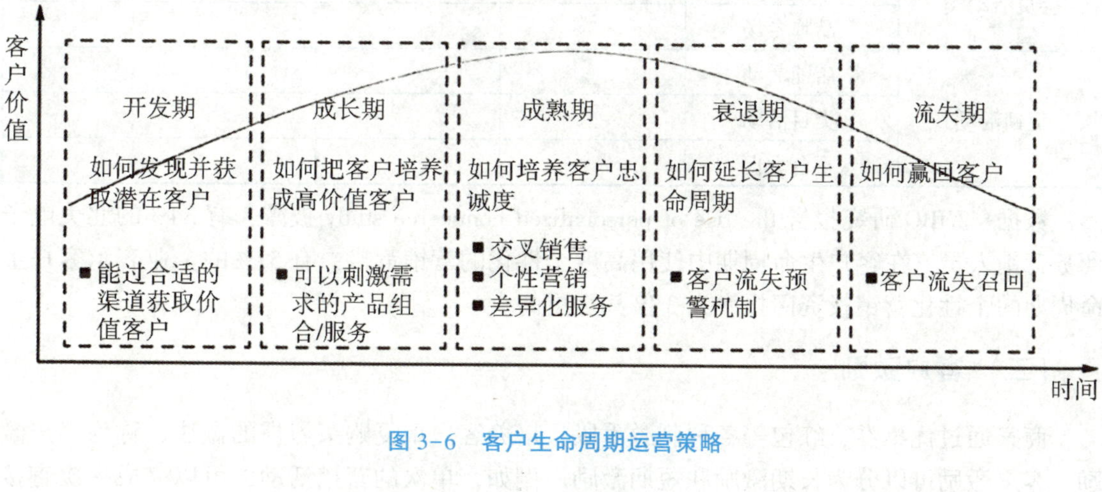

图 3-6　客户生命周期运营策略

（1）开发期的获客拉新

开发期要通过合适的渠道获取有价值的新客户，完成首次交易。

（2）成长期的高价值客户培养

成长期通过可以刺激需求的产品/服务来促进客户复购，把完成首次交易的客户培养成高价值客户。

（3）成熟期的客户忠诚度培养

成熟期通过关联营销、个性营销等提升客户购买频率，进一步培养客户忠诚度。

（4）衰退期的客户生命周期延长

如果发现客户在一定时间内没有购买行为，则需要提前预警，分析客户流失原因，优化产品或者具有策略性地使用营销工具，从而延长客户生命周期。

（5）流失期的客户召回

对于流失客户，要分析客户的去向且策划召回活动，通过与客户重新建立互动关系，从而赢回客户。

阿里巴巴客户通提供客户生命周期管理工具，如客户的高潜复购、流失预警，帮助商家进行客户生命周期管理。

根据客户生命周期的客户运营策略，商家需要进一步结合平台活动落实活动策划。客户生命周期的常用营销策略参考表如表 3-4 所示。

表 3-4　客户生命周期的常用营销策略参考表

活动类型	活动内容	成长期	成熟期	衰退期	流失期
商品营销	上新通知				
	爆款推广				
	风格推广				
	搭配套餐				
品牌宣传与会员活动类	会员专场活动				
	会员升级活动				
	品牌专场				
促销活动	店铺活动				
	类目活动				
	平台大促				

数据：KIBO 研究报告 the rise of personalized commerce study 披露，有 34%的北美电子商务营销人员，在客户生命周期中使用高度个性化的营销策略；有 51%的企业表示客户生命周期的个性化营销投资回报率为 3 倍甚至更高。

（三）客户激励

商家通过优惠券、红包等各种刺激手段，培养客户重复购买习惯的做法，称为客户激励。客户激励可以分为长期激励和短期激励。例如，单次的营销活动，可以完成一次直接的短期激励。常见的长期激励方法是会员体系。

会员体系是跨境电子商务中常见的客户激励方式，通过店铺会员体系可以留存核心购买力群体，达到促进店铺销量、提升店铺客户忠诚度、传递品牌价值的目的。会员体系本身是一种客户筛选机制，旨在筛选出更愿意支付的客户群体，并从中挖掘更多收益，对不同的客户提供不同的服务。

技能训练

（1）在进行客户画像时，有哪些关键指标是必须考虑的，对于了解客户特征和需求有何重要性？

____

____

（2）在制定营销策略时，了解客户购买决策行为对于营销成功至关重要，企业应该如何通过了解客户决策过程来制定更有针对性的营销策略？

____

____

任务二　客户价值评价

任务描述

该公司希望通过客户价值评价来了解不同客户群体的价值和需求，并制定相应的营销策略。小王被委派负责进行客户价值评价。那么他应该怎么开展客户价值评价工作呢？通过本任务的学习，将学习运用客户价值评价模型和实际数据，深入了解不同客户群体的价值和需求，并为公司制定有针对性的营销策略提供建议。

任务分析

客户运营的目的是客户终身价值最大化。因此，商家需要对客户价值进行定量评估，以判断客户运营活动的效果，测试各个渠道获取新客户的质量。

一、客户生命周期

客户生命周期一般不是指单个客户的周期，而是指一群客户的生命周期，所以客户生命周期是群体值。

$$客户生命周期=（i_1+i_2+i_3+\cdots+i_n）/客户数量$$

式中，i 代表单个客户的生命周期。一般来说，取值的用户对象必须在一个完整生命周期内，计算他们从第一天到最后一天的消费天数，取平均值。

客户在生命周期带给商家的净利润等于客户带给商家的总利润减去商家在该客户投入的成本。

客户生命周期利润=总收入-总投入成本

总收入，是该客户贡献的销售额。成本包括获客成本、营销成本、销售成本。例如，A 客户群在生命周期内共带来 500 万元的销售额，产品销售成本为 80 万元，A 客户群获取成本为 50 万元，营销成本为 30 万元。则 A 客户群的生命周期利润=300-80-50-30=140 万元。

客户获取成本（customer acquisition cost，CAC）是商家获取单个客户的花费。

CAC=总花费/新增客户数

例如，如果通过外贸直通车（pay for performance，P4P）获取到 50 个客户花费 10 000 元，那么，单个客户获取成本为 200 元。另外需要注意的是，这里的 CAC 是平均值。在做市场推广时，很多商家可能会使用多个客户获取渠道，每个渠道的 CAC 都不同，可以分开计算做优化。另外，获客的定义也有不同，后续项目会根据需要定义不同的计算方式。

二、客户生命周期价值

客户生命周期价值（customer lifetime value，CLV）是客户在客户生命周期过程中，为商家所做贡献的总和，本质上是客户在客户生命周期中购买产品总利润的净现值。客户生命周期价值的计算公式为

$$\sum_{t=0}^{n}(1+r)^{-t}R_i$$

式中，t 为年份，r 为折现率，n 为客户的生命周期，R_i 为商家在第 t 年从客户身上获取的净利润。

【例】某商家花费 2 万元通过社会化媒体获取客户 100 个，该商家贴现率为 12%，客户保留率第 2 年为 50%，第 3 年为 50%，客户生命周期价值计算示例如表 3-5 所示。求这批客户的生命周期价值。

表 3-5　客户生命周期价值计算示例

	第 1 年	第 2 年	第 3 年
客户数量/个	100	—	—
平均每年购买次数	2	5	2
平均每次消费金额/元	30 000	42 000	18 000
产品销售成本率	70%	65%	60%
营销成本/元	20 000	5 000	2 500

【解】（1）计算客户的数量。根据客户保留率，得出第 2 年客户是 50 个，第 3 年是 25 个。

（2）计算客户生命周期利润。利润为客户销售额度减去产品销售成本、营销成本、客户获取成本。得到第 1 年利润是-32 000 元，第 2 年利润是 57 083.33 元，第 3 年利润是

11 900 元。

（3）对客户生命周期内每年的价值进行贴现。

（4）求和贴现后的客户价值即客户生命周期价值。该批客户的客户生命周期价值为 33 347.22 元，单个客户的生命周期价值为 333.47 元，如表 3-6 所示。

表 3-6 客户生命周期价值计算示例解答

	第 1 年	第 2 年	第 3 年
客户数量/个	100	50	25
客户保留率	50%	50%	0
平均每年购买次数	2	5	2
平均每次消费金额/元	30 000	42 000	18 000
总收益/元	60 000	210 000	36 000
产品销售成本率	70%	65%	60%
产品销售成本/元	42 000	136 500	21 600
平均获客成本/元	500	0	0
营销成本/元	20 000	5 000	2 500
总成本/元	92 000	141 500	24 100
毛利润/元	-32 000	57 083.33	11 900
贴现率	1	1.2	1.44
净现值/元	-32 000	57 083.33	8 263.88
累积净现值利润/元	-32 000	25 083.33	33 347.22
客户生命周期价值/元	-320	250.83	333.47

【案例分析】

（1）一般来说 CLV/CAC=3 的时候是最健康的（小于 3 说明客户质量低，大于 3 说明在市场拓展上还太保守）。所以，这批客户的质量并不高。

（2）从顾客生命周期价值来看，跨境电子商务运营不仅需要关注当前订单的利润，更要考虑顾客长期价值，通过各种方式实现顾客生命周期价值最大化。

（3）在跨境电子商务平台运营中，顾客对商家的价值不仅仅是利润本身，交易带来的产品排名的提升及产品评价也是重要的价值。因此，评估客户价值要结合这些维度，根据店铺所处阶段综合进行。

技能训练

（1）在客户生命周期中，不同阶段的客户行为和需求会发生怎样的变化？企业在经营过程中，如何根据客户生命周期的变化来制定相应的营销策略和资源分配策略？

（2）客户生命周期利润和客户获取成本是评价客户价值的两个重要指标。请分析客户生命周期利润和客户获取成本之间的关系，并探讨如何通过降低客户获取成本和提高客户生命周期利润来提升客户价值。

____

____

任务三　客户运营策划

任务描述

假如小王同时担任公司的市场营销经理，他和团队成员将共同学习和实践客户运营策划的相关知识和技能，以适应竞争激烈的市场环境。那么他们应该如何制定客户运营策划呢？

任务分析

通过这个任务，将制定一份全面的客户运营策划方案，以提高客户忠诚度、增加客户价值并保持客户关系的稳定。

一、客户运营策划的概念

客户活动运营是客户细化运营的落地，以下是客户活动运营策划的案例。客户运营策划，一般分为四个步骤，分别是运营策略制定、运营策略执行、数据监测、复盘评估与沉淀迭代。客户运营策划的步骤如图 3-7 所示。

图 3-7　客户运营策划的步骤

首先需要界定一个具体要解决的客户运营策划问题，如针对已成交客户的复购问题，去制定策略，界定产品运营、客户运营、活动运营的方法。其次去执行策略，对运营的结果进行数据监测。最后通过复盘沉淀来评估具体策略的有效性。

通过多次的沉淀迭代，最终我们可以形成对该问题最有效的策略。电子商务的运营环境是一个变化非常快且不断迭代的过程，因此运营策略需要根据实际情况动态更新。落地的客户运营策略是在具体经营环境中反复分析与复盘沉淀的结果。

二、客户运营策划实例

AYJX 服装公司的主打产品为高端鸡尾酒会礼服。该公司在阿里巴巴国际站的某店铺复购率为 22%，为了提升店铺运营效率，该公司计划启动客户精细化运营项目。策划经理嘉韵负责该项目。嘉韵根据客户生命周期模型对客户进行分类，并根据客户生命周期策划了一系列客户运营活动方案。表 3-7 是按照规定样式填写的客户运营活动策划表。

表 3-7　客户运营活动策划表

活动编号：2024-03　　　　策划人：嘉韵　　　　策划时间：2024-03-12

活动要素	要素说明
活动名称	常规客户促复购
活动目标	量化目标：促使目标客户群体中 30%的客户复购（相比原来的 22%增加了 8%）
活动商品	每个客户首次采购的关联产品
客户对象	2 个月内完成首单交易但未复购的客户
活动时间	2024 年 3 月 12 日—15 日
活动方式	1. 关联产品推送 9.5 折 2. 专属优惠券 5 美元
规则说明	推送产品列表需要满足三个要素： 1. 客户相关：根据客户购买的产品，分析客户以往购买此产品后的第二单产品系列； 2. 属性相关：首单产品的属性关联产品； 3. 场景相关：首单产品同一使用场景的关联产品
活动推广	1. 站内信推送； 2. 批量 EDM 通知； 3. P4P 定向广告触达
协助部门及任务	设计部：主图海报、详情海报等 运营部：关联产品选品、P4P 推广策略调整 销售部：大客户 EDM、重点客户一对一跟进、引导转化
项目组	组长：嘉韵，组员：设计师萌萌、运营天天、销售 Danny
成果预测	评估量化目标达成率 90%合格
其他说明	无
审批意见	CMO[①]：同意，注意复盘运营策略，归纳客户未复购的原因

注：COM[①]：chief marketing officer，市场营销总监。

完成这个策划需要经过以下三个步骤。

（1）要明确目标，并且把目标量化。例如，确定使目标客户群体中25%的客户进行复购，相比原来的22%增加了3%。

（2）确定重点客户群体。一般来说，两个月内完成首单交易，但是没有复购的客户，其复购的概率是比较大的。因此，确定此类客户群体作为重点客户群体。确定了客户群体之后，需要确定这类客户群体匹配的产品对象。根据当前每个客户首次采购的产品，可以为之适配首次所采购产品的一个关联产品，通过客户相关、属性相关、场景相关这三个维度来进行产品筛选。

（3）确定活动方式及渠道类型，根据对客户的洞察，用折扣加优惠券的方式来吸引客户，这种方式对全球批发（ready to ship，RTS）客户有一定的吸引力。需要确定客户触达的渠道类型，EDM营销、站内信推送都是常见的方式。

该策划方案是一个常规的复购策划方案，分析复购还应该注意以下几点。

（1）复购与客户获取的渠道直接相关，获取新客户的渠道直接影响复购率。

（2）产品上新不够、活动运营缺乏策略，也会导致复购率低。

（3）店铺会存在所谓的“拉新产品”，这类产品一般是店铺的入门级产品，购买过此类产品的用户，后续会有很好的复购率。

（4）如果出现复购率低的情况，首先要分析是长期问题还是短期问题。如果是短期之内比较低迷，需要去探查特定的时间点，发生了什么问题，比如获取新客户的渠道变化及产品近期上新及活动运营力度不够。如果是长期低迷，就要进行策略探查，寻找提升的抓手。例如，通过数据选品找出“拉新产品”，或者在获取新客户时使用“拉新产品”进行推广，或者升级迭代产品本身。图3-8为该店铺的客户复购率问题探查思路。

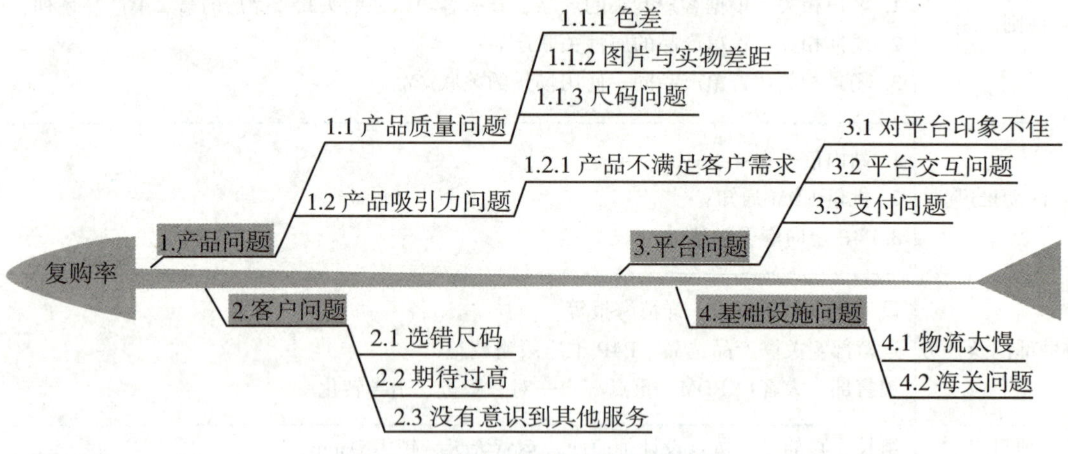

图3-8　客户复购率问题探查思路

技能训练

1. 在进行客户运营策划时，为什么市场调研和数据分析是至关重要的步骤？

2. 在设计客户接触和沟通策略时，你认为个性化的沟通为什么重要？

____

____

项目小结

本项目通过系统性的客户策划工作，为企业在跨境电商领域构建了高效、精准的客户管理体系。通过客户洞察与运营、客户价值评价以及客户运营策划三个任务的实施，企业不仅提升了客户满意度和忠诚度，还实现了业务增长和利润提升。

通过本项目的学习，读者将具备深入了解客户洞察和运营策划的能力，并能够应用所学知识解决实际的跨境电子商务客户运营问题。

练习思考

一、选择题

1. 客户画像主要用于（　　）。

A. 分析客户生命周期

B. 理解客户的基本信息和行为偏好

C. 评估客户的生命周期价值

D. 制定客户运营策划实例

2. 客户生命周期价值包括以下几个方面（　　）。

A. 客户生命周期的阶段

B. 客户周期利润

C. 客户的购买决策

D. 客户的基本信息和行为偏好

3. 客户运营策划的主要目标是（　　）。

A. 分析客户生命周期

B. 理解客户的基本信息和行为偏好

C. 评估客户的生命周期价值

D. 制定针对客户的运营策略和营销方案

二、填空题

1. 对客户进行画像分为三个步骤：__________、__________、__________。

2. 客户生命周期利润为：__________。

3. 客户运营策划，一般分为四个步骤，分别是__________、__________、__________、__________。

项目四

跨境电子商务文案与广告策划

项目导读

在数字化时代，跨境电子商务平台的竞争日益激烈，如何在信息流中脱颖而出，吸引用户，成为了企业和个人的关键挑战。一个引人注目的广告和精心设计的文案，是提升广告效果、增加用户参与度的重要手段。本项目旨在培养学生跨境电子商务文案与广告策划方面的知识和能力。

学习目标

知识目标

◆了解不同的跨境电子商务文案类型。

◆掌握文案撰写的要素。

◆熟悉跨境电子商务文案的创作方法。

◆了解跨境电子商务网络广告策划和投放相关的知识。

能力目标

◆能够根据不同文案类型提出正确的策略和素材选择方案。

◆能够根据预期目标受众的需求和行为习惯，撰写出醒目而有针对性的文案。

◆能够利用不同的文案创作方法编写生动、吸引用户的优秀文案。

◆能够计划，制定和实施有效的跨境电子商务网络广告策略，包括选择适当的广告渠道和优化广告预算。

素质目标

◆培养学生拥有创新思维，能够提供有趣而有益的文案和广告创意。

◆培养学生拥有良好的沟通能力，能够与内部和外部的项目组成员进行协作。

◆培养学生具备时间管理能力，能够为更多工作和客户安排时间。

◆培养学生具备责任心，注重结果并遵循业务纲领和准则来完成目标。

思政目标

当今社会，电子商务已成为一个不可忽略的重要领域。教师作为传递知识、培养人才的中坚力量，应该将思政教育融入到相关专业课程的教学之中，既有助于增强学生的思想道德教育，又有利于激发学生的学习热情和创新精神。

任务一　跨境电子商务文案概述

任务描述

作为新手卖家，需要做的是让自己的产品在众多的竞品中脱颖而出，需要把产品的细节做好，做到差异化营销，真正吸引海外消费者，并且不断回头购买。通过本次任务，学生可以了解跨境电子商务文案的基本概念。

任务分析

在跨境电子商务企业中，一个优秀的文案可以起到提升单品转化率、增加产品连带销售、加深消费者对品牌印象等作用。一个优秀的跨境电子商务文案的核心就是提取卖点，吸引消费者注意力，刺激消费者的购买欲望。

一、文案的类型

文案要注意以下四点。

（1）文案能够描述产品的核心功能或典型使用场景。

（2）文案语气需要注意，慎用疑问。

（3）文案设计要具有情感化特征。

（4）文案设计要有阅读层次性，以渐进式的文字设计引导消费者认知产品，以标题文字为核心，以内容解释文字为展开基础。

常见的跨境电子商务产品营销文案类型主要有以下五种：卖点营销型文案、“痛点”营销型文案、促销营销型文案、活动营销型文案、产品营销型文案。

（一）卖点营销型文案

卖点营销型文案，就是利用产品卖点来吸引消费者，使消费者在看到具有卖点的图片后，就能迅速找到购买这个产品的理由。卖点营销型文案一定要在两句话之内说清楚，千万不要用过多的文字去诠释卖点，这样会让消费者失去阅读耐心，也就很难产生强烈的购买欲望。总之要做到用少量的文案直接打动消费者，让他们产生强烈的购买欲望。对于跨境电子商务企业来说，使用卖点型营销文案时一定不要一次性放出太多的卖点，最好是选择一个最核心的卖点，这样才不会显得杂乱，而且具有一定的说服力。

例如，目前在欧美市场比较流行的磁铁睫毛 Magnetic Eyelashes，最突出的卖点就是上下片睫毛通过磁铁吸附在一起，省去了手工嫁接和胶水黏合的过程，如图 4-1 所示。

图 4-1　卖点营销型文案

（二）“痛点”营销型文案

“痛点”营销型文案，必须站在消费者的角度去想问题，罗列出消费者会面临的所有问题，从这些问题入手，将问题的解决方法和产品融入文案里，这样才能写出一个比较好的“痛点”营销型文案。

很多跨境电子商务的卖家不知道如何去抓住消费者的“痛点”，其实要想写出“痛点”营销型文案，只需要从下面四个方面结合产品本身展开联想即可。

（1）安全感。安全感是消费者最基本的心理诉求，把产品的功能和安全感结合起来，才能让消费者感到舒心，直击消费者的痛处。

（2）情感诉求。爱情和亲情是人类最大的需求和欲望，若要将产品与亲情结合，可以从给你亲爱的家人留住每一个幸福的瞬间等方向入手。

（3）掌控感。随着时代的进步，人们越来越向往自己能掌控生活的方式，这种掌控感不仅是对自己生活的一种支配，也是对生活的自信，如果电子商务企业在文案中带入“我的生活我做主”的文字内容，就很容易引起消费者的共鸣。

（4）针对群体。电子商务企业可以通过划分群体使消费者自动对号入座，可以从成功人士、时尚青年、上班族等诸多群体标签入手。

找寻“痛点”不仅只有上面几种方式，“痛点”需要自己去挖掘。值得注意的是，在挖掘“痛点”之前一定要将产品了解清楚，要挖掘契合产品某一特性的“痛点”。

（三）促销营销型文案

促销营销型文案，就是将促销活动设计成文案来吸引消费者。消费者在看到具有影响力的促销图片后，若促销力度比较大，基本不会拒绝购买此类产品，如图 4-2 所示。

促销营销型文案要注意以下五点。

（1）促销信息要突出。

（2）促销信息一定要真实。

（3）可以加一些创意在文案里面。

（4）一定要让消费者感觉到超值划算。

（5）适当加上时间限制，让有购买欲望的消费者产生紧迫感。

（四）活动营销型文案

对于跨境电子商务来说，活动是打响品牌和提高销量的重要方法。活动营销型文案不要太过仔细地描述活动内容，只要提及核心内容即可，如图 4-3 所示。

图 4-2　促销营销型文案

图 4-3　活动营销型文案

活动营销型文案要注意以下五点。

（1）文案核心内容要突出。

（2）简要介绍活动内容。

（3）可以加一点创意在文案里面。

（4）一定要让消费者感到超值划算。

（5）适当加上时间限制，让有购买欲望的消费者产生紧迫感。

（五）产品营销型文案

产品营销型文案在跨境电子商务营销过程中运用得非常多，它用图片和文字结合的方式，紧抓产品特点，一般没有字数限制，但最好在三十个字以内，这样避免消费者失去耐心，如图 4-4 所示。

图 4-4　产品营销型文案

不论是哪种类型的营销文案，都要与图片所表达的情景相符合，要从消费者的需求、可能遇到的问题等出发，这样才能制作出一个好的营销文案。

二、文案的要素

（一）产品

设计文案首先思考：产品的基本特点有哪些？产品本身具备哪些优势？如何根据产品本身优势打造出有竞争力的“痛点”文案？

文案是写给消费者的，在写作方法上除了要博得消费者的喜爱，还有最重要的一点就是宣传产品，把产品的优势在文案中充分体现出来，并引起消费者的购买欲望。在电子商务文案中体现产品优势的技巧包括：将产品的特点转化为利益，强调产品的附加值，为消费者提供次要承诺以及从用户体验的角度出发。

1. 将产品的特点转化为利益

对于产品研发人员来说，他们要尽可能改进产品，使之更适合大多数消费者。但对于文案创作者来说，产品的功能和特点是不能改变的，能改变的是观念。所以文案创作者在做产品文案的时候，要始终坚持一个原则：只要把产品的特点转换成利益，满足了消费者的需求，文案就算成功了。

文案创作者在写文案时，最重要的就是引导或改变消费者的观念，从而实现销售。产品的特点转化为利益，中间要有一个过程，即要先把产品的特点转化为产品的优点，然后再把产品的优点转化为利益，但是这个利益一定是消费者认可或者消费者喜欢的。文案创作者若想写出一个好的电子商务文案，就要从产品的特点中努力挖掘产品的优点。

2. 强调产品的附加值

附加值是在产品原有价值的基础上，通过生产过程中的有效劳动创造的新价值，指超出产品本身价值的那部分价值。在电子商务文案中，为产品赋予附加值主要是基于产品本身，而不是预算的多少。与预算的多少相比，更重要的是广告的创意，而创意能增加产品的附加值，使消费者看到产品比其他品牌更多的利益。

3. 为消费者提供次要承诺

跨境电子商务文案要向消费者提供次要承诺，次要承诺是指产品能够带来的功效有实实在在的意义，能为产品的价值做一个完美的补充，从而促使消费者下单。实际操作时要注意以下三点。

（1）次要承诺要可信。

（2）设置时要有理有据。

（3）放在较为显眼的位置。

4. 从消费者体验的角度出发

优秀的文案是围绕消费者的感受设计的，它从消费者的角度出发，是视觉化的、直指利益的，其主要目的是吸引消费者购买产品，强调产品功效，提升消费者体验，让消费者心甘情愿地下单。在这个过程中，要使用消费者的语言，用消费者的方式思考，不要用空洞华丽的词语，不要写得太文艺腔。在此基础上，提升界面文案的视觉效果，给消费者提供安全感，排除疑虑，达到下单消费的目的。

（二）受众

产品是卖给哪些消费群体的？他们来自哪个国家？不同国家的跨境电子商务市场需求有哪些不同？针对平台流量，占据市场最大的消费人群的需求习惯是怎样的？如何对跨境电子商务的购买行为进行分析？

对于跨境电子商务而言，打入海外市场最关键的不仅要根据市场需求去选品，而且所销售的产品还要符合当地消费者的喜好。因此，研究消费者的消费需求及购买行为是必不可少的一个环节。针对跨境电子商务平台而言，不同国家消费者的购买行为存在差异，因为不同国家的消费者具有不同的文化背景、风俗习惯、社会环境、个性和心理因素。不同国家的消费者会选择从跨境平台上，以相对较低的价格来购买一些本国没有优势的产品，这种情况在跨境电子商务平台上最为常见。

跨境电子商务平台以全球总交易额为依托，整理出一份全球跨境网购消费者对中国商品的兴趣清单，以美国、俄罗斯、巴西、英国、澳大利亚为代表的成熟市场，热销的中国商品不尽相同，但服装、鞋帽及配饰这一大品类在各个国家的市场上均排在第一位。在英国市场上，畅销产品除了服装、鞋帽及配饰，还包括家装用品、电脑通信等，其中家装用品和电脑两大类分别排在第二位和第三位。新兴市场国家以色列的消费者，对服装、鞋帽及配饰也较为偏好，其次是手机配件、电子消费产品、电脑、珠宝首饰、手表等。

消费需求是指消费者对于商品和劳务形式存在的消费品的需求和欲望。满足消费者需求，发现消费者新的消费需求并予以满足，是企业营销活动的全过程。对于跨境电子商务的卖家，研究消费需求变得尤为重要。马斯洛通过研究发现，一般人只要在生理需求方面能获得80%的需求便能感到满足，安全需求得到70%、社交需求得到50%、尊重需求得到40%、自我实现需求得到30%便会感到满足。马斯洛认为，一种没有得到满足的需求，便成为消费者产生购买行为的推动力，在需求未得到满足前，人们都有一种紧张、恐惧、不安的表现，在需求得到满足后，也就减少了对行为的刺激作用。图4-5为马斯洛需求层次理论模型。

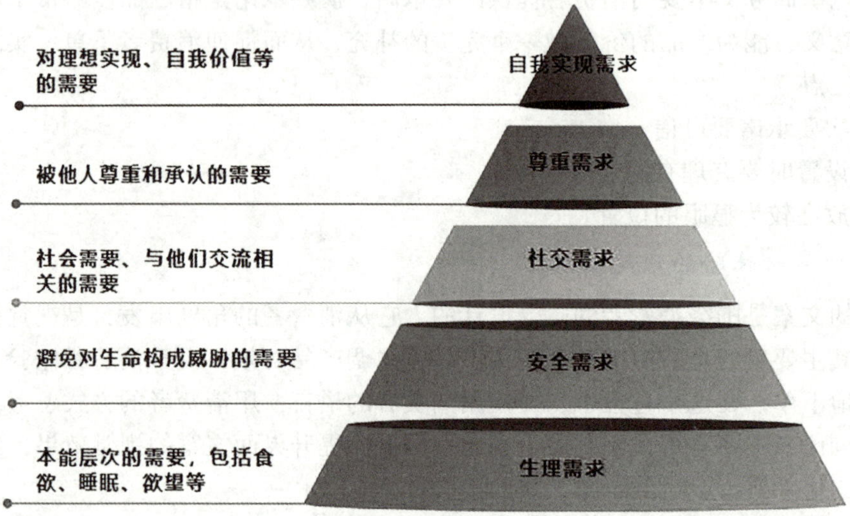

图4-5　马斯洛需求层次理论模型

市场营销学家把消费者的购买动机和购买行为概括为6W和6O，形成了消费者购买行为研究的基本框架。

（1）市场需要什么（what）——有关产品（objects）是什么。通过分析消费者希望购买什么、为什么需要这种产品而不需要那种产品，研究企业应如何提供适销对路的产品去满足消费者的需求。

（2）为何购买（why）——购买目的（objectives）是什么。通过分析购买动机的形成（生理的、自然的、经济的、社会的、心理因素的共同作用），了解消费者的购买目的，进而采取相应的市场策略。

（3）购买者是谁（who）——购买组织（organizations）是什么。分析购买者是个人、家庭还是集团，购买的产品供谁使用，谁是购买的决策者、执行者、影响者，根据分析，组合相应的产品、渠道、定价和促销。

(4) 如何购买（how）——购买组织的作业行为（operations）是什么。分析购买者对购买方式的不同要求，有针对性地提供不同的营销服务。在购买者市场，分析不同类型购买者的特点，如经济型购买者对性能和廉价的追求，冲动性购买者对情趣和外观的喜好，手头拮据的购买者要求分期付款，工作繁忙的购买者重视购买方便和送货上门等。

(5) 何时购买（when）——购买时机（occasions）是什么。分析购买者对特定产品的购买时间的要求，把握时机，适时推出产品，如分析自然季节和传统节假日对购买行为的影响程度等。

(6) 何处购买（where）——购买场合（outlets）是什么。分析购买者对不同产品的购买地点的要求，如：消费品中的方便品，购买者一般要求就近购买；选购品则要求在商业区购买，以便于挑选对比；特殊品往往要求直接到企业或专业商店购买的。

(三) 效果

文案策划的效果是不可定量的，但是数据化时代可以通过大量数据做参考。跨境电子商务企业看文案策划是否需要修改、是否符合消费者的需求、是否引起消费者的注意力时，都会通过三个基本指标来判断。下面以跳失率、转化率、访问深度来分别介绍。

1. 跳失率

跳失率用来反映页面内容受欢迎的程度，跳失率越大，就代表页面内容越需要调整。一般跳失率的三种常见类型是首页跳失率、关键页面跳失率、具体产品页面跳失率。

跳失率是衡量被访问页面的一个重要因素，在形成跳失率之前，消费者已经通过某种方式对页面进行访问，而跳失的原因无非是因为消费者感觉搜索点击到达的页面与预期的不符合，从而不想再关注该页面。即

跳失率=只浏览一个页面就离开的访问次数/该页面的全部访问次数

跨境电子商务企业可以通过跳失率的大小来判定文案是否足够优秀，是否为企业作出贡献，即吸引消费者的注意力，引起消费者的购买欲望，最终产生销售量。

2. 转化率

转化率是跨境电子商务营销的核心指标，是判断营销效果的指标，也是判断文案是否优秀的指标。在跨境电子商务营销中一般注意五种转化率，即注册转化率、客户转化率、收藏转化率、添加转化率、成交转化率，全面地分析转化率给企业带来的益处。

转化率指在一个统计周期内完成转化行为的次数占推广信息总点击次数的比率，即

转化率=转化次数/点击量

跨境电子商务网站转化率越高，该网站盈利能力越强，即单位来访者中产生的购买者就越多。提高网站转化率能够在无法增加流量的情况下，增加网站的盈利，也可以证明在网站中的文案是符合需求和欣赏水平的，所以网站转化率是跨境电子商务企业必须关注的指标。

在实际分析中，既要看过程转化率，又要看结果转化率，这样才能更加全面地分析转化率，把握文案是否运用得当，如图 4-6 所示。

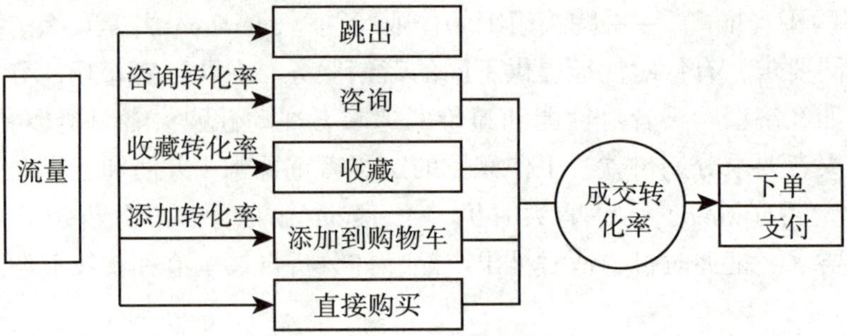

图 4-6　转化率详细解析

3. 访问深度

访问深度是指消费者在一次浏览网站的过程中浏览的网站页数。如果消费者一次性浏览的网站页数很多，那么就可以证明该网站对其吸引力比较大。一般来说消费者的访问深度越大，表明消费者体验度越好，网站的黏性越高，跨境电子商务文案的设计也相对比较合理。

提高跨境电子商务网站的访问深度，建议注意以下四点。

（1）网站页面排版布局合理。

（2）产品文案紧扣产品理念和主题。

（3）促销文案扣着一个促销核心，不要堆积过多的促销信息，促销方案一定要搭配图片，打造美观的视觉效果。

（4）合理的分类导航，有利于提升访问深度。

（四）引流

这里的引流着重介绍关联营销。关联营销也称为绑缚营销，目前关联营销在电子商务市场中非常火爆。关联营销是指在一个页面上，同时放了同类、同品牌等可搭配的与产品相关联的其他产品，它是一种新的、低成本的，企业在网站上用来提高收入的营销方法。

关联营销是一种在交叉营销的基础上，在产品、品牌等所要营销的事物中寻找关联性，来实现深层次的多面引导的营销方法。关联营销对于电子商务来说，不仅是一种营销手段，还是一种提升电子商务文案等级的方法。关联营销主要有三方面作用，如图 4-7 所示。

关联营销一般放置于店铺产品详情页中，而不是放在首页的位置，并且关联营销应该针对不同产品设置不同的关联位置。常见的关联营销位置分为详情页上方、详情页中部、详情页尾部。

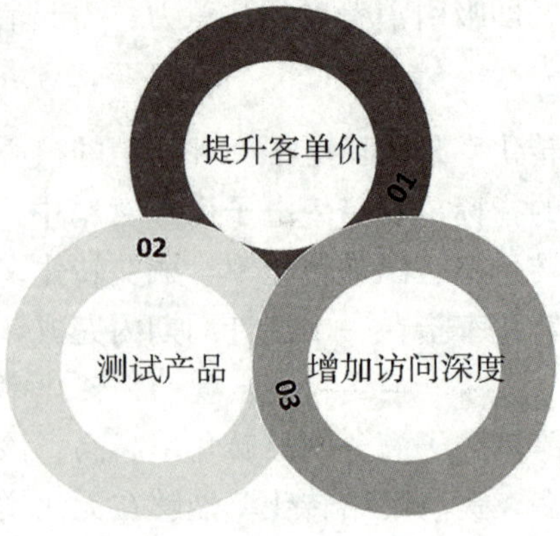

图 4-7　关联营销的作用

（1）在详情页上方适合放置连带性强的产品及促销文案，可以避免因价格或产品不符合消费者购买意愿而跳失，也称之为强关联。

（2）在详情页中部需要利用文案与产品图进行搭配推荐，增加相关产品的曝光度，还可以通过分享引入流量。

（3）在详情页尾部的关联产品应该与详情页的产品具有连带作用，但是关系相对不是特别紧密，相当于在消费者浏览页面的最后，进行进一步推荐，达到在店铺内回访的效果。

案例链接

Anker 的文案设计案例

Anker 这款充电宝的一套辅图中（图 4-8）有两处特别值得学习的地方，分别是图片文案和视觉效果。图片中上位置都有一句短文案加一句介绍，以颜色和字号作为区分，并且与单张图片的整体风格保持协调。

每看到其中一张图片时，注意力首先是被亮蓝色的短文案给吸引，再根据介绍的提示去了解这款产品。因为消费者浏览的时间有限，比起单纯放上精美的产品图片或者细节图，加上这么一句显眼的文案，消费者对这款产品的印象会加深，他们的脑海里已经被打下 1、2、3、4 个标签，也就是这四张图里的短文案。而如果缺了这么一部分，效果会大打折扣。

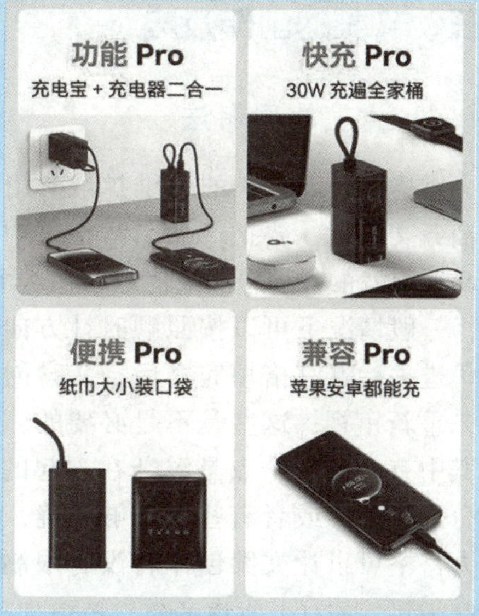

图 4-8　充电宝辅图

设计文案时可以注意以下三点。

（1）拆分卖点各放置于一张辅图，包括但不限于产品的参数信息、使用功能、产品优势（对比）、产品细节、使用场景、个性化包装等，重点是构造出符合主题的图片情境，这样能够大大加分。

（2）辅图整体背景风格特别是色调上保持一致或与产品高度相关。

（3）简洁明了的卖点文案与显眼的相关产品图片设计结合。

一个好的文案一定是经过精心准备的，既要有实质的内容，又要有恰当的形式，通过形式与内容的结合，向消费者传输作为卖家想要表达的东西，而这些东西又是能够触及消费者关切点的，消费者通过阅读文案与卖家达成共识，找到共鸣，然后下单购买，即形成了转化，而这个转化高于同行卖家，这才是一个优秀的文案。

提示：从内容的角度来说，文案策划应该是从目标消费者的角度，提炼出能够打动消费者的卖点，然后用易于消费者理解的语言表达出来。还要强调自己的产品特色，强化自身的产品符号，差异化的内容表述和独特卖点往往可以起到种心锚的作用，让消费者过目不忘，这样才能有效提高订单转化率。

技能训练

（1）列举我国跨境电子商务出海品牌的文案。

____

____

（2）分析该文案所属的类型与核心要素。

____

____

三、文案的创作方法

（一）九宫格思考法

九宫格图有助于人的思维扩散。用九宫格思考法创作电子商务文案时，要把产品名写在正中间的格子内，再把由产品所引发的各种想法或优点写在八个方格内，如图 4-9 所示。一般情况下可以按照顺时针方向填写，或者从四面八方填进去。九宫格填完之后，文案创作者需要回过头静下心来重新审视，这些是不是必要的，是否需要删去一些或者其中有一到两个点是混杂在一起的。所以文案创作者需要分开来写，或者有些点不够明确，还需要重新修改一下。九宫格可以让文案创作者没有限制地修改，一直修改到清楚为止。而且九宫格的每一单项都可以再进行细分，再填出来另外一张九宫格，这样文案创作者可以把单项部分再一一清理，从而得到更加细致的内容。

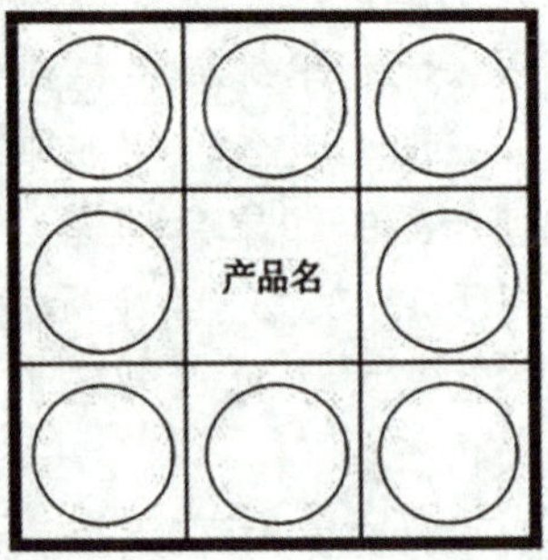

图 4-9　九宫格思考法

在想出产品所有优点之后，如何运用这些优点写出一则让消费者值得阅读的文案也需要重点推敲。电子商务文案并不是直接把产品所有优点指出来就可以了，它需要经过多重包装，强化优点，但是如果某一产品的优点太多，就要强化其中一个优点。另外文案创作者还要注意的是，对消费者记忆点的使用要因地制宜。比如文案如果用在海报或推广图上，其记忆点最多不要超过三个，但是在详情页上就不一样了，文案中可以尽可能地展示出推广产品的重点优势。

（二）要点延伸法

要点延伸法是把产品的特点写下来，然后对每个要点进行一一介绍和延伸。具体的操作方法如图 4-10 所示。

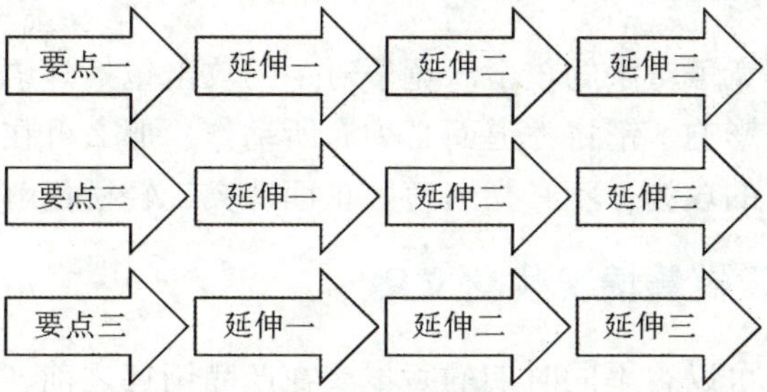

图 4-10 要点延伸法的操作方法

利用要点延伸法写作文案时，要不断地对产品的某一特点进行推敲分析，与同类型的电子商务文案对比，找到既能满足买家需求，又能打动买家的词语，然后组合起来，这样才能写出一则好的文案。

（三）三段式写作法

这是仿新闻学中“倒三角写作法”。第一段，精要地浓缩全文的销售话术，因为多数人都没耐心看全文。第二段，依照要点延伸法，逐一说明该产品的众多特色。最后一段的主要任务是要让消费者立即购买，所以一般是强化产品独特销售卖点（unique selling point，USP）、价格优势或赠品。

（四）注重 SEO 友好性

不会写文案的人，文案是写给自己看的；会写文案的人，文案是专门写给目标消费者看的；最擅长写文案的人，文案是同时写给目标消费者与搜索引擎蜘蛛看的。因此文案中出现的产品名称要完整，包含品牌、中文、英文、正确型号，方便 Google、百度等搜索引擎蜘蛛读取，且完整产品名的出现频率可以是 2~3 次。因此，建议文案中巧妙地植入关键词，而不是全部的图片格式。

（五）搭配具有说服力的图片

再动人的文案也不如一张有说服力的照片。长篇大论不如图文并茂地解说，文案不是写作，可以把它理解成“单页的电子型录”来思考。图片底下可斟酌加上一小排图片说明文字，新闻学研究已经证明，图片与图片底下的图说阅读率远胜过内文。另外，还请记得要用小标题提纲挈领地说明，这样阅读效果更佳。

（六）用文案吸引消费者照“建议”购买

优秀的实体音响店销售员会用精彩的话术改变消费者刚进店里时心中预设的目标产品与预算，他会把消费者“带”向高利润与他最想要销售的产品，而非消费者本身想要买的产品。文案也可以以此为目标，操控消费者的心理，比如加购配件、买某种颜色、买更高等级的规格、接受推荐的产品等。

（七）用文案防御竞争对手的攻击

好的文案可以防御竞争对手的攻击。竞争对手的攻击包括耳语攻击、文案攻击以及价格攻击。如果觉得已经影响了销售力道而必须有所动作，那么可在文案里四两拨千斤地还击，有技巧地化解对方的攻势，不必指名道姓正面冲突，轻松化解窘境。

（八）根据季节及销售情况优化文案

文案就像电视广告可以有不同时期的版本。在产品销售之前、全新上市时、产品热销时、产品销量衰退时、产品清仓时的文案都可以不同，帮助消费者找出“为何要在此时机购买的理由”，这些差异化的文案都会帮助提升产品销量。

案例链接

Hot Miami Style

产品英文描述：YAS GIRL! Walk in this navy velvet set and expect all eyes on you. Designed with a one shoulder unique crop top and fitted capri pants，如图 4-11 所示。

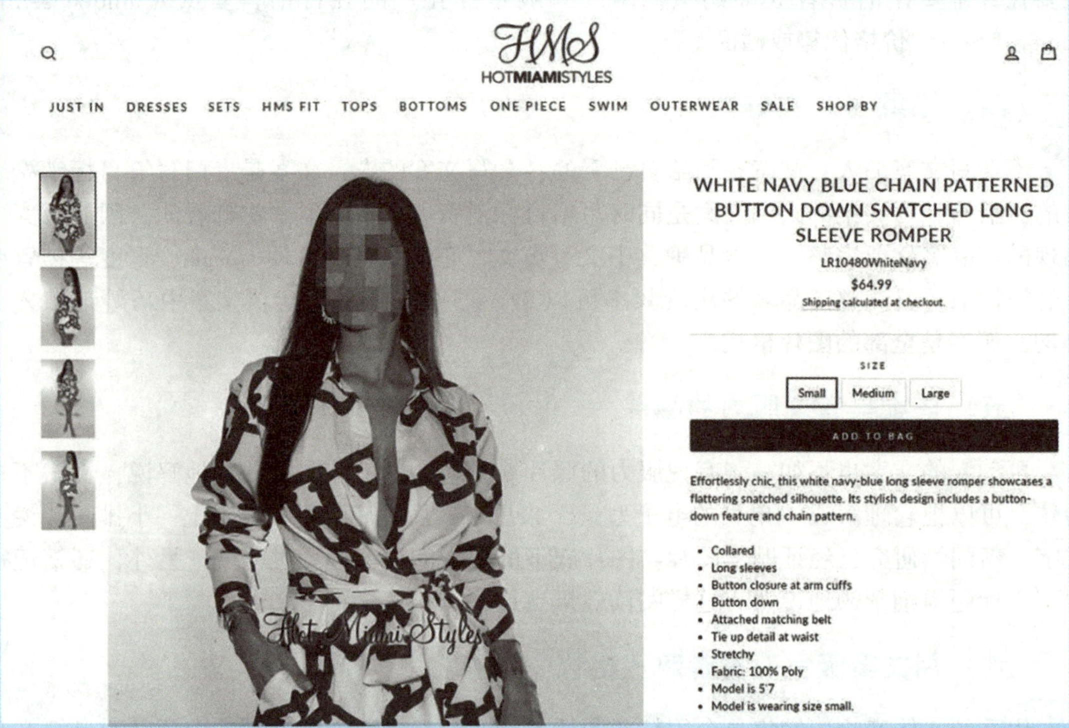

图 4-11 Hot Miami Styles

文案亮点：贴近受众语用风格。

女子运动服饰品牌 Hot Miami Styles 十分明确自己的受众定位是年轻的时尚女士，所以其以 Instagram 上热门的表达“YASGIRL”为开头开启了描述，以表明其年轻的、Instagram 风向的时尚精神。因此如果商家知道自己客户群正在使用的行话或者谈论他们喜欢事物的特殊表达，那么可以在文案页面中使用它。

许多跨境电子商务卖家容易忽视文案描述的重要性，事实上文案描述可以决定产品销售。消费者可以通过文案描述来获取更多产品信息，文案描述的好坏也直接会影响店铺或产品的转化率。因此在文案描述中，选择合适的关键词、术语、表达方式、图片驱动消费者购买尤为重要。

技能训练

结合文案创作的九种方法，选择一款跨境电子商务产品为其设计文案。

____

____

任务二 跨境电子商务网络广告的策划与投放

任务描述

跨境电子商务工作者需要知晓网络广告的策划与投放技巧和方案，根据投放数据对广告进行优化和调整，最终提高广告效果。通过本任务，学生将学习跨境电子商务广告策划与投放的基本概念，掌握市场分析和数据统计的方法，学习制定广告策略的关键步骤，以及了解如何选择合适的广告渠道和实现有效的投放，帮助学生提升品牌能见度和销售业绩。

任务分析

一、跨境电子商务网络广告策划

广告策划是通过周密的市场调研和系统的分析，利用已经掌握的知识（情报或资料）和手段，科学、合理、有效地布局营销、广告战略与活动进程，并预先推知和判断市场态势和消费群体现在和未来的需求，以及未知状况的结果。

广告策划

广告策划是现代商品经济的必然产物，是广告活动科学化、规范化的标志之一。美国是最早实行广告策划制度的国家，随后许多商品经济发达的国家都建立了以策划为主体、以创意为中心的广告计划管理体制。1986 年，我国广告界首次提出“广告策划”的概念。这是自 1979 年恢复广告业之后对广告理论一次观念上的冲击，它迫使人们重新认识广告工作的性质及作用，广告工作开始走上向客户提供全面服务的新阶段。

广告策划可分为两种：一种是单独性的，即为一个或几个单一性的广告活动进行策划，也称单项广告策划；另一种是系统性的，即为企业在某一时期的总体广告活动进行策划，也称总体广告策划。

（一）广告策划的主要内容

一个较完整的广告策划主要包括五方面的内容：市场调研的结果、广告的定位、创意制作、广告媒介安排、效果测定安排。其具体流程如图 4-12 所示。

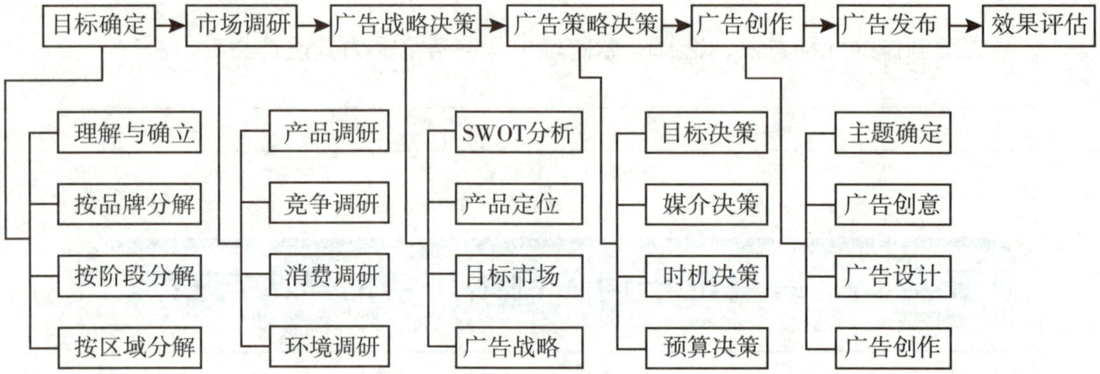

图 4-12　广告策划具体流程

1. 分析广告机会

进行广告策划，首先要通过广告机会分析解决针对哪些消费者做广告以及在什么样的时机做广告等问题，为此就必须搜集并分析有关方面的情况，如消费者情况、竞争者情况、市场需求发展趋势、环境发展动态等。然后根据企业的营销目标和产品特点，找出广告的最佳切入时机，做好广告的群体定位，为开展有效的广告促销活动奠定基础。

2. 确定广告目标

确定广告目标，就是根据策划的总体目的，依据现实需要，明确广告宣传要解决的具体问题，以指导广告活动的执行。广告策划的具体目标可以是使消费者了解企业的新产品、促进购买/增进销售，或提高产品与企业的知名度以便形成品牌偏好群等。

3. 形成广告内容

广告的具体内容应根据广告目标、媒体的信息可容量来加以确定。一般而言，应包括以下三个方面。

（1）第一个方面是产品信息

产品信息主要包括产品名称、技术指标、销售地点、销售价格、销售方式以及国家规定必须说明的情况等。

（2）第二个方面是企业信息

企业信息主要包括企业名称、发展历史、企业声誉、生产经营能力以及联系方式等。

（3）第三个方面是服务信息

服务信息主要包括产品保证、技术咨询、结款方式、零配件供应、保修网点分布以及其他服务信息。

4. 选择广告媒体

广告信息需要通过一定的媒体才能有效地传播出去，然而，不同的媒体在广告内容承载力、覆盖面、送达率、展露频率、影响价值以及费用等方面互有差异。因此，正确地选择广告媒体是广告策划过程中一项非常重要的工作，具体包括以下几点。

（1）印刷媒体

印刷媒体指的是报纸、期刊等印刷出版物，这类媒介是广告最普遍的承载工具。报纸的优点是：信息传递及时，记者广泛且稳定，可信度比较高；刊登日期和版面的可选度较高，便于对广告内容进行较详细的说明；便于保存，制作简便，费用较低。报纸的局限性是：时效短、受众有限；印刷简单，不够形象和生动，感染力相对差一些。期刊的优点是：读者对象比较稳定，易于送达特定的广告对象；时效长，阅读者多，便于保存；印刷比较精美，有较强的感染力。期刊的局限性是：广告信息传递时间长，信息传递的及时性差，有些发行量是无效的。

（2）视听媒体

视听媒体主要有广播、电视等。广播的优点是：覆盖面广，传递迅速，展露频率高；可选择适当的地区和对象，成本低。广播的局限性是：稍纵即逝，保留性差，不宜查询；受频道限制缺少选择性，直观性与形象性较差，吸引力与感染力较弱。电视的优点是：覆盖面广，传播速度快，送达率高；集形、声、色于一体，生动直观，易于接受，感染力强。电视的局限性是：展露瞬间即逝，保留性不强；对观众的选择性差，绝对成本高。

（3）户外媒体

户外媒体包括招牌、广告牌、交通工具、霓虹灯等。户外媒体的优点是：比较灵活，展露重复性高，成本低，竞争少。户外媒体的局限性是：不能选择对象，传播面窄，信息容量小，动态化受到限制。

（4）邮寄媒体

邮寄媒体是指遍布全国乃至全世界的邮政网络。邮寄媒体的优点是：广告对象明确且具有灵活性，便于提供全面信息。邮寄媒体的局限性是：时效性较差，成本比较高，容易出现滥寄的现象。

（5）新媒体

新媒体是相对于传统媒体而言的一个概念，指互联网时代背景下的网络媒体，如博客、社交媒体平台等。网络媒体的优点是：覆盖面广，触及率高，时效性好，能与受众形成双向互动，成本较低。网络媒体的局限性是：虚假信息泛滥，难以保证信息的准确度和可信度，同质化程度高，普及程度有局限。

（二）广告策划的意义

1. 保证广告活动的目标性

广告策划方案是依据企业的营销战略、品牌管理战略等目标制定的。广告策划过程运用科学的研究和分析方法，集中丰富的经验和智慧，事先对各项活动做出周密细致的安排，每一项活动紧紧围绕最终的总体目标展开，具有共同的指向性，确保广告目标得以实现。

2. 保证广告活动的计划性

广告策划能够提高企业对市场的应变能力，将各种不利的影响降到最低。通过科学的广告策划，既可以选择明确的广告目标和诉求对象，防止广告活动的盲目性，也可以选择有效的广告媒介，防止或减少广告媒介资源的浪费，还可以合理地分配和使用广告经费，让广告活动顺利进行。

3. 保证广告活动的创造性

广告活动的创造性是促成广告达到目标的关键要素。通过广告策划，可以把各个方面、各个领域的智慧聚集起来，充分发挥团队集思广益、取长补短的优势，激发灵感和创意，充分发挥创意高手的推动作用，保证整个广告活动的每一个环节都有高水平的创意，把广告对消费者的说服效力发挥到极致。

4. 保证广告工作的连续性

广告的根本目标是促进产品销售、塑造品牌形象。要达到这样的目标，仅仅依靠一两次广告活动是不可能的，而只有通过长期不懈的努力和日积月累，才能显现广告的效果。广告策划可以协调各个方面的资源，确保广告效果的一致性和连续性。

5. 取得最佳的广告效果

广告活动所投入的人力、物力均很大，做好广告策划有助于使广告活动更加合理，有助于减少浪费和污染。各方广告策划人员运筹帷幄，总结正确的广告经验，制定正确的广告目标，尽量发挥各个环节的优势，争取最好的广告效益。

（三）跨境电子商务网络广告策划主要内容

由于跨境电子商务行业的特殊性，其广告对象一般均为网购消费者，因此，跨境电子商务广告一般均选择投放于网络媒体。这就决定了跨境电子商务网络广告策划与传统的广告策划相比，具备一定的独特性。

网络广告策划是指根据广告主的网络营销计划和广告目的，在市场调研的基础上对广告活动进行整体的规划，是根据互联网的特征及网络人群的特征，从全局角度所展开的一种战略、策略的运筹。一般而言，跨境电子商务网络广告策划应包含以下内容。

1. 公司资源状况分析

公司资源状况是指通过外部网络中反映的状况来分析目前公司网络推广已有资源的基

本情况。主要包括：公司网站在谷歌、百度等搜索引擎的排名情况、主关键词的排名情况、网站本身的结构和内容，网站上包含的其他关键词等；公司在谷歌、百度等投入的收费广告情况，以及单次的点击费用等；公司在阿里巴巴国际站、速卖通、亚马逊等平台的信息、证书等是否完整。

2. 同行状况分析

同行的网络广告状况分析应包括以下内容。

（1）收费广告状况

同类型企业在网络上的资金和人员的投入情况，如在谷歌、阿里巴巴等平台的广告投入和搜索排名情况、广告的格式、位置和创意等。

（2）搜索引擎状况

同类型企业在搜索引擎上的数量、相关关键词、排名等情况，网站的布局以及广告的形式、内容等。

3. 目标受众分析

虽然网络广告的受众均为当地市场的网民，但是未必所有的网民都是广告的对象，根据产品特点、品牌定位等，跨境电子商务企业还是应该对目标受众做更进一步的具体分析。刻画受众的指标有多种，如性别、年龄、收入、受教育水平、家庭结构、消费习惯、兴趣爱好等。

除此之外，还有间接的广告对象，如网民的传播可以影响周围部分人的购买行为，这些人就可叫作第二对象，由此还会形成第三、第四等多层广告对象。因此，在策划中不应该将广告对象局限于网民中。

4. 确定广告目标

在设计具体的广告与文案之前，首先要确定自己希望通过这一系列的网络广告达到的目标。

网络广告目标的确定之所以如此重要，是因为它揭示了消费者对广告信息反应的一般心理规律，从而确定了沟通能够影响营销的理论基础。广告目标带着广告对受众所能提供的特定贡献而设定，这种特定贡献，即信息沟通，使消费者产生对品牌的认知、情感、态度和行为的变化。总而言之，广告目标就是对沟通效果的设定。

广告目标主要有告知（inform）、说服（persuade）和提醒（remind）三个方面。通过广告传播提高商品的知名度，让目标消费者认知商品，这是广告传播最直接的目标。在消费者对商品和品牌有了基本了解的基础上，还必须向他们展示为什么你的商品和品牌相较于别的商品和品牌来说是更好的。最后，必须在一个成熟的市场上强化品牌信息，让品牌一直保留在消费者的脑海里，并防止竞争对手抢走客户。

在设定广告目标时，要注意目标必须是具体的、可量化的，这样才能为日后的广告效果评估打下基础。同时，要明确广告目标的时间性。一般而言，企业所确定的广告目标有长期、中期、短期之分。每一个产品都有其生命周期，在导入期的广告一般以告知为主要目标；在成长期的广告则以促进销售为主要目标；而在成熟期的广告以塑造品牌的忠诚度为主要目标，如图 4-13 所示。

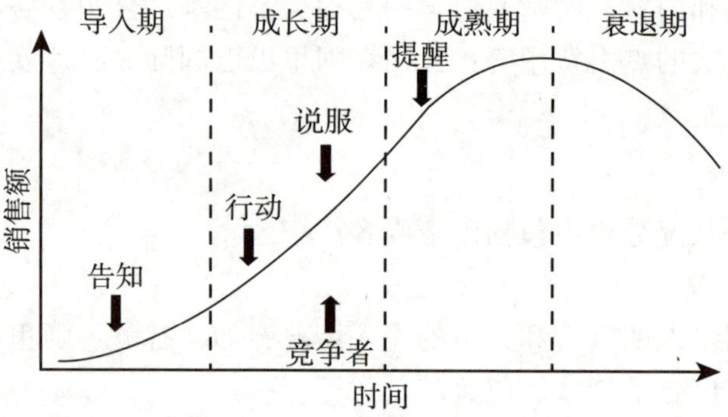

图 4-13　产品生命周期与广告目标

5. 媒体选择与组合

在现代广告中，媒体的选择余地更大了，各种形式的广告更是五花八门，这既是机遇又是挑战。众多的媒体在组合上的选择，如何花最小的成本，达到最优化的组合，即将广告最有效地全面推向社会，是现代广告策划的重点。

对网络广告来说，媒体主要就是网络。媒体策划主要是指对网站与广告工具的选择，以及网站与其他传媒的配合。不同网站的覆盖人群也有差别，选择合适的网站就是有针对性地向网民推销自己的产品。不同网站的广告成本也是不同的，结合成本投入、播出频率、触及范围、网民特点、网站信誉等与网站有关的因素进行的分析就是网站策划。

选择好网站之后还要考虑广告的形式和与其他媒体的搭配问题。网络广告的形式有横幅广告、图标广告、文字广告、视频广告、分类广告等。这些形式往往与网站的特点紧密相关，只有充分研究好各个网站，才能选择最合适的形式，并将组合效用发挥到最大。

网络广告在媒体选择与组合上主要应考虑的有点击率、覆盖面、信誉度等问题，可以从广告目的、广告成本、营销市场、竞争对手、潜在市场等实际与企业相关的商业环境出发去考虑。

6. 广告效果评估

进行广告效果评估，就是运用科学的方法来鉴定所做广告的效益。广告效果评估一般可分为心理效果评估、经济效益评估和社会效应评估。评估的标准应该和当初设立的广告目标一一对应，是可量化的、可衡量的。

（四）跨境电子商务网络广告策划主要方法

在进行跨境电子商务网络广告策划时，除了使用折扣、优惠券等手段外，还有一些方法是可供商家参考的。

1. 专注于产品和品牌

对于一家跨境电子商务企业来说，产品是核心，高质量的产品对消费者的吸引力要强过所有的广告语。在进行网络广告策划时，要深挖产品的卖点。

（1）独特或领先的成分或材料。

（2）产品的长期价值较高。

（3）解决用户的“痛点”。

（4）人性化的售后服务。

（5）优质的客户评价。

2. 4W1H 战略

（1）Where

Where 即广告的地域战略，要在什么地方实施广告，实施后要把产品推向什么地方。可分为全方位地域战略和局部性地域战略。

（2）When

When 即广告的时间战略，按时间先后顺序分步骤实施不同的广告计划。产品推出初期，广告的重点是说服顾客；而当产品推出一定时间后，市场日趋成熟，这时广告应以开拓市场为主；在后期，广告则应配合、巩固现有市场，阻止竞争对手进入。

（3）Why

Why 即广告的目标战略，是广告要达到什么样的目的的安排和布置。可分为市场渗透、市场拓展、市场保持三种类型。

（4）What

What 即产品战略，根据自己的产品特点而实施的战略，如快消产品、母婴产品、保健品、化妆品等，因性质的不同往往会有不同的产品战略安排。

（5）How

How 即如何实施广告的战略安排，可分为针锋相对式、旁敲侧击式、游踪不定式、浑水摸鱼式、瓮中捉鳖式。针锋相对式是指对对手采用“正面打击、强行突破”，以迅速、锋利为特点抢占广告宣传的主动权，这要求企业自身的实力大过对手，否则会导致自己“粉身碎骨”。旁敲侧击式多用在对手比自己强大，无法与之正面较量的实践中，这时，待机对“敌方”的侧面进行“骚扰”，打乱对手的阵脚，有利于寻找突破口以抢夺对方市场。游踪不定式是指不让对方看清自己的真实动机，并想办法误导对方，把对方的注意力引开，然后以迅雷不及掩耳之势抢占当地市场。浑水摸鱼式是指在对方经营出现混乱，或者商业环境处于无序状态时，采取迅速的行动以抢占市场，争取广告的控制权。瓮中捉鳖式则是将敌方引入自己的市场，然后抓住其弱点予以痛击，直到对方让出更大的市场来，甚至退出市场。

3. 灵活运用不同的广告战术

相对于战略策划而言，对广告战术的策划是一个具体的工作，是对战略的具体运用。在一般的广告实践，包括网络广告实践中，分为开诚布公、说服感化、货比三家、契约保险等战术。

（1）开诚布公

开诚布公是指在广告战术中将自己的产品性能及特点，客观公正地告知顾客。为了体现更好的客观性和科学性，可以借助科学的手段方法，如物理、化学方法，进行产品性能检测。如果产品取得了某项专利技术或运用了某项专利设计，也可以在文案中体现出来，最好附上专利号，以凸显专业度和可信度。

在网络广告中，同样可以利用科技手段对产品进行“透视”，利用多媒体技术，在显示器屏幕上显示整个实验过程，消费者还可以点击相应的窗口了解更加详细的资料，这在网络广告中更是一种得天独厚的优势。

为了达到客观性与说服性，利用名人效应也是可取的。可以邀请名人在网上与消费者交流，让名人谈谈其使用该产品的感受。这在传统广告中也是常常使用的方法，但传统的媒体技术无法实现名人与消费者的现场交流，因此名人与消费者间存在距离感，效果常常达不到最理想状态，而网络技术能有效实现名人与消费者的交流，如聊天室、在线直播等形式，取得的效果是传统媒体无法比拟的。在选择名人时，一定要注意做好背景调查，并且应符合自身产品和品牌的定位。在现在的互联网时代，邀请专业领域的意见领袖（key opinion leader，KOL）也是常见的做法。图 4-14 为某可乐网络广告示例。

图 4-14　某可乐网络广告示例

除此之外，从消费者的角度或权威机构的角度出发，对产品进行评价常常会收到良好效果，如 ISO 质量体系认证机构、其他消费者使用该产品后的感受等。在网络广告中，这种方法也更加有施展的舞台，如可以在网上开辟专门的认证机构以供消费者查询，这比单纯地告诉给消费者要好得多。

（2）说服感化

说服感化是指在战术上先制造悬念，再引导消费者做出购买行为的方法。使用悬念是说服感化的前奏，只有吸引了消费者的注意力，才有说服感化的可能。

在现代广告中，悬念法早已广泛使用，对网络广告来说，使用悬念的条件更加成熟。制造悬念的目的在于吸引顾客，而真正需要下功夫研究的却是如何说服顾客购买自己的产品，这时使用引导的方法是必要的。

引导分为权威感化和情感感化两种，前者是用权威性的评论或判断让消费者相信这种产品是信得过的，对于有一定消费经验、对产品有一定了解的人来说，这种方法更加奏效。而对于另外一些富于情感的人来说，使用情感引导则更有效。这个群体可能并不要求产品的实际性能有多么出众，而是更加注重情感的表达，如在特定节日的仪式感、怀旧的情怀等，这时真情流露往往能够感化顾客。

（3）货比三家

货比三家是针对一般顾客都有的“货比三家、货看三家”的消费心理而策划广告的战术。在买方市场中，顾客一般都有对同一种商品“先进行比较再购买”的心理。

在传统广告中，提供同类产品的信息进行比较往往受媒体的限制而不能实现。但在网络广告中，提供同类产品的信息则是易如反掌。在比较的时候，要将自己产品的性能、设计等优点罗列出来，再把同类产品的同项指标罗列出来，尽量不要做任何评论，以客观的事实证明自己的优越性。顾客的眼睛是雪亮的，他们自然知道孰好孰坏，如果加入评论，则有贬低竞争产品的嫌疑。

（4）契约保险

契约保险是广告战术的又一种形式。这种形式主要针对网络虚拟化的特点而设计。在虚拟空间中，交易双方和主体的权利义务关系并不好界定，这既使得许多广告语言生动活泼，令消费者产生了购买欲望，但出于权利无保障的担心，这种形式仍然将一部分网上顾客拒之“网”外。

提供契约保险的目的有两个：一是为顾客的购买行为本身做担保，如果出现问题，可使双方有评说的依据，也有节约交易成本的作用。二是在心理上打破消费者的顾虑，给消费者吃一颗定心丸。从这一方面来说，契约本身并不重要，如果产品质量卓越，根本不可能在一年内出问题，但假设这一点被写进了契约，如“一年内出现问题者，退还全部购货款，并赠送新机”，就打破了消费者的心理障碍，企业本身也不会因此而受损。

当然，承诺与契约的完成也会带来相应的风险，但只要产品质量过关，这一点并不会成为太大的问题。因此，契约保险式的网络广告战术在实践中还是有相当大的使用空间，尤其是信誉卓越、品质优良的企业，更是首选此法。

二、跨境电子商务网络广告投放

（一）网络广告投放效果的影响因素

完成了网络广告策划之后，就要进行网络广告的投放。影响跨境电子商务网络广告投放效果的因素有以下几个方面。

1. 明确广告目的

首先需要明确网络广告投放的目的，是宣传品牌或产品，还是推广在线业务，或是促进与消费者的互动。应该根据不同的广告目的来选择不同类型的网络广告。例如，如果想要宣传品牌，就应该首先考虑在访问量大、信誉度高、访问群体与目标消费者符合的综合门户网站投放广告；如果是为了某个产品的促销或渠道建设，则适宜在行业门户网站投放广告；而如果是推广在线业务，则适宜在搜索引擎购买关键字排名，实现精准的网络广告投放。

2. 确定费用预算

不同类型的网络广告和网站平台的费用差距非常大。大型综合类门户网站和小型专业类门户网站的价格相差数十倍，甚至数百倍；搜索关键字排名一般按点击数量收费，每次点击费用在几角至几元钱不等；广告联盟的价格相对便宜，但投放的网站多是个体网站，信誉度不高。应该针对推广目的并结合企业自身情况，选择性价比最高的广告投放形式，确定合理的费用预算。

3. 制定投放策略

制定投放策略时需要考虑，是在一个网站投放广告，还是在多个网站投放广告？是单一广告展示，还是专门建立推广网站？投放的最佳时间段是什么时候？如何控制广告费用的消耗？广告效果不佳时应该如何调整？是否需要专门的客服人员应对访问者咨询？针对这些常见的问题，需要事前做好完善的方案。

4. 制作广告内容

网络广告的媒体形式有文字、图片、动画、富媒体等，在选择了合适的投放渠道和制定了投放策略之后，就需要进行广告内容的制作。创意好、设计精美、定位准确的广告能吸引更多的用户浏览和访问，可以大大提高广告的性价比，而制作粗劣的广告则会降低广告的效果，甚至可能让大笔的广告费付诸东流。

5. 广告投放实施

网络广告投放的操作一般由网站来完成，有些平台（如广告联盟、搜索引擎关键词广告）提供客户操作的后台，这样更容易控制广告的投放过程。在投放之前，需要操作人员详细了解操作步骤，及时发现问题。

6. 投放效果监测

网络广告投放的效果到底如何，需要通过监测相关数据并进行后期分析。一般主要监测广告的展示量、点击量、平均访问页数、地域、性别和年龄分布等。根据这些数据评价广告效果，改进广告投放策略，以便于下次投放时进行参考。

（二）网络广告投放的基本步骤

1. 确定广告目标

网络广告投放首先要确定投放广告的目的，是新品宣传，还是促销活动，抑或是品牌推广等。

除此之外，还要确定最终想要取得什么样的广告投放效果，如投放广告后使新产品销售提高多少，促销活动有多少人参加，网站流量增加多少等。制定的目标要切实可行，不可异想天开。

在确定广告目标时，最好能够将目标量化，确定投放广告的时间，按时间段或地区来量化目标，分阶段实施。这样不仅实现起来比较容易，而且当上一阶段目标达成时，可以增强信心，如果出现问题还可以及时调整战略。

2. 确定广告预算

一般而言，确定广告预算的方法有以下几种。

（1）根据经验确定。根据企业之前投放广告的经验来定，或者根据行业广告的平均费用来定。

（2）根据相关数据确定。如参考艾瑞网、易观国际、百度统计等发布的行业报告来确定预算。

（3）测试后确定。可以先测试两周或者一个月，根据测试期的费用估算整个投放周期的费用。

（4）按传统广告的比例确定。例如，在传统广告媒体投放的费用是 50 元，那么因为网络广告成本比传统广告低大约 40%，所以大概估计网络广告的费用为 30 元，按这个比例就可以估算整体投入的费用。

3. 选择广告媒体

选择广告投放的媒体时，应考虑以下几个事项。

（1）目标用户是谁？即想让谁看到广告。要分析用户的性别、年龄、职业、地域、收入、消费习惯、喜好等。

（2）拿什么吸引用户？即为达到广告的目的，广告该如何展现。

（3）目标用户在哪里？即目标用户会去哪些网站。要分析目标用户上网的习惯、时间、地点等。

（4）哪些广告媒体适合产品？即选择最适合的广告媒体，不选最贵的广告媒体。

（5）考虑集群作战。即如果是针对某地区用户的广告，可以在当地所有知名的资讯网站、论坛等投放广告。

4. 选择广告位置

选择广告投放的位置时，有以下几个注意事项。

（1）分析页面浏览量。分析所投放广告的网站哪个页面的浏览效果比较好，就选择哪个页面投放。

（2）分析广告位所在页面的内容。内容要与产品相关，且定位要与品牌形象相契合。

（3）分析广告位的点击率。

（4）分析用户的评论、帖子等。根据用户的评论、回帖等分析广告位的效果，并及时做出调整。

（5）参考一些相关媒体给出的广告位置，如图 4-15 所示。

5. 制作广告创意

制作具体的广告创意时，有以下几个注意事项。

（1）广告要有足够的冲击力，要能引起用户的注意。

（2）广告语很重要。有一句在广告圈广为流传的话——“广告好不好，全看广告语”。广告语要明确写好能给用户带来什么好处、解决什么问题，内容不要过长。

（3）广告创意要灵活，要适合不同大小的广告。因为投放网络有时会对广告位做调整，所以广告要适合不同大小的广告位。

（4）多准备几套广告创意，不同时间换一换，既能避免用户视觉疲劳，又能加深用户对广告的印象。

（5）大多数用户都喜欢看新颖的标题、富有创意的图片。

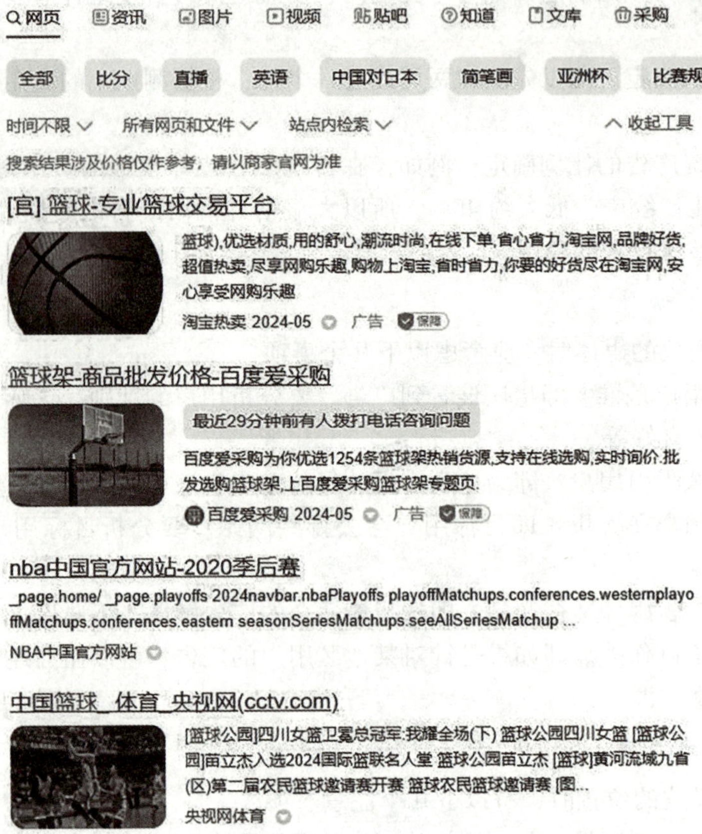

图 4-15　广告位置实例

6. 广告投放测试

为了更好地分析广告效果，区分投放的侧重点，及时调整广告战略，在开始正式投放广告之前，一般会做一个广告投放测试。即通过对比同广告、同页面、同位置、同着陆页的综合数据对比广告效果，可以根据曝光量、浏览量、注册量、询盘量、成交量等不同的数据来对比哪个网站效果更好、性价比更高。

而针对同网站的测试，则是根据不同页面的广告位、不同的广告素材、不同的着陆页等数据来对比得出哪个方案的效果更好、性价比更高。

7. 网络广告监测

要做好网络广告的监测，需要时刻关注以下几个监测指标。

（1）网页曝光量和浏览量。

（2）广告展示次数、点击率和跳转率。

（3）访客平均停留时间。

（4）咨询量与曝光量之间的比例。

（5）交易量。

（6）总销售额、客单价、利润率、开发单个用户的成本。

8. 优化投放广告

网络广告的投放是一个动态的过程，根据对网络广告监测的数据，应当适时地优化广告的内容和投放的策略。例如，当发现访客在广告页面平均停留时间过短时，就要考虑是否广告的具体内容不够吸引人、卖点不够突出，或是内容太冗长使得访客失去耐心。

优化的目的主要是提高转化率，从而提升销售额。曝光与转化的关系及相应优化策略如图 4-16 所示。

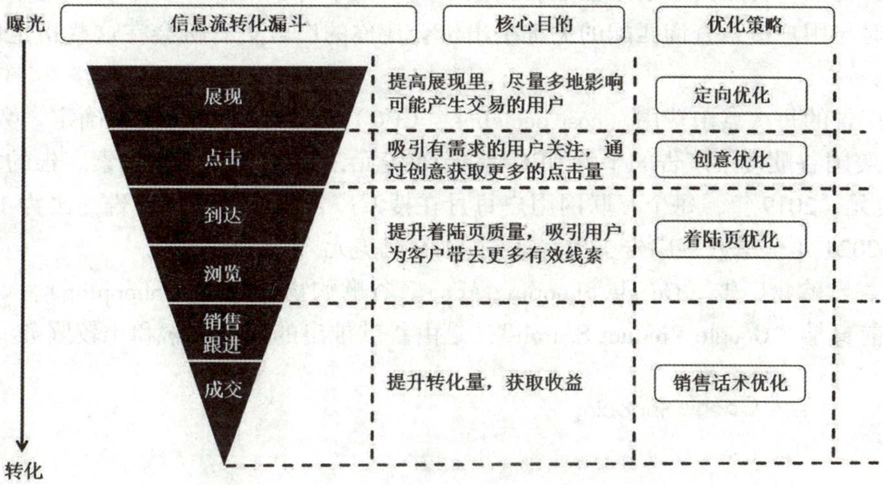

图 4-16　曝光与转化的关系及相应优化策略

（三）跨境电子商务网络广告投放渠道

根据 Statista 的统计数据，2019 年全球数字媒体广告支出为 3250 亿美元。受全球新冠肺炎疫情影响，这一数字在 2020 年略有下降，2021 年全球数字广告支出高达 5210.2 亿美元，而 2024 年达到 4426 亿美元。这意味着，对于所有跨境电子商务公司而言，要发展壮大，就必须更多地投资于网络广告。对于很多跨境电子商务公司来说，摆在面前的一个难题是如何根据市场趋势和业务的实际情况选择合适的渠道来进行网络广告的投放。

值得关注的较为主流的跨境电子商务网络广告投放平台主要有以下几个。

1. 谷歌广告

谷歌是全球最大的搜索引擎，也是海外用户最常使用的搜索工具。就搜索引擎的广告投放来说，谷歌的市场占有率大，投放审核程序严格，更加吸引全球用户，易于获得他们的信赖。这给正处于扩展海外业务的中国企业提供了很好的机会。此外，只有当用户点击了广告、进入企业的网站页面后，企业才需要支付广告费，这对现在准备开展营销推广但经费有限的中小企业来说，性价比也更高。

谷歌广告（Google Ads）主要有以下几个优势。

（1）全球最大的搜索引擎。

（2）多元化的广告推广形式。

（3）定位全球市场。

（4）精准定位目标人群。

（5）精确的广告效果。

跨境电子商务企业最常使用的谷歌广告的类型主要有谷歌搜索广告、谷歌购物广告和谷歌展示广告。

（1）谷歌搜索广告（Google Search Ads）。按点击付费的广告将显示在谷歌的搜索结果页面上，这是跨境电子商务卖家需要关注的广告项目。谷歌搜索结果页面的顶部和底部有指定的广告位，自然搜索结果往往在页面中间。由于谷歌搜索广告本质上是一种竞价广告，因此对与用户搜索查询匹配的关键字出价会让你的广告更有机会在这些指定的广告位中被看到。

搜索广告的每次点击费用（cost per click，CPC）由广告竞价时卖家确定。数据显示，2018 年，美国谷歌搜索广告的平均 CPC 为 1.16 美元，2024 年，谷歌搜索广告的基准 CPC 约为 20 美元。2019 年，每个互联网用户每月在搜索广告领域的平均广告支出为 106.38 美元。预计 2024 年全球数字广告支出将达到 4426 亿美元

（2）谷歌购物广告（Google Shopping Ads）。谷歌购物（Google Shopping），如图 4-17 所示，其前身是“Google Product Search”，是由谷歌推出的商品搜索和比较服务。

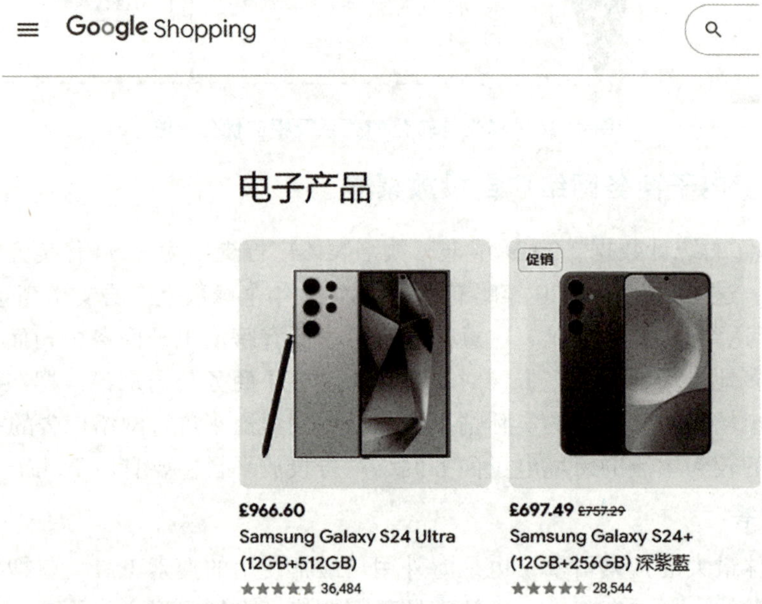

图 4-17　谷歌购物

当用户搜索想要购买的商品时，谷歌会依据浏览记录向登录账户的用户提供购买渠道推荐，包括谷歌购物平台、附近的实体店，或沃尔玛（Walmart）、开市客（Costco）、塔吉特（Target）、west elm、Horchow 等第三方零售网站，如图 4-18 所示。不过谷歌购物平台的大部分商品仍然来自与以上传统购物平台合作的零售商。

2023 年谷歌云全年收入达 330 亿美元，较上年增长 26%，第四季度收入为 92 亿美元，同比增长 26%。

图 4-18 谷歌购物输入“lamp（台灯）”的搜索结果页面

（3）谷歌展示广告（Google Display Ads）。谷歌展示广告可让用户在浏览其他网站、合作伙伴网站、移动网站和应用时看到企业的广告。

展示广告可以精准定位广告客户，向自定义创建的受众展示文字广告、图片广告、视频广告等，以提高转化的可能性。例如，企业可以创建从谷歌搜索广告访问企业网页的受众群体，以便在之后的展示广告中对他们进行二次营销。

展示广告的费用较为低廉，每次广告的平均花费在 1 美元以下。虽然费用较低，但展示广告更适合已具有品牌知名度的卖家进一步提升品牌知名度或进行二次营销。

对于中小型跨境电子商务企业来说，建议首先将营销支出集中在谷歌搜索广告上，当品牌或产品达到一定的知名度时，并且在资金允许的情况下，再扩大到展示广告。

2. 社交媒体广告

社交媒体广告是指在社交媒体平台上为用户提供的广告。社交网络可以利用用户信息，在特定平台的互动基础上提供高度相关的广告。在很多情况下，当目标市场与社交平台的用户统计数据一致时，社交媒体广告可以以较低的获取成本带来转化率和销售额的大幅提高。

新的社交媒体平台每周都会出现，其中大部分都不会受到市场的欢迎。投放社交媒体广告最好从最受欢迎的平台开始，一旦开始盈利，就可以考虑将一部分预算分配给更多的其他广告类型。

目前，最有效的社交媒体广告平台有以下六个。

（1）Facebook。Facebook 是全球通用的社交媒体网络。它拥有超过 30.5 亿的月活跃用户，为广告客户提供了无与伦比的机会。

（2）Instagram。Instagram 现在拥有超过 20 亿的月活跃用户，是社交媒体中受众参与率最高的一个。2023 年 Instagram 广告收入达到 505.8 亿美元。其中，信息流广告是主要贡献者。与此同时，Instagram Stories 上的广告占该平台广告收入的 26.7%。2024 年 Instagram 广告收入将达到 596 亿美元。比 2017 年的 36.4 亿美元增加了 50%以上。GWI 的最新数据显示，Instagram 目前是全球“最受欢迎”的社交媒体平台之一，16.5%的 16 岁至 64 岁之间的互联网用户表示，自己选择该平台的可能性高于其他平台，是选择 TikTok（7.4%）的用户数的两倍多。

（3）Twitter。Twitter 彻底改变了突发新闻的模式，为用户提供了全新的访问渠道，让他们既可以与利基用户联系，也可以与主流影响者联系。Twitter 拥有 3.3 亿的月活跃用户，它仍然是最受欢迎的社交媒体平台之一。

（4）Pinterest。Pinterest 与 Instagram 一样具有视觉效果，但与 Instagram 不同，它的目标用户群是女性。Pinterest 拥有 5.18 亿的月活跃用户，也是一个非常活跃的平台。

（5）LinkedIn。LinkedIn 是一个独特的社交平台，是一个主要围绕 B2B 市场的职业社交媒体。LinkedIn 的月活跃用户约为 2.5 亿，男女用户平均分配，60%的 LinkedIn 用户年龄在 25 至 34 岁之间。

（6）TikTok。2019 年 9 月，TikTok 成为全世界下载量最多的 App。Facebook 创始人马克·扎克伯格（Mark Zuckerberg）将 TikTok 视为重要的竞争对手。TikTok 用户平均每天花费 95 分钟在该应用上，其中有 90%的用户每天都使用 TikTok。任何企业如果想要和属于未来的消费者产生联系，那么就应该重视 TikTok 平台的营销。

3. 电子邮件营销

虽然电子邮件营销在现在看来有些过时，但它仍然是跨境电子商务企业非常重要的一个推广渠道。

现在的卖家经常忘记，在所有在线营销渠道中，电子邮件营销活动的投资回报率是最高的。电子邮件营销的成本没有上限，因为卖家有很多时候已经在无意中为电子邮件营销花钱了，例如，商店主页上设置的弹出窗口、收款页面中设置的用户邮件地址收集，以及所有的 Facebook 广告、谷歌广告和 Instagram 广告等，都有助于邮件营销的成功。

为了更高效地进行电子邮件营销，不少企业会投资一个实用的邮件营销平台，如 Active Campaign、Klaviyo、Mailchimp、Constant Contact 等。这些电子邮件营销平台每月的花费在 0~1 550 美元，具体金额一般取决于卖家邮件的订阅用户人数。

技能训练

请列举出跨境电子商务广告策划的基本步骤，并简要说明每个步骤的重要性。

项目小结

本项目围绕“跨境电子商务文案与广告策划”展开，旨在通过两个核心任务——跨境电子商务文案概述和跨境电子商务网络广告的策划与投放，使读者全面理解并掌握跨境电商文案创作与网络广告策划投放的关键知识与技能。

通过本项目的学习，学生将能够掌握相关的知识和技能，运用创新思维和良好的沟通能力，为跨境电子商务领域的文案撰写和广告策划提供有力支持。

练习思考

一、选择题

1. 跨境电子商务文案中的要素包括以下哪项？（　　）

A. 产品　　B. 受众

C. 效果　　D. 所有选项皆是

2. 跨境电子商务文案创作中使用的方法不包括以下哪项？（　　）

A. 九宫格思考法　　B. 要点衍伸法

C. 三段式写作法　　D. 拉姆齐法则

3. 广告策划的意义主要不包括以下哪项？（　　）

A. 保证广告活动的目标性　　B. 保证广告活动的计划性

C. 保证广告活动的盈利性　　D. 保证广告工作的连续性

二、填空题

1. 常见的跨境电子商务产品营销文案类型主要有以下五种：____________、____________、____________、____________、____________。

2. 一个较完整的广告策划主要包括五方面的内容：__________、__________、__________、__________、__________。

3. 广告策划可分为两种：一种是__________；另一种是__________。

项目五

跨境电子商务活动的营销

项目导读

在当今全球化的经济背景下，跨境电子商务已成为推动国际贸易增长的重要力量。然而，跨境电子商务营销也面临着诸多挑战，如文化差异、法律法规、物流障碍等。因此，深入理解全球市场的特点，灵活运用多样化的营销策略，对于提升跨境电商企业的竞争力至关重要。本项目旨在深入探讨跨境电子商务活动营销及内容营销的核心概念、策划与执行，以帮助读者全面了解并应对全球市场中的挑战。

学习目标

知识目标

◆了解跨境电子商务活动营销和内容营销的基本概念、原理和重要性。

◆掌握全球主要国家市场概况，包括市场规模、消费趋势等，并了解各国的主要节日背景和特点。

能力目标

◆能够收集、整理和分析跨境电子商务市场的相关数据和信息。

◆具备策划跨境电子商务促销活动的能力，包括节日促销、事件营销和主播营销等。

◆具备进行跨境电子商务内容营销的能力，包括内容的创作、策划和推广。

素质目标

◆培养学生对跨境电子商务的敏感性和洞察力，能够抓住市场机会，拓展跨境业务。

◆培养学生创造性思考和创新能力，能够提出独特的跨境电子商务营销策略和内容创意。

思政目标

随着互联网的快速发展电子商务已经成为一种新的商业模式。跨境电子商务作为电子商务的一个重要分支，具有无国界、无时间限制的特点，为国内外消费者带来了更多的选择和便利。在这个全球化的时代，跨境电子商务不仅仅是商业行为，更是涉及到国家经济、文化交流和国际贸易的重要环节。因此，学习跨境电子商务课程时，学生在学习跨境电子商务知识的同时，也可以更好地理解和关注国家的经济发展、文化交流以及国际关系。

任务一　全球主要国家的市场概况

任务描述

小王所在公司跨境网络营销部门在熟悉了社交媒体营销方式后，就要开始完成跨境电子商务活动营销及内容营销的相关任务了。首先，小王需要了解全球主要国家的市场概况，以及全球主要节日及其营销思路。

任务分析

出口跨境电子商务面对的是国外消费者，是否能够了解这些消费者的消费心理、消费习惯、消费取向对于我国跨境商家卖好产品、开发产品有着至关重要的意义。北美、南美、欧洲、东南亚、俄罗斯、非洲的买家都有哪些特点？这些国家和地区之间的市场状况和差异又有哪些？以下将对这些内容进行盘点。

一、全球主要国家的市场概况及主要节日

（一）北美市场

北美市场是中国跨境出口的主要市场，其中美国是世界上最大的电子商务市场之一，在线买家数量众多，在线消费能力极强，市场容量非常大。美国人不但极少储蓄，而且很多人都会办理几张信用卡进行超前消费，因此也使得美国成为全球最大的消费市场。

因为历史的原因，美国存在着大量的移民，他们来自不同的国家和地区，拥有不同的文化习俗，所以他们对市场上的商品拥有很强的接受度，非常愿意尝试和购买新产品，只要产品的质量和品质确实不错，他们就会记住这个牌子，以后有需要的时候进行重复购买。

另外，美国非常重视商标和专利，我国的跨境商家千万不要在这方面铤而走险。如果在当地建立了仓储或者售后点，还要注意环保、税务、劳工等方面的问题。美国电子商务的最大节日都集中在下半年，比如圣诞节、网购星期一、黑色星期五等，这些节日是美国电子商务平台的销售旺季，加在一起能够占到全年销售额的三分之一以上。

（二）南美市场

南美共有十几个国家和地区，大部分属于发展中国家，总人口在5.7亿左右，是跨境电子商务的一个新兴市场。随着当地互联网普及程度的日益增加，南美的跨境消费群体也在不断增长，一些年轻的南美消费者的消费能力越来越强，而且他们移动化购物的人群比例也在增长。

另外，南美人并不倾向于将资金进行储蓄，这给我国的跨境商家带来了一定的商机。只是南美的物流始终处在相对落后的状态，即便是南美洲最大的国家巴西，也只是主要的物流通路比较完善，支线物流通路还比较差。

作为世界人口大国之一，巴西近几年在支付和物流方面的基础建设正在逐步完善，基于这一点，其潜在的市场红利还是有被进一步挖掘的可能性。根据目前的调查数据，巴西人对手机和平板电脑的需求量相对较大。

（三）英国市场

英国是世界上主要的贸易国家之一，也是联合国安理会五大常任理事国之一，英国人非常具有绅士风度，无论在生活中还是工作中，都非常温文尔雅。同时英国人的计划性很强，特别看重礼仪，在产品上则比较关注细节，追求产品的质量和实用主义。

近几年以来，英国电子商务在快速发展着，网络下单和支付规模在不断刷新以往的记录。据统计，有80%以上的英国网民都在网络上有过多次购物的行为，这个比例在G20国家中是非常之高的。

做英国市场的跨境商家，可以按照英国消费者的习惯、喜好、风俗文化、消费特征等条件进行本地化的运营，了解英国的历史和节日，在这方面策划相应的活动，或许会取得意想不到的效果。

（四）俄罗斯市场

俄罗斯市场和我国市场是一个高度互补的市场，俄罗斯国内的重工业和轻工业比例严重失衡，他们对日常消费品的进口需求很大，这其中包括服装、鞋子、电子产品、配饰等。这给我国的跨境商家带来了机遇和挑战。目前俄罗斯共有1.43亿左右的人口，市场容量和规模还是很大的。

在俄罗斯市场上，支付和物流是一个障碍，由于俄罗斯人对网络支付的安全性持有怀疑态度，所以很少有人使用电子支付，仍是以现金支付的方式为主。而俄罗斯小包的时效还是在20~30天，物流体系的不完善由此可见一斑。

俄罗斯网购人数占其总人口数的2%左右，比较关注的是产品的性价比，在产品的选择上会有一定的滞后性。现在俄罗斯一些主流的消费人群也渐渐开始在线上购买商品了，这也给中国跨境商家带来了不少的机会。

这几年，俄罗斯市场在不断地发生变化，变得更加包容和开放了，这让我国跨境商家在俄罗斯市场拥有了更加深人的可能性，比如设立一些办事机构，或者寻找一些当地核心的合作伙伴进行渠道的开拓，甚至包括品牌的售后服务。

（五）日本市场

日本本土有乐天平台这样的电子商务巨头，大部分的消费者会选择在亚马逊和乐天这样的大型电子商务平台进行购物，只有极少部分会在谷歌等搜索引擎上去搜索，或者选择独立的小型购物平台。

日本网上购物的支付方式主要为信用卡和网银支付，目前使用手机上网的人数已经超过了电脑上网的人数，所以他们也会经常使用手机进行网上购物。实际上，在全球普及以前，日本人就已经开始使用 NFC 等创新型的支付方式了，以 NTTDOCOMO 为代表的移动运营商，也在手机支付产业链中占据极其重要的地位。

日本人口数量为 1.3 亿左右，是典型的月光族国家，几乎每个人都持有信用卡，互联网普及率高达 81%，网络消费意愿非常强，只要我国的跨境商家有针对性地选择产品，筛选出好的渠道，就有可能在日本市场获得成功。

（六）韩国市场

韩国的网速多年位于世界第一位，约有 80%的人活跃在网络上，而且他们当中的大部分会网购，网上购物市场非常发达。相对其他网络设施比较落后和网购习惯尚处于培养阶段的国家而言，韩国市场相对容易进入一些。

韩国女性人口在 2 500 万以上，是跨境网购消费的主要群体，女性服装、美妆、饰品等，都是很受欢迎的产品。不过韩国人的在线支付方式比较封闭，一般只使用韩国国内银行，Visa 卡和 MasterCard 用得很少。

二、全球主要节日及其营销思路

（一）一月

关键词：元旦、春节和元宵节。

1. 元旦（1 月 1 日）

元旦为全球性节日，当日为世界多数国家的法定假日，放假天数则依各地民情而有所不同。不过由于西方国家前两个月的节日过于密集，开支预算基本用完，因此消费能力疲软。主推产品：贺卡、礼品、电子产品、饰品、运动服饰。

2. 春节和元宵节

春节和元宵节是我国人及全球华人的节日，与年货、吃、送礼、聚会等关键词相关的都是热卖品。主推产品：厨房用品、酒、保健品、老年人用品、茶叶、服装、鞋帽、珠宝、彩灯、婴幼儿用品、消费类电子产品。

在国外 1 月份也是旅游和健身的高峰，与之相关的产品也属于热销品；1 月冬季服装打折，因此也是服装的销售旺季。

（二）二月

关键词：林肯诞辰、情人节、总统日、超级碗、学生返校季。

1. 超级碗

超级碗一般在每年 1 月最后一个或 2 月第一个星期天举行，那一天被称为超级碗星期天（Super Bowl Sunday）。超级碗多年来都是全美收视率最高的电视节目，并逐渐成为美国一个非官方的全国性节日。另外，超级碗星期天是美国单日食品消耗量第二高的日子，仅次于感恩节。很多球迷会举行超级碗聚会，邀请家人朋友在一个超大电子商务屏幕前聚餐。超级碗星期天实际上已经成为很多美国人的假日。

促销策略：大赛前几周，卖家可以通过邮件创建“超级碗”销售目录，通过发送邮件来吸引访客量。可以在微博、Facebook、YouTube 等社交网站上录制视频发布，同时进行点评、有奖竞猜等来吸引关注进行引流。

2. 林肯诞辰（2 月 12 日）和总统日

总统日定在每年二月的第三个星期一。它与林肯诞辰这两个节日与阵亡将士纪念日、感恩节等享有同等地位。每年的这个时候，美国人都会用一些特殊的方式来重温历史，缅怀他们心中备受尊敬的伟大总统，学校和家长也会在这一天对孩子进行爱国主义教育，让他们了解和熟悉美国的历史。这两个节日也是传统的零售商促销日，电子商务和实体店都进行促销。

3. 情人节（2 月 14 日）

情人节又叫圣瓦伦丁节或圣华伦泰节，是西方国家的传统节日之一，起源于基督教。卖家可以发送一封情人节邮件，推荐一款男士礼物和一款女士礼物，过多的产品推荐会让人产生选择恐惧；同时在社交网站上有奖评选出最佳情侣照等方式来吸引用户进行引流。主推产品：服装、鞋帽、包、护肤品、珠宝、巧克力、鲜花、有纪念意义的物品。

4. 学生返校季

返校季是服装鞋类的一个热卖季节，也是手机、消费电子产品、办公用品、运动用品的一个热卖月。

案例链接

大润发：告白小票

爱情不只是浪漫的风花雪月，还有生活每日里平淡的茶米油盐酱醋茶。大润发作为大型连锁综合超市的代表，在情人节节点上也和消费者们互动起来。2 月 11 日，大润发在微博上发布活动，评论即有机会在情人节当天领取礼品，有对象的送两桶大润发的荟尚油酸多花生油，寓意着一起下厨；单身的送两袋大润发的荟尚五常大米稻花香 2 号。到了情人节当天，大润发又和消费者互动起来了，在线下可以用购物小票上商品名称的字组成小票情书，在线上可以扫二维码定制“告白小票”，如图 5-1 所示。

图 5-1　大润发：告白小票

烟火气的文案，让大润发成为超市营销圈里的一匹黑马，如今“购物小票情书”又再次让消费者感受到大润发十足的创意。而从大润发抽的礼品来看，既然是超市，那就送带着好寓意的最实在的米和油，奖品和品牌定位相符，接地气有烟火气，又赢得了一份好感。只要有爱，即使在柴米油盐里也能看见浪漫。

（三）五月

关键词：劳动节、母亲节、护士节。

1. 劳动节（5 月 1 日）

国际劳动节又称五一国际劳动节、国际示威游行日（International Workers' Day 或者 May Day），是世界上 80 多个国家的全国性节日，也是全世界劳动人民共同拥有的节日。

2. 母亲节

母亲节是一个为感谢母亲而庆祝的节日，世界各地的母亲节日期有所不同。时尚饰品、珠宝产品、箱包产品、化妆品、贺卡会随着母亲节的到来而变得销售火热，保健品、养生产品、纯天然产品也会在此时得到热卖。

3. 护士节（5 月 12 日）

国际护士节是为纪念现代护理学科的创始人弗洛伦斯·南丁格尔于 1912 年设立的节日，其基本宗旨是倡导、继承和弘扬南丁格尔不畏艰险、甘于奉献、救死扶伤、勇于献身的人道主义精神。卖家可以主推一些跟护理相关的医疗器械类产品。

（四）六月

关键词：儿童节、世界环境日、父亲节。

1. 儿童节（6 月 1 日）

儿童节是全球儿童最开心的节日，这一天儿童可以疯狂地玩，可以收到各种各样的礼物。儿童节热卖产品有玩具、游戏类周边产品，近几年乐器也很受推崇。另外卖家也可以结合自己的产品创建一个主题鲜明的官网，整个网站上只销售一款产品，而这款产品只用一句口号，那就是“让爸爸妈妈放心（Peace of Mind）”，整个网站的设计只体现一个主题，那就是“孩子”。

2. 世界环境日（6 月 5 日）

世界环境日主推环保产品。

3. 父亲节

许多新手爸爸都愿意把更多的精力投到孩子身上，对于成为完美父亲的责任感甚至比母亲更加强烈：大部分的年轻爸爸会上网搜索育儿信息。主推产品：剃须刀、领带、香水、袜子、护肤品、平衡车、电子产品、手机、电脑、户外产品。

空调等制冷电器开始热销，手机、消费电子产品、桌球、户外用品销售比较火热，如防晒霜、太阳镜、浴巾、充气游泳池、泳装、烧烤用品、户外帐篷、睡袋、登山鞋、登山包、航拍器。

（五）八月

关键词：中秋团圆、月饼、灯笼、赏月。

中秋节是中国重要的传统节日之一，代表着家庭团圆和丰收。这个节日是围绕月饼、灯笼、赏月和家庭聚餐的。8 月 15 日是中秋节的正日，家家户户都会准备各种美食，尤其是各种口味的月饼，以庆祝这个特殊的节日。

主推产品：月饼礼盒、传统灯笼、赏月望远镜、中秋装饰品

在中秋节期间，月饼礼盒是热销产品之一，消费者会购买各种口味的月饼送给亲朋好友。同时，传统灯笼和赏月望远镜也是受欢迎的产品，让人们在夜晚欣赏明亮的月亮时更加有气氛。中秋装饰品，如挂饰、彩灯等，也能为节日增添浓厚的氛围。

此外，中秋节也是家庭聚餐的好时机，因此与节日相关的食材和餐具也会有一定的销量增长。卖家可以抓住这个商机，推出与中秋节相关的美食和餐具产品。

（六）十一月

关键词：双十一购物狂欢节。

双十一购物狂欢节简称双十一，是所有电子商务卖家的狂欢节，需要提前做好宣传及库存。目前“双十一”在国外的影响也越来越大，很多电子商务平台在这一天都会有促销活动。

（七）十二月

关键词：新年夜。

随着年末的来临，新年夜的氛围愈发浓厚。这个特殊的夜晚，不仅是家人欢聚一堂、朋友把酒言欢的美好时光，更是企业与客户深化关系、传递新年祝福的绝佳机会。

新年夜，公司可以举办线上或线下的庆祝活动，邀请客户参与，共同迎接新的一年的到来。此时，可以推出一些与新年主题相关的产品，如新年装饰品、新年贺卡、新年主题的文具和办公用品等。

除了以上节日相关的产品推广外，冬季取暖设备也是这个季节的热销商品。无论是作为礼物还是自用，公司可以根据市场需求，适时推出这些产品，满足消费者的需求。

技能训练

许昌某发制品有限公司成立于 2003 年，是一门专门从事发制品生产和销售的企业。公司主要经营项目有毛发、化纤发、工艺发条、假发等，产品主要销往东亚、北美、南美、欧洲、非洲等地区。公司以“诚信、创新”为宗旨，以“质量第一、客户至上”为公司经营理念，产品以独特的设计、上乘的质量赢得了国内外的一致好评。为了开拓国际市场，扩大公司和公司网站的知名度，该公司打算采用节假日营销的方式进行公司产品的推广。

请帮助该公司选择合适的活动日，并说明原因和活动特点。

____

____

任务二　跨境电子商务促销活动

任务描述

小王所在公司的跨境营销部门在了解了全球主要国家的市场概况及主要节日情况之后，就要完成跨境电子商务活动营销的任务了。通过本次任务，学习跨境电子商务活动营销的常识、活动营销策略及基于节假日的活动营销策略。

任务分析

一、节日促销策划

（一）节日促销

节日营销是非常时期的营销活动，是有别于常规性营销的特殊活动，它往往呈现集中性、突发性、反常性和规模性的特点。

每年的节日季都是零售商最重要的销售时机，对于部分零售商而言，这期间的销量甚至能占到全年销量的20%。鉴于节日季是提升销量及获取新的长期客户的有利时机，跨境电子商务卖家有必要提前做好营销计划。一个好的营销计划是节日促销成功的基础，节日促销通常贯穿了节前、节中、节后。

（二）制定节日促销方案

1. 国外主要节日季

在国际市场中，节日季不仅是提升销售业绩、吸引新长期客户的重要契机，更是企业推广自身产品的黄金时段。因此，为了更有效地把握节日季的商机，卖家需深入了解其主营业务所涉及的市场和地区的主要节日季。具体而言，卖家应首先关注并研究当前流行的促销节日，如感恩节、元旦等，以便在这些节日期间实施精准的营销策略。特别需要注意的是，在一整年中不要只关注热门节日，还要多了解一些国外新流行起来的节日或是地方特殊性节日，如在感恩节之后紧跟着的“网络星期一”（Cyber Monday），就是感恩节购物促销活动的延伸活动，类似于“双十一”；美国运通推出的“小型企业星期六”（Small Business Saturday），通常在感恩节之后的周六，鼓励人们到小企业进行消费，以便让美国本土的小企业发展，其宣传图如图 5-2 所示。

图 5-2 “小型企业星期六”宣传图

2. 提前规划营销策略

确定在哪些节日制定推广计划后，企业就需要开始让计划运转起来，至少要提前一个月规划节日促销策略，包括提前了解目标受众、设置合适的营销工具、测试创意策略等。提前了解目标受众，有助于更好地制定推广内容，有针对性地使用营销工具。设置合适的营销工具，如在节日前推广以节日为主题的鼓励措施，并承诺在节日期间给予奖励和折扣，提前积累一些客户流量，或是结合主播营销，与博主合作，发布一些与节日产品有关的视频等。测试创意策略，能避免在节日期间出现不必要的问题。

3. 提供与节日主题相关的商品和内容

正式开始节日策划的第一步就是综合节日主题以及店铺主营的商品选择最适合在节日期间销售的商品。卖家可以从宏观到微观逐步进行选品。首先，卖家可以考虑选定一个大方向，即在节日期间一定会热卖的商品，这些爆品通常会跟节日的特色一致，是消费者在节日期间最有可能购买的东西。以圣诞节为例，服装类、装饰品类、圣诞礼品类商品都是一定会热卖的。其次，就是选择具体的品类，选品的最终目的就是找出有哪些商品是消费者在节日期间最想要的，哪些产品又是卖家正想要销售的，达到这两者的平衡，就是选品的最高境界。

选择好要在节日期间主推的商品后，就要为节日营销创造内容。有许多营销工具可供选择，如广告语、横幅、网页、照片、社交媒体上的图片等，这些都将有助于店铺的营销推广活动。除了对店铺进行装饰，卖家还要对商品进行相应的包装，并且让消费者知道，在节日结束之后，这些商品将不再销售或者至少要等到第二年，这样会让他们感受到商品的稀缺性和购买的紧迫感。此外，还可推出特别的节日礼品套装，将店铺的几款商品打造成套装形式，这样不仅可以创造新的销售价值，而且可以增加平均订单规模。推出节日限定商品也是不错的选择，挑选出几款店铺畅销品，然后将它们打造成符合假日季的装扮。店铺装饰示例如图 5-3 所示。

图 5-3 店铺装饰示例

4. 设计节日优惠券

优惠券或者直接打折是节日促销常用的手段，优惠券包括代金券、折扣券、满减券等。然而，总是会有顾客忘记使用优惠券，或是因为优惠券设计不合理导致顾客不满甚至最终放弃交易，所以定制好节日期间的优惠券是非常重要的。商家需要考虑如何让用户了解到全部的信息，即用户可以通过什么渠道了解有优惠券可用、如何获取优惠券、购买的商品是否达到用券额度等，这就需要商家对优惠券进行一定的设计。

优惠券的最终解释权归商家，商家要控制优惠券的发放成本，在设计上就要把优惠券放在醒目的位置，从而提高优惠券的使用率。消费者最想了解的一定是如何获取优惠券、如何实现优惠券最大的效果等。因此，商家在设计优惠券时也要充分考虑到这些因素，如通过将折扣自动显示在价格上的形式，这样顾客就不会错过促销活动，可直接显示优惠后的价格。在设计优惠券时，除了以上提到的方式，为了提高促销效果，让消费者明白哪些商品有优惠，在产品表达的过程中商家有必要增加一些活动标签、同类商品聚合等。

5. 利用社交媒体营销

虽然人们可能已经对促销的信息感到疲劳，但这不代表不需要做广告。利用电子邮件与客户保持联系在国外是一种公认较好的宣传方式，数字营销公司 Conversant 的最新研究显示，当消费者在 9 月收到过促销信息后，他们在“黑色星期五”和“网络星期一”期间购买产品和服务的可能性是平时的三倍。在节前，商家就可以设计好节日预告的电子邮件并发给消费者，吸引潜在的客户。但应注意，商家需要花时间设计高度个性化的电子邮件，因为在假日期间，消费者的邮箱会收到五花八门的邮件，所以要设法想出一个独特的、有趣的邮件标题，让订阅者有兴趣点开邮件并阅读。另外，可以根据用户的地理位置、以往的购买历史和总体电子邮件参与度将他们进行区分，有针对地修改邮件内容。图 5-4 为魅可（MAC）的节日打折邮件。

图 5-4　魅可的节日打折邮件

当然，也可以与知名博主合作宣传假日礼物指南、视频和帖子。但应注意的是，要与熟悉的博主合作，不要在节日期间尝试与新主播合作，因为与新主播的合作需要磨合，也有可能出现各种各样的情况。请博主推广时也应注意要求博主不广泛涉猎，而是专注于店铺里最受欢迎的商品。有关网络营销的内容会在接下来的学习活动中进行具体的讲解。

6. 进行网站防护

节日促销的得失和商家网站的稳定性有很大的关联。网站的稳定性一方面体现在网速，另一方面体现在当点击量猛增时网站是否会崩溃。随着跨境电子商务移动端的发展，越来越多的消费者会直接在移动端进行消费。研究表明，手机用户是比较没有耐心的，相比于网站崩溃，他们认为网速慢是在线购物最不能忍受的部分。同时，节日期间由于促销，网站的客流量非常大，短短几分钟甚至几秒钟的网站崩溃时间，就可能给商家造成很大的损失。商家需要做好备用方案，也可以借助一些网站监测软件对网站状况进行实时监测。

7. 考虑举办线下活动

节日期间是策划线下活动的最佳时机。如果打算策划一个线下活动，应该先想清楚以下两个问题：这个活动的目的到底是什么？这个活动如何更容易接触到店铺的受众？如果只是为了举办而举办，那就毫无意义。但是如果能设定一个清晰的目标，并能通过举办一个聚会完成这个目标，线下活动就显得有意义多了。在举办活动时，参与者通常会用这个活动的标签来发布推文，企业可以利用这个标签顺势推广营销活动的其他内容，如商品及优惠信息。这样一来，参加活动的人以及他们的社交平台用户，通过这个标签看到营销内容的概率就提高了。因此，商家要有策略性地结合线上活动与线下活动。

8. 保持客户黏性

尽管许多消费者会在促销期间疯狂购物，但并不是每个人都会在节日当天购买商品。有针对性地实施一些再营销的策略，就可以追踪那些还未结账的消费者。一定会有一部分消费者已经把商品加入购物车，却止步于最后的付款。消费者放弃交易主要有三大原因：运费、找到了更划算的购物组合、缺货。商家要通过向这部分顾客发送特定电子邮件来挽回，这类邮件发送要及时，最好在消费者放弃购买的半个小时内发送，且邮件中应该带有产品图片和节日特别优惠内容，如免费送货、礼品包装和其他优惠形式等。邮件要以客户服务为中心，表示遗憾并询问其放弃购买的原因，同时要确保消费者可以在移动设备上打开邮件。另外，商家可以借助网上大量的工具，如常见的谷歌广告、Facebook 广告，来追踪客户在其他平台（如谷歌或者 Facebook 等）的访问记录，向他们再次展示产品广告。

对于在节日期间购买了产品的消费者，商家需要做的就是维持与这些客户的关系，如在客户下单之后发送感谢邮件，或适当地在邮件中放入优惠券供其下次购物使用等，但需要注意的是，这些优惠券要有一定的时限。此外，在下一个要进行促销的节日来临时，商家可以调出曾经在网站购物过的客户邮箱地址，并向他们发送促销邮件。

（三）节日促销推广操作流程

以圣诞节为例，小艾在师傅的指导下，从选品、装饰店铺、设置优惠券、向客户发送邮件四个方面来执行圣诞节营销的方案。

1. 选品

（1）在店铺所在平台查看相关产品的搜索热度。如图 5-5 所示，在亚马逊网站搜索

“Christmas”，它的下拉框会显示用户都在搜索哪些相关的产品，可以参考搜索结果。另外，亚马逊平台会为在亚马逊注册了品牌的卖家提供站内的热搜词排行榜。

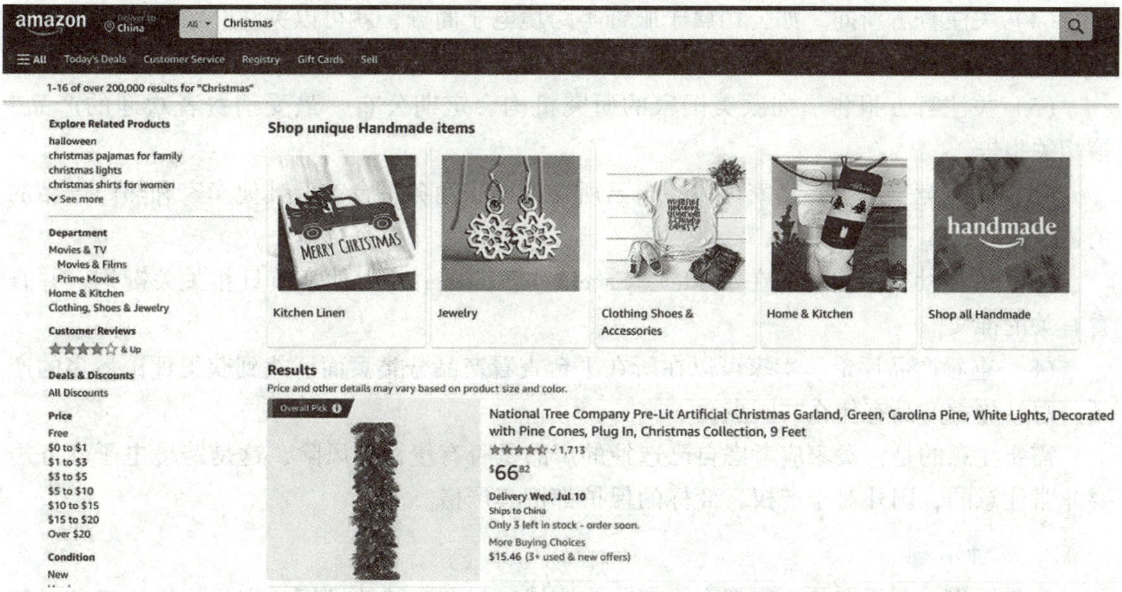

图 5-5　亚马逊搜索“Christmas”结果页面

（2）运用搜索引擎工具查看产品的搜索热度。最常用的就是 Google AdWords 工具，它可以展示谷歌用户对于产品的搜索热度。假如通过 Google AdWords 搜索“Christmas”，就会出现很多用户搜索词，从而可以判断哪些产品是用户的需求。

（3）运用选品工具查看产品热度。目前网络上有大量的第三方工具帮助卖家进行选品，如 Jungle Scout、Helium10、卖家精灵（Seller Sprite）等。以 Helium10 软件为例，具体操作如下。

第一步，在 Helium10 注册后进入主页，选择 Black Box（黑盒子）功能，此功能会根据用户的不同选择筛选出亚马逊网站上的产品提供参考。

第二步，根据店铺情况筛选产品，“Categories”是产品的类目，根据店铺经营品类选择“Clothing，Shoes&Jewelry”类别。“Monthly Revenue”是月度营业额，一般的月度营业额至少为 20 000 美元。“Price”是产品单价，可以根据需求设定，在节日期间消费者更多的是冲动型购买，一个合理的价格更容易让消费者产生购买欲望；同时，卖家之间的竞争也会更加激烈，如果单价上没有优势，就很难从竞争中脱颖而出。“Review Count”是产品的评论数，建议不要选择评论数太高的产品，因为比较难以和热门产品竞争。“Review Rating”是产品评价星级。“Shipping Size Tier”是产品的大小，这一个条件事实上与物流仓储成本息息相关，产品体积、重量的细微差别都会给物流仓储成本造成影响。

第三步，设定好筛选条件后点击“Search”，网站会显示出所有符合条件的产品并选择排序依据，在这里选择搜索结果“按每月收益的从高到低排序”。搜索结果显示找到符合条件的产品有 200 多件，排第一的是 crocs 的童鞋，同时网站显示了正在卖此产品的商家数、产品的价格、月销量、月度收益、在热卖榜的排名（best sellers rank，BSR）以及产品的评价星级等信息。另外，还可以点击“Download to CSV”来下载表格形式的搜索结果。卖家可以根据自己的不同需求借助网络上的选品工具帮助选品。

（4）关注查看新闻。如公司属于服饰类跨境电子商务，就可以关注介绍服饰流行趋势的新闻等信息。

（5）关注官方报告。如欧美国家的研究机构会定期公布“最受消费者欢迎的产品”等相关报告。

（6）关注竞争对手。卖家可以在自己所在的电子商务平台查看其他卖家和热门产品的销售情况。

（7）关注社交媒体。如在 Twitter、Facebook、Instagram 上搜索节日相关关键词，并查看有关的推文。

（8）查看产品评论。卖家可以在所在平台查看产品分类页面，找到获得评论最多的产品，总结热卖产品有什么共同点。

需要注意的是，卖家应考虑自己选择的产品是否有侵权的风险，这是跨境电子商务需要非常注意的，国外对于产权、商标的保护都极其严格。

2. 装饰店铺

节日期间，电子商务卖家都会重新装饰店铺，如在店铺的横幅、广告中加入有节日气息的各种元素，可以选择可画（Canva）网站为公司设计圣诞节横幅。

第一步，进入 Canva 网站，选择“电子商务 Banner”功能。

第二步，在搜索栏输入“Christmas”关键词，Canva 提供了非常多的相关模板，可根据需求选择合适的模板进行设计和修改。

第三步，点击“下载”按钮就可以将横幅以图片形式下载并使用到店铺中了。注意，若将横幅用作商业用途，就要对使用的字体支付版权费用。

3. 设置优惠券

每个电子商务平台或者独立站都有设置并发放优惠券的功能，设置方式大同小异。以亚马逊平台为例。在亚马逊后台打开“Advertising”→“Coupons”功能，就可以对已经设置的优惠券进行管理。也可以重新创建优惠券，点击“Create anewcoupon”进行创建。接下来，就可以对优惠券进行详细的设置。

第一步，添加需要设置此功能的亚马逊商品的编码标识（amazon standard identification number，ASIN）。一个优惠券一次最多可以添加 50 个 ASIN，可以是 50 个父 ASIN，或者 50 个子 ASIN，或者 50 个混合 ASIN。当把需要设置的产品搜索出来后，点击产品右侧的“Add to coupon”，把此产品添加到右侧待设置区域。当然，也可以对已经添加到右侧的产品进行“Remove”操作。设置好后，点击“Continue to next step”进行下一步。

第二步，设置折扣类型和力度、优惠券使用方法和用于优惠券的预算。折扣（discount）类型可以设置现金折扣（money off）或者百分比折扣（percentage off），折扣力度要求是 5%~80%。优惠券使用方法具体指设置每一个客户可使用优惠券的次数，一人一次或是多次。预算（budget）主要用于支付此商品的折扣优惠，预算费用包括打折部分和每次成交亚马逊收取的 0.6 美元，预算用完，优惠券就会下线。例如，一个产品售价 10 美元，折扣优惠 3 美元，假设预算是 36 美元，那么每次成交消耗 3.6 美元，10 次成交后优惠券即下线。设置好后，点击“Continue to next step”进行下一步。

第三步，设置优惠券的名称、面向的消费群体和使用日期。为优惠券设置一个简洁的名称，定义优惠的商品，这是展示给客户看的。根据需要，优惠券面向的人群可以是所有人，也可以是精准的客户群体，如只对 Prime 会员开放的、只对学生会员开放的以及只对家庭会员开放的（图 5-6）。设置开始日期和结束日期，优惠券的最长有效期限为 90 天。设置好后，点击“Continue to next step”进行下一步。

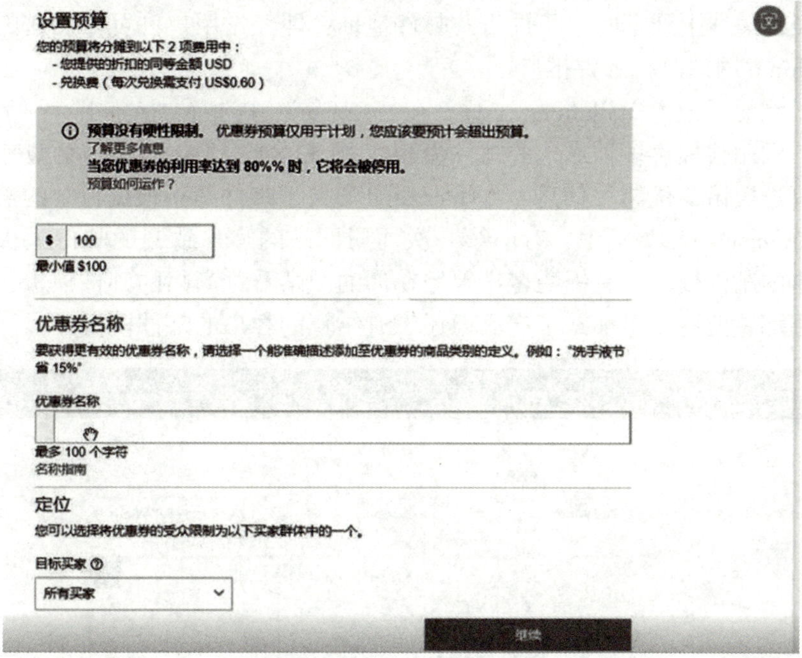

图 5-6　设置优惠券的名称和面向的消费群体

第四步，进行预览之后，如果没有问题，就可以提交给平台等待生效。如图 5-7 所示。

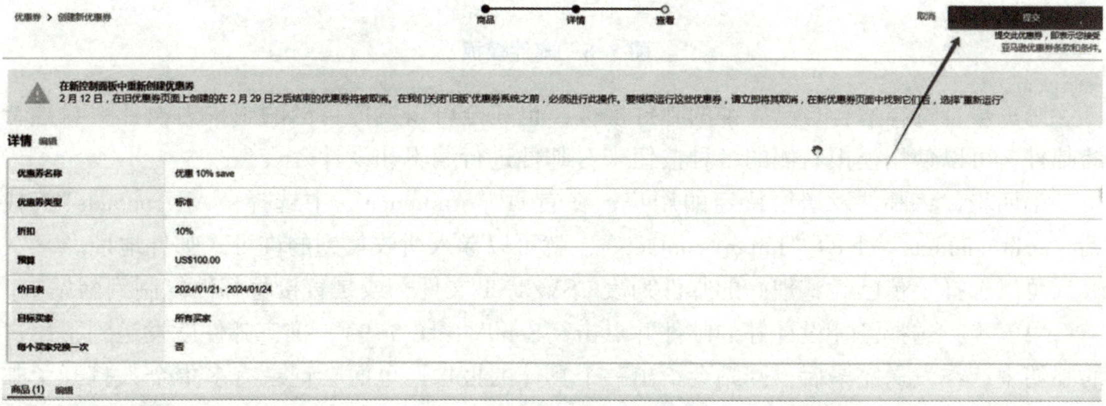

图 5-7　提交平台等待生效

4. 向客户发送邮件

目前，网络上有各种各样邮件推广的软件，如 Constant Contact、Mailchimp、Klaviyo、AWeber 等，商家可以借助这些软件来辅助自己的节日营销。Constant Contact 软件易于使用且非常适合初学者，其提供线上培训和线下研讨会，可方便小企业快速学习邮件营销基础知识；通过 Constant Contact 可以管理邮件列表、联系人及邮件模板等，每个账户附赠邮件追踪和报告，内置社交媒体共享工具。Mailchimp 也向商家提供邮件创建、标签分类、自动回复、联系人分组以及简单的邮件追踪和数据分析等功能。Klaviyo 软件则在细分用户方面做得很出色，它通过分析用户的购买、付款、放弃购物车等种种行为来做用户细分。

小艾已经通过线上线下收集了许可式邮件地址，即经过用户许可才发送的邮件。小艾选择了 Mailchimp 网站进行邮件推广。

第一步，注册后进入 Mailchimp 主页。在“Create”中选择“Email”。

第二步，网站会提供多种形式的邮件模板（图 5-8）。“Regular”类型邮件是指定期向订阅客户发送资讯、优惠等信息。“Automated”类型邮件是指根据特定的需求发送的邮件，在“E-Commerce”类别中，有向第一次注册网站的客户致谢的邮件模板，有向特定客户发送优惠的邮件模板，有提醒客户曾经在你的网站看过产品的邮件模板，以及小李选择使用的提醒那些购物车里加购了产品但还没有结算的客户的邮件模板等。

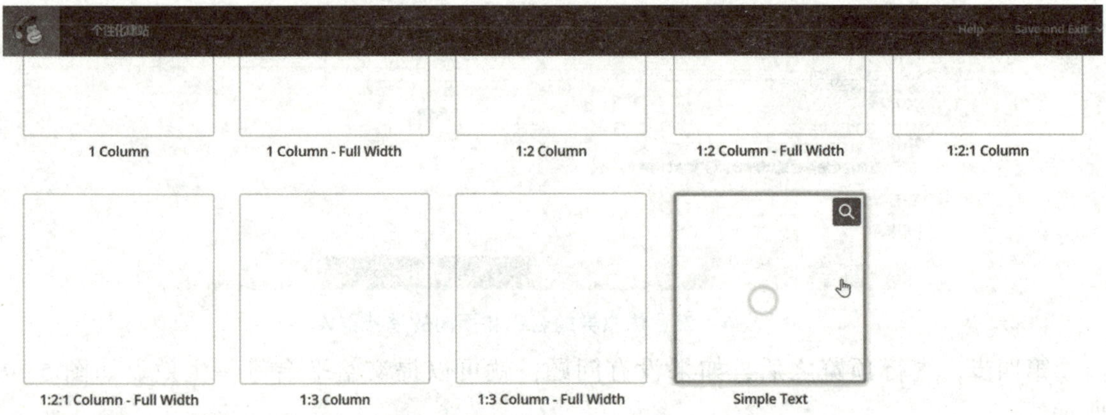

图 5-8　邮件模板

第三步，选择适合自己店铺的邮件模板，也完全可以发挥自己的想象力设计一封独特的邮件。可以使用模板右侧的各种按钮来对邮件进行编辑和设计。

第四步，将邮件发送给特定的用户，在首页“Audience”中选择“All contacts”，找到“Add contacts”下的“Import contacts”，就可以导入所收集到的许可式邮件地址。

可以选择上传已经整理好的邮件列表 CSV/TXT 文件，或是直接将邮件复制到网站中。

第五步，选择已经设计好的邮件并点击“Send”（图 5-9），推广邮件就发送到了用户的邮箱中。在发送完毕后，网站会给出一个具体的报告，里面会记录有多少个人打开了邮件，如果邮件里附带链接，报告就会显示有多少人点击了链接。报告里包含很多的数据信息，可以根据需要查看对应的数据。在“Campaigns”下的“Reports”可以看到这些报告（图 5-10）。

图 5-9 点击“Send”

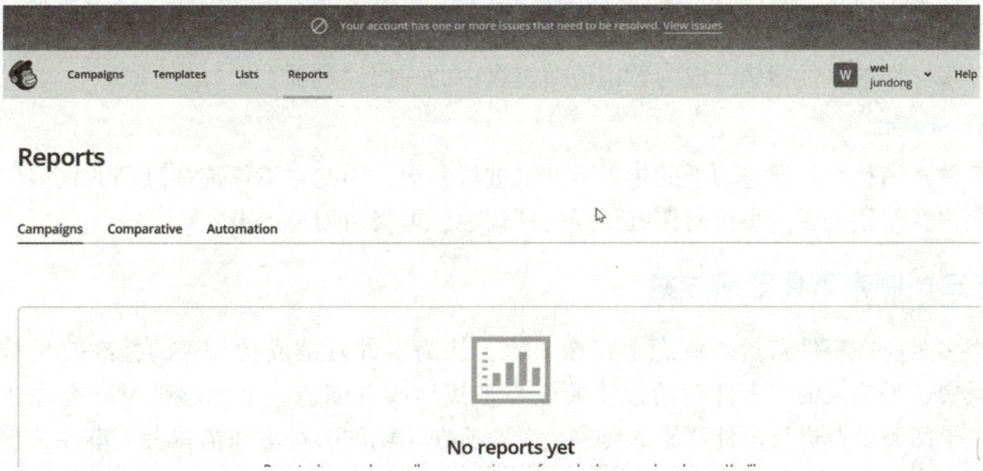

图 5-10 Reports 查看报告

二、事件营销策划

（一）事件营销

事件营销在英文里叫作“event marketing”，国内把它直译为“事件营销”或者“活动营销”。事件营销是企业通过策划、组织和利用具有名人效应、新闻价值以及社会影响的人物或事件，引起媒体、社会团体和消费者的兴趣与关注，以求提高企业或产品的知名度、美誉度，树立良好的品牌形象，并最终促成产品或服务的销售目的的手段和方式。

事件营销是一种十分流行的公关传播与市场推广手段，它集新闻效应、广告效应、公共关系、形象传播、客户关系于一体，并为新产品推介、品牌展示创造机会，是建立品牌识别和品牌定位，快速提升品牌知名度与美誉度的营销手段。

（二）事件营销的特点

1. 目的性

事件营销应该有明确的目的，这一点与广告的目的性是完全一致的。事件营销策划首先就是要确定自己的目的，然后明确通过哪些新闻或事件让大众关注产品。

2. 风险性

事件营销的风险来自媒体的不可控制和大众对新闻或事件的理解程度。虽然企业的知名度扩大了，但如果市民得知了新闻或事件是企业为了达到宣传目的而用的，就可能对该企业产生一定的反感情绪，从而伤害到企业的利益。

3. 低成本性

事件营销一般通过软文形式来表现，相对于平面媒体广告来说，其成本要低得多。事件营销最重要的特性就是利用现有的非常完善的新闻体系来达到传播的目的。

4. 多样性

事件营销具有多样性，它集新闻效应、广告效应、公共关系、形象传播、客户关系于一体。多样性的事件营销已成为营销传播过程中的一把“利器”。

5. 新颖性

事件营销往往是通过当下的热点事件来进行营销，因此它不像许多过剩的宣传广告一样让用户觉得很反感。事件营销有很强的新颖性，可吸引用户点击。

（三）制定事件营销方案

很多企业在事件营销的概念上存在误解，认为事件营销成功与否的标准就是是否轰动，其实这是错误的。事件营销策略的核心是找到或者创造一个能够吸引顾客注意的事件，电子商务企业进行事件营销的对象是企业所在领域的那些潜在消费者。事件营销方案的框架如图 5-11 所示。

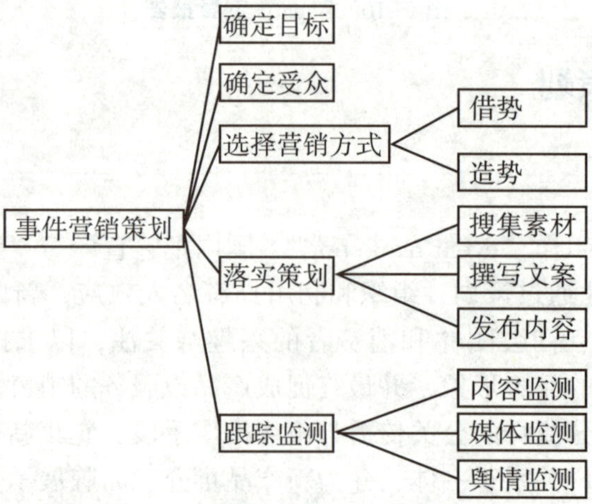

图 5-11　事件营销方案的框架

1. 确定目标

如今的事件营销，面临着事件的把握与制造、风险的规避与控制等许多问题，企业只有制定明确目标，才能实现战略的成功。目标的确定不能脱离品牌的核心理念，其中要考虑的主要是公众的关注点、企业的诉求点和事件的核心点三个方面，要做到三位一体。

事件营销的目标必须以事件策划者的产品类型、目标市场、潜在顾客等为依据。一般而言，有以下几种目标方向：向受众提供信息；使受众产生购买欲望；强化品牌形象。在跨境电子商务企业发展的初始阶段，事件营销的功能重点是向受众提供信息以及使受众产生购买欲望。企业发展到一定阶段后，就可以考虑以事件营销来强化自己的品牌形象。

2. 确定受众

事件营销的目标受众应该非常明确，是产品的潜在消费者。企业需要考虑的是潜在消费者是否关注了这个事件，能否通过事件营销将潜在消费者转化为长久的客户。

3. 选择营销方式

跨境电子商务卖家在运用网络作为传播平台的时候，自然要充分考虑网民喜欢什么样的内容。只有消费者喜欢的内容才能够保证宣传效果，自说自话地发布广告内容，不但会被网站当作垃圾广告迅速删除，而且没有任何网民会关注。

事件营销可以用两种方式切入：一种是借势，即及时地抓住广受关注的社会新闻、事件以及人物的明星效应等，结合企业或产品在传播上欲达到的目的而展开的一系列相关活动，也就是现在所说的“蹭热度”；另一种是造势，即主动制造出能广受关注的社会新闻、事件以及人物形象等，结合企业或产品在传播上的目标而展开的一系列相关活动。

（1）借势

在没有好的传播点的时候，卖家就需要及时保持对社会热点和网络热点的关注，一旦发现良好的传播契机，就可以快速结合并加以宣传。一方面，可以借助明星或者热点人物进行宣传，因为当消费者不再把价格、质量当作购买顾虑时，利用明星或热点人物的知名度去加重产品的附加值，可以培养消费者对该产品的感情、联想，并赢得消费者对产品的追捧。另一方面，可以利用社会上有价值、影响面广的新闻，适时地将其与自己的品牌联系在一起，达到借力发力的传播效果。还可以借助赞助、冠名等手段推广自己的品牌或者产品。

（2）造势

当跨境电子商务卖家能通过研究互联网传播形态，找准网民感兴趣的内容，成功制作出广受关注的热点事件或新闻时，就是所谓的“造势”。制作出热点后，就可以与相关媒体合作，发表大量介绍和宣传企业的产品或服务的软性文章，以理性的手段传播自己。目前，这类软性宣传文章已经大范围、甚至大版面地出现在各种媒体上。卖家还可以组织策划一系列宣传活动，吸引消费者和媒体的眼球，并宣传推广自己的产品。另外，卖家可以为自己的产品或服务创造出一种“新理念”或“新潮流”。

4. 落实策划。

前期策划很重要，好的策划必须落实到好的执行，否则创意再好，但执行不到位，照样是“竹篮打水一场空”。

（1）搜集素材

优秀的营销策划，从素材的搜集开始，企业就要做好精心的准备，就要针对宣传的产品搜集相关的素材。一方面要保证素材累积的数量足够，另一方面要保证素材的质量上乘。例如，当素材是照片时，不要直接使用广告图片或者网络图片，策划应该专门为宣传活动拍摄照片。

（2）撰写文案

前一个学习任务已详细介绍文案撰写的方法，这里联系事件营销做一些补充。

对于跨境电子商务文案来说，文案标题决定60%的点击率，文案正文决定30%的点击率，回帖则会决定另外10%的点击率。

利用事件营销造势或借势，需要一个极具诱惑力的标题。文案一般可设置疑问型标题，这种标题最直接，可以直接匹配搜索引擎中消费者问的问题；也可设置故事型标题，通过讲故事分享观点，引起消费者的共鸣；也可设置数字型标题，一般是提示、归纳和总结，如“30 分钟内教你一个化妆小技巧”。

正文的内容需要切合推广的主题，在功能上要保证能被各大搜索引擎搜索到，所以就需要在正文中适当地提到关键词。卖家可以充分利用各个搜索引擎的关键词工具，从搜索热度、点击率、长尾关键词和类似关键词等各方面筛选出最有价值的核心关键词，这样能提高本网页被搜索引擎收录的概率，提高 SEO 排名。

（3）发布内容

如何将合适的内容发布到合适的版块？你熟悉每个平台的特性吗？你熟悉每个平台的什么版块最有人气吗？你熟悉每个平台的哪些 ID 是“主播”吗？卖家需要结合以上几个问题，综合选择一个最适合自己品牌的平台，以及最适合自己的版块。

5. 跟踪监测

（1）内容监测

要对发布内容进行严格监控，如在将所有的策划点落实到具体的执行策略上时，是否发布到了策划中想要的平台，图片素材的效果如何，文案内容是否进行了维护等。

（2）媒体监测

媒体对发布内容的推荐和转载是要重点监测的，具体包括：发布的内容；网站博主以及编辑的反馈如何；是否进行了自发推荐；推荐位置是否靠前；除了已发布的网站平台，是否还有其他平台出现相同的内容等。对媒体监测的结果大多可以作为事件营销是否成功的风向标。

（3）舆情监测

舆情能最好地反映宣传效果，卖家应该特别关注网民的反应和关注点，以及网民对文案中哪部分内容最感兴趣等。此外，还需要关注网民是否按预想的方向进行讨论，如果没有的话，需要及时根据网民的关注热点调整宣传计划。

（四）事件营销推广步骤

1. 寻找热门话题

可以借助网络上的推广工具来寻找热门话题。例如，OneSight 是一家全球社交媒体数据管理平台，提供一站式海外主流社交媒体 Facebook、Twitter、Instagram、LinkedIn、YouTube、TikTok 等的多账号管理、数据监测分析、舆情监控、一键发帖工具、热门帖文、行业权威榜单等功能。

（1）注册

进入 OneSight 主页，注册并将企业的各种社交账号与网站关联。事件营销的首要工作就是找到公众的关注点，在首页右侧“热门素材”栏中找到“热门帖文”版块。“热门话题”版块与“热门帖文”相同，区别只是把帖文按照话题进行了分类，操作步骤与之没有区别。

（2）通过关键词搜索

在热门帖文中选择想要发布软文的平台、所属的行业，并选择想要查看的排行榜，输入和企业有关的关键词，根据需求对帖文进行排序（图 5-12）。例如，输入“clothes”作为查找的关键词，按综合排序排列。

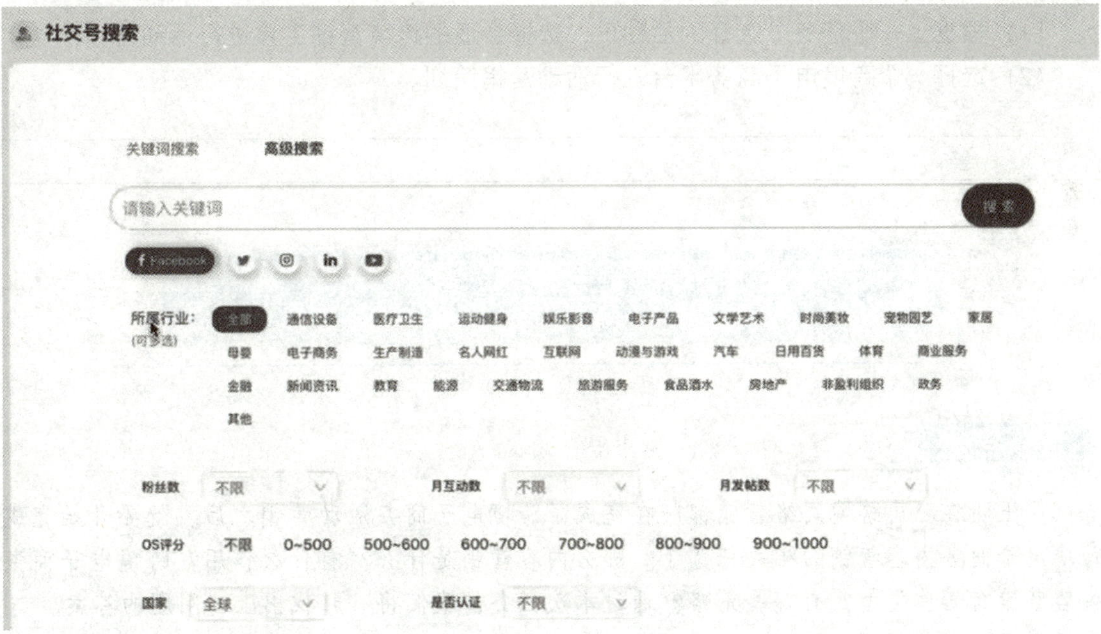

图 5-12　通过关键词搜索

（3）筛选可供模仿的事件和内容

逐个浏览被筛选出来的帖文，点击进入帖文后可以看到帖文详情、帖文数据以及相似帖文推荐。

2. 借助流量事件，制作软文帖

收集了大量的素材后，结合事件特点、产品特点、发布平台主流客户审美特点，开始制作事件内容帖。需要注意的是，工作台内容和图片应符合平台要求。

3. 发布帖文

将贴文进行发布，发布同样也可以借助 OneSight 平台。在首页右侧的“帖文发布”栏选择“编辑帖文”版块。

进入编辑页面后，即可开始编辑软文。除了文字外，还可以插入图片、视频、链接、表情、话题、商品等，另外，还能够选择“立即发布”或“定时发布”。但应遵守不同的平台的发布规则，如文字类型帖文的允许发布的文字字符数，图片类型帖文的图片大小尺寸，视频类型帖文的格式时长，链接类型帖文的标题封面等。

再次确认发布内容没有问题后，就可以点击下方的“发布”按钮将帖文发布到企业的社交主页上。

技能训练

上一个任务的职业技能训练中提到，某发制品有限公司打算采用节假日营销的方式进行公司产品的推广。请帮助该公司

（1）根据上一个任务中选择的活动日，选择合适的跨境营销工具进行活动营销；

（2）选择一个跨境电子商务平台进行活动营销策划。

____

____

任务三　跨境电子商务的内容营销

任务描述

小王所在公司跨境网络营销部门在完成了跨境电子商务活动营销之后，就要开始完成跨境电子商务内容营销的相关任务了。那么内容营销是什么？有什么作用？跨境电子商务内容营销有哪些类型？有哪些策略？通过本次任务，我们将一起找出上述问题的答案。

任务分析

内容营销已成为企业接触和吸引目标用户的热门方式。通过为目标用户提供有用的内容让他们了解产品和服务，并向他们展示这些产品和服务如何有效地解决他们的“痛点”和困难，同时又可以增加转化率、提高品牌知名度、增加收入。

一、内容营销的含义和内容营销类型

内容营销是规划、创建、分发、共享和发布内容来达到覆盖目标用户这个目的的过程。内容营销对于大部分公司来说都是一种适用且有用的策略，除了扩大覆盖面，内容营销还可以向潜在用户介绍提供的产品和服务；提升转化率；建立用户与业务之间的关系；与用户联系，向他们展示产品和服务如何解决他们的困境；营造一种品牌的社区意识。

（一）社交媒体内容营销

社交媒体内容营销拥有超过 37 亿全球用户，这就很容易理解为什么这么多企业投资于社交媒体内容营销。卖家可以通过在每个平台上创建和共享社交媒体内容，增加与用户联系的机会。

例如，巴黎欧莱雅美妆在 Instagram 上创建了品牌账号。品牌还补充了其他营销内容，在配文中加入关于产品和品牌的标签，用户不仅可以通过搜索品牌官方账号来获取信息，也可以通过搜索关键字找到相应的产品。巴黎欧莱雅在 Instagram 官方主页上上传的图片显示了产品的颜色和气味以及其他细节，精美的图片让用户更直观地感受到产品外形及色彩，让人眼前一亮。

（二）图表内容营销

图表可以更具体地表达数据内容，简单的措辞和清晰的图像，是有效传递信息的好方法。就像在电子商务平台上，商品评分的柱状图总能非常直观地告诉买家，此产品的总体评分和买家使用后的总体感受。比起文字长篇大论地描述产品性质，让买家看花了眼也感受不到实际效果，图片更简洁、更直观，让人一看就懂，阅读起来省时更省力，也会促进好产品的销量及其他产品的改进。

（三）博客内容营销

博客是一种不容忽视的强大内容营销类型。实际上，博客不是直接发布产品介绍，也不是发布公司新闻，而是获得话语权，在潜移默化中影响用户的购买决定。根据特定博客的目标，可以选择通过链接跳转到各种帖子，分享指定的社交媒体页面、合作伙伴的网站和产品，或撰写博客内容来宣传相关产品。

关于个人博客达到营销目的的例子，如原蚂蚁网首席执行官（chief eyecutive officer, CEO）麦田的博客，曾经是互联网上很有影响力的博客之一，博客对他后来创办蚂蚁网有至关重要的影响，它为蚂蚁网吸引了最初的一批用户。当时网上并没有非常多的宣传与广告，但麦田只要在博客上提到他创建的蚂蚁网，就会吸引一大批 IT 人士前去一探究竟。

关于企业博客营销的例子，比如，Expedia 有一个名为“OUT THERE STARTSHERE”的博客。该博客分享与旅行相关的信息，小到酒店推荐、独特的参观地点，大到在全球范围内开展的各种活动，都有详细介绍。

Expedia 定期发布博客内容，以此吸引用户的兴趣和参与；而且该博客是按品牌量身定制的，所有内容都与旅游科技公司的目标有关——获取用户和提升品牌知名度。

（四）视频内容营销

据了解，超过50%的消费者表示希望看到他们关心的品牌的视频。因此，卖家可以选择在社交媒体平台、网站页面或合作伙伴网站上分享视频，从而扩大在不同媒体上的覆盖面。

例如，在 YouTube 上 Dollar Shave Club 的大部分视频已经受到很多人的关注。以品牌为主题，通过幽默和娱乐的方式制作视频。通过上传在线视频的方式，Dollar Shave Club 的品牌认知度大大提高，令人印象深刻，如图 5-13 所示。

（五）付费广告内容营销

付费广告内容营销创建的有机流量在企业中越来越受欢迎。但是，并不是说付费内容广告对于吸引目标用户毫无用处。付费内容广告可以让覆盖广泛的用户群体。更具有目的性。卖家可以通过多种方式制作和发布付费内容广告，如在社交媒体上发布，或者以 Banner 图、赞助的形式在网站上发布数字广告。

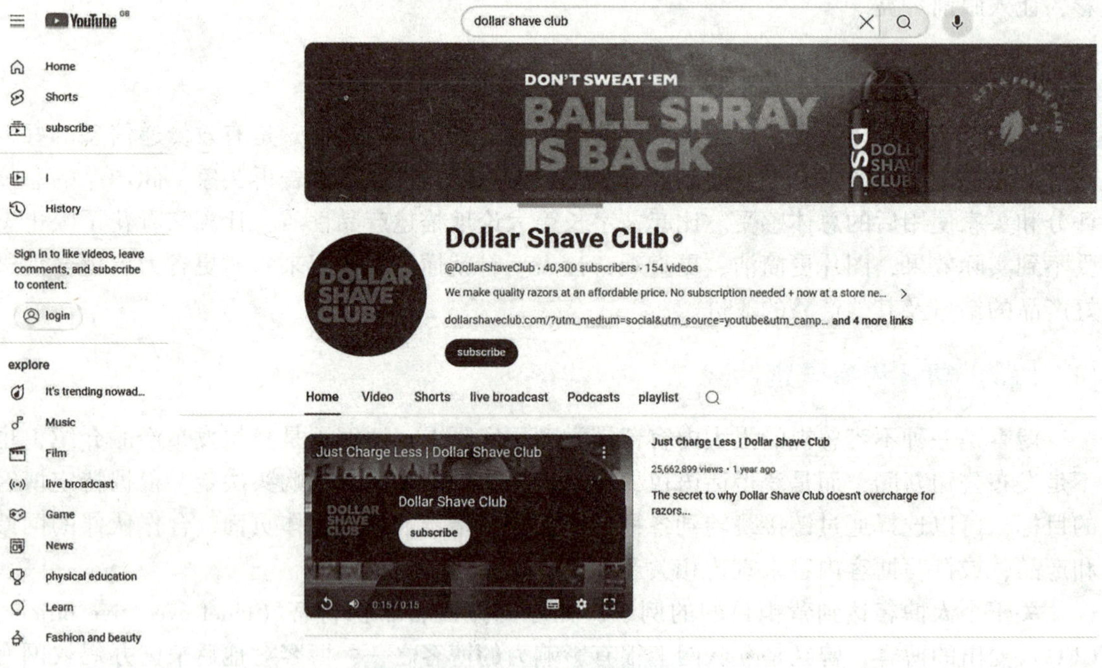

图 5-13　YouTube 视频内容营销

二、跨境电子商务内容营销策划

（一）设定 SMART 目标与确定 KPI

内容营销策略的第一步是设定 SMART 目标与确定 KPI，从而实现更广泛的营销目标和公司目标 KPI 是关键绩效指标，确定关键绩效指标有一个重要的指导原则，即 SMART 原则。其中，S 代表具体（specific），即指标要尽量做到具体，不能笼统模糊；M 代表可度量（measurable），即指标要尽量量化，不能量化的就要细化，即指标不能用数字表现的就要把它分解到最小的具体组织单位；A 代表可实现（attainable），即指标通过最大努力最终可以达成，避免设立无效目标；R 代表相关性（realistic），即指标是明确的，保证与组织的目标有一致性；T 代表有时限性（timebound），即指标须在特定的期限内完成，保证目标完成的时效。KPI 是可量化的数据点，可用于根据 SMART 目标衡量实际绩效，如图 5-14 所示。

聪明的目标	相关的kpl
品牌意识	网站流量，社交媒体关注者，订阅注册，提及（由客户和合作伙伴）
收入	每日销售，网站流量
转换	转换率，购物车放弃率，相关运费率趋势，有竞争力的价格趋势
品牌忠诚度	退回客户，促销员，产品评论，推荐
客户参与	喜欢，分享，关注，提及，反向链接
交流和信任	回头客，促销员，追随者，提及

图 5-14　根据 SMART 确定 KPI

（二）确定内容类型及选择的内容频道

选择要创建的内容类型时，首先要考虑目标用户和用户角色。一旦决定了所销售的内容类型，就可以选择特定的内容频道了。对于某些内容类型，使用的频道是显而易见的，例如，如果要创建博客内容，则频道将成为博客本身。但有些渠道不太明显，如果选择社交媒体，需要决定将在哪些平台上营销，如果选择信息图，需要决定在哪个频道上进行分享。

（三）设定预算，创建和分发内容

根据正在创建的内容类型以及营销该内容的渠道，考虑以下问题来确定大概的预算：是否需要购买任何软件或技术来创建内容，如 Photoshop 等图形设计软件；是否需要聘请任何内容团队成员，如艺术家、作家、编辑、设计师；是否需要为广告空间付费；是否需要访问特定工具或资源来增强或衡量特定类型的内容。

为确保始终如一地制作内容并在潜在用户和用户之间共享，使用各种形式的日历有助于合理安排工作。日历可以帮助团队始终掌握所有正在创建的内容和创作进度，可以根据团队的实际情况进行写作的安排。

（四）分析结果并转换

分析并衡量最后的结果非常关键，这将影响下一步决策与改进的方向，这时候卖家就需要查看 SMART 目标和 KPI 的情况。

当通过营销带来流量之后，这些流量会分成几种人群，当收看的人群种类变多，可能给卖家带来错误的判断。因此，首先要找到最核心的用户人群，再针对这个人群的细分需求进行分解去制作营销内容。而如何针对核心人群的细分需求去制作内容，重点是做好用户调查、内容制作和渠道测试这三件事情。

用户调查是全程都要做的事情，因为用户调查是内容制作的依据。当用户提出需求时，需要进行数据测试，判断是普遍需求还是个性化需求。先把内容固定下来，然后针对内容制作多角度的营销内容，投放到不同的渠道，进行数据测试。得到数据结果之后，就会知道哪些内容更受欢迎，这是一个很好筛选的过程。

三、跨境电子商务内容营销策略

跨境电子商务

（一）讲好产品和品牌故事

讲故事是一种独特的艺术，在数字经济时代发挥着更加重要的作用。现在的用户往往对故事而不是事实描述更感兴趣，这也适用于跨境电子商务业务的内容营销策略。通过图片和视频为这个带故事的内容增添趣味，让用户保持兴趣和关注度。在跨境电子商务业务中，可以在电子商务网站上为故事部分运行单独的页面，也可以简单地替换传统博客。

（二）用慈善凸显社会责任

从业务角度来看，这一举措的存在是为了寻求相当多的关注。根据当前运行的跨境电子商务业务规模，可以选择慈善合作。例如，Michael Kors 与 Watch Hunger Stop 合作，为 70 多个国家的 1 600 万儿童提供了支持，旨在消除饥饿。通过这些合作，企业能够支持社会工作，并被用户讨论，以提高社会信誉。

（三）广交合作伙伴

在线业务优于传统商业的一个原因在于，激发了一种包容竞争，甚至与竞争对手合作的趋势。电子商务业务可以通过与竞争中的企业以及其他企业合作，围绕此战略构建精彩内容。例如，与数字领域的其他成员建立合作伙伴关系可以帮助挖掘新的用户群体，并向忠于其他品牌的用户展示产品线。

（四）为用户提供免费价值

跨境电子商务业务的优秀内容营销策略将始终需要使用线下和线上资源来吸引用户的注意力。提供线下价值资源，如实体优惠券、新闻通讯、新产品试用、常见问题解答表等，可以激发用户的购买欲望，免费赠品也是一种让内容受到关注的好方式。

（五）提高参与度

当跨境电子商务网站正在规划其内容时，让用户参与其中是一个好主意。可以简单地询问他们对下一篇博客文章的建议，或关于他们可能希望在线网站上看到的功能的建议。这样做会让用户感到自己很重要，并且在取得用户信任的同时促进业务的开展。

四、跨境电子商务内容营销案例

（一）户外用品 REI：YouTube 户外爱好者频道

全球较大的户外用品连锁零售公司（recreational equipment incorporated，REI）目前的规模相当于国内较大的户外用品零售公司的 50 倍，其直营分店面积超过 10 000 平方米。同时，REI 也是为目标用户赋予内容的典范。

REI 的 YouTube 户外爱好者频道提供了 500 多个实用的视频，回答了 112 305 位订阅者有关户外探险各个方面的问题，还有关于运动和旅行活动、目的地、野营食谱、操作方法、维修等方面系列文章。

在这些视频里，社区成员可以找到下一次冒险的灵感和信息；更重要的是，REI 的品牌价值遍布视频。特别是短片 REI Presents 获得超过 100 万的观看次数，传播着鼓舞人心的故事、环境管理和户外生活方式。户外用品视频内容需要注意以下几点。

（1）视频不必太长，只需提供所需的信息即可。

（2）减少营销信息，专注于教学技能和实操。

（3）谈论利基市场中的所有内容，以吸引更多受众和订阅者。

（二）美妆类 Glossier：从美妆博客发展成企业

美妆直营品牌 Glossier 起初是一个向美容行业发起挑战的博客。创始人 Emily Weiss 能够创建一个新的美妆品牌，肯定有她的与众不同之处。

如今，作为一个成功的品牌，Glossier 仍然拥有运行博客时所获得的非常规美妆见解以及在其他社交媒体上的强大影响力。该品牌的理念“护肤第一，化妆第二”在视觉和书面内容中随处可见。

不过，更引人注目的是在 YouTube 上与 GetReady WithMe 的红人合作。所有具有远见卓识的化妆品品牌都应该与 YouTube 红人合作，因为这是展示产品的较佳方式。

Glossier 的系列都很不错，因为它可以展现出用户的美妆日常，这完全符合它的口号“现实生活中的美妆产品”。大多数品牌会选择对普通职业女性来说太过花哨的款式，但 Glossier 仍紧贴目标市场。美妆类视频内容需要注意以下几点。

（1）不要只是复制，应该持续产出更受用户欢迎的内容。

（2）通过内容，始终保持品牌的新鲜感。

（3）使用渠道报告可衡量内容对网站的转化影响。

（4）需要监控用户与内容页面的交互方式，并使用这些第一手数据来进一步定制交流方式。

（三）箱包类 Away：面向小众买家的小众杂志

箱包直营品牌 Away 有自己的独立杂志，就像在飞机上前方座位口袋中的杂志一样。在旅游行业中，这是一种合理的内容形式选择。但真正有趣的是，它以此种聪明的方式锁定了现代、时髦、老练的用户。箱包类视频内容需要注意以下几点。

（1）不要害怕展示品牌声音。

（2）与商店平台分开的内容媒体可能是一个很好的参与方式。

技能训练

某工艺品有限公司是一家大型的草柳编加工和生产厂家，产品主要包括柳篮、柳筐、洗衣篓、仿古筐、圣诞筐、宠物筐、水果筐、储物篮等，适用于家居生活和宾馆等场所。产品设计新颖、独特，花色细腻，主要出口英、法、美、西班牙、意大利等欧美国家，以及中东和东南亚等地区，深受海外客户喜爱。

请帮助该公司完成跨境电子商务内容营销过程中相关任务的实施，制作一份跨境电子商务内容营销推广方案。

____

____

项目小结

本项目首先介绍了全球主要国家市场的概况，涵盖了消费趋势、市场规模、竞争态势及政策环境等多个维度；其次介绍了跨境电子商务的促销策略，涉及折扣促销、满额优惠、会员积分等多元化手段，并基于实际案例进行了效果评估；最后介绍了内容营销在跨境电商中的核心地位，详细阐述了内容策略的制定、内容创作的要点以及传播渠道的选择。

通过本项目的学习，读者将获得专业知识和实际操作经验，提升对跨境电子商务活动营销及内容营销的理解和应用能力，进而引导用户在全球市场中取得更好的业绩。

练习思考

一、选择题

1. 以下哪个不是全球主要节日之一？（　　）

A. 圣诞节　　B. 感恩节

C. 中国春节　　D. 德国嘉年华节

2. 跨境电子商务内容营销中，以下哪个不是一种常见的类型？(　　)

A. 社交媒体营销　　B. 视频营销

C. 文字广告营销　　D. 媒体采访营销

3. 主播选择应满足的条件不包括 (　　)。

A. 曝光度　　B. 相关性

C. 真实性　　D. 用户数量以及覆盖率

二、填空题

1. 事件营销的特点包括：________；________；________；________；________。

2. 主播营销推广步骤：__________；__________；__________。

3. 内容营销是__________、__________、__________、__________和__________来达到覆盖目标用户这个目的的过程。

项目六

跨境电子商务搜索引擎营销

项目导读

在当今全球化和数字化高速发展的背景下，跨境电子商务已经成为企业拓展国际市场、提升品牌影响力的重要途径。而搜索引擎营销，作为数字营销的核心组成部分，以其精准定位、高效转化的特点，在跨境电子商务中扮演着至关重要的角色。本项目旨在全面而深入地挖掘跨境电子商务领域内搜索引擎营销策略的精髓，通过理论剖析与实战操作的紧密结合，引领读者逐步理解并掌握搜索引擎营销的基本框架、核心要素以及实施与优化的全方位策略。

学习目标

知识目标

◆掌握搜索引擎营销的概念和基本步骤。

◆了解跨境电子商务中常用的搜索引擎，并了解它们的特点和适用场景。

◆熟悉关键词广告的概念和技巧，包括正确选择关键词、使用广告扩展和设置广告预算等。

◆理解搜索引擎推广的概念和类型，并能够制定相应的推广方案。

能力目标

◆能够运用搜索引擎营销的基本步骤和方法，提升跨境电子商务的曝光率和搜索排名。

◆具备使用关键词广告的能力，能够选择合适的关键词、编写吸引人的广告文案和管理广告预算。

◆能够进行搜索引擎推广，包括选择推广的类型、确定目标受众和制定推广方案。

素质目标

◆培养学生市场分析和策划的能力，能够结合搜索引擎营销知识，制定有效的推广策略。

◆增强学生数据分析和解读的能力，能够通过数据分析评估搜索引擎营销活动的效果，并做出相应的调整和优化。

◆培养学生创新思维和解决问题的能力，能够灵活应对搜索引擎营销中的挑战，并提出创新的解决方案。

思政目标

在跨境电子商务领域，诚信经营和社会责任是企业可持续发展的关键。只有通过诚实守信的经营和积极履行社会责任，企业才能赢得消费者的信任并在激烈的市场竞争中占据优势。让学生共同关注诚信经营与社会责任，努力构建一个健康、公正、可持续发展的跨境电子商务生态。

任务一 搜索引擎营销的概念

任务描述

小王加入了公司的跨境网络营销部门的跨境搜索引擎营销团队。初来乍到，他有很多疑问，搜索引擎不是用来搜索信息的吗？怎么用来进行跨境网络营销推广呢？跨境电子商务搜索引擎营销的原理和特点有哪些？常用的跨境搜索引擎营销方式又有哪些？怎样采用这些常用的搜索引擎营销方式来进行跨境网络营销呢？通过本次任务，了解搜索引擎营销的概念、种类和方法。

任务分析

搜索引擎是指根据一定的策略、运用特定的计算机程序从互联网上采集信息，在对信息进行组织和处理后，为用户提供检索服务，将检索的相关信息展示给用户的系统。搜索引擎包括全文索引、目录索引、元搜索引擎、垂直搜索引擎、集合式搜索引擎、门户搜索引擎与免费链接列表等。

一、搜索引擎营销概述

（一）搜索引擎营销

搜索引擎

搜索引擎营销（search engine marketing，SEM）。搜索引擎营销是基于搜索引擎平台的网络营销，是目前应用最广泛、时效性最强的一种网络营销方式。它利用搜索引擎的特点，根据用户使用搜索引擎检索信息的机会，配合一系列技术的策略，将更多的企业信息呈现给目标用户，从而使其盈利。搜索引擎营销是以关键词搜索为前提，以盈利为目标的一种营销推广方式，被广大的跨境电子商务企业作为首选营销推广策略。

例如，查看兰蔻在百度搜索引擎中的表现。假设用户在搜索栏中输入关键词“兰蔻”，出现在搜索栏结果中第一条的是图文并茂的兰蔻网上商城品牌专区。作为国内首家网上营销业务的化妆品品牌，兰蔻与百度的再度联手，旨在将搜索引擎上的潜在用户吸入其 B2C 网站进行消费。通过百度品牌专区，兰蔻网上商城链接、促销公告、商品信息等以图文并茂的形式呈现。与传统的搜索显示结果最大的不同是，企业可以亲手编辑栏目内容，将企业的最新信息前移，主动管理企业在搜索引擎上的品牌形象，促进网络平台和线下活动的良性互动。

（二）搜索引擎营销的原理

搜索引擎营销得以实现的基本过程说明了搜索引擎营销的基本原理：企业将信息发布在网站上成为以网页形式存在的信息源；搜索引擎将网站/网页信息收录到索引数据库；用户利用关键词进行检索（对于分类目录则是逐级目录查询）；检索结果中罗列相关的索引信息及其链接 URL；用户根据对检索结果的判断，选择有兴趣的信息并单击 URL 进入信息源所在网页。这样便完成了企业从发布信息到用户获取信息的整个过程。

（三）搜索引擎营销的特点

1. 以企业网站为基础，以网站访问量增加为效果

一般情况下，搜索引擎营销需要以企业网站为基础（有时也可以用来推广网上商店、企业黄页等），企业网站设计的质量又会对营销推广的效果产生直接的影响。由于搜索引擎营销的使命就是获得访问量，因此增加访问量是网站推广的主要手段。而至于访问量是否能最终转化为收益，则不是搜索引擎营销能够决定的。

2. 以信息为主导，以用户为主导

搜索引擎检索出来的是网页信息的索引，一般只是网站的简要介绍或搜索引擎自动抓取的部分内容。因此搜索引擎营销需要研究如何尽可能将有吸引力的索引内容展现给用户，吸引用户根据这些简单信息进入相应的网页继续获取信息，并确保该网站能够给用户提供所期望的信息。此外，搜索引擎营销是由用户主导的，搜索什么信息及在搜索结果中单击哪些网页都取决于用户的判断，最大限度地降低了营销活动对用户的干扰。

3. 实现高程度的定位

搜索引擎营销可以对用户行为进行精准分析并实现高程度定位，尤其是在搜索结果页面的关键词广告，完全可以实现与用户检索所使用的关键词高度相关，从而提升营销信息被专注的程度，最终实现营销效果的提升。

二、跨境电子商务中常用的搜索引擎介绍

（一）谷歌

谷歌搜索引擎是谷歌公司的主要产品，也是世界上最大的搜索引擎之一，为全球大部分国家和地区提供搜索服务，并在搜索市场中占据较大的市场份额，如图 6-1 所示。谷歌

由两名斯坦福大学的理学博士生拉里·佩奇和谢尔盖·布林在1996年建立。Google Ads是谷歌最重要的广告产品。

图6-1　谷歌搜索引擎

谷歌搜索引擎拥有网站、图像、新闻组和目录服务四个功能模块，提供常规搜索和高级搜索两种功能。对于中国外贸企业来说，通过谷歌提供的广告，可以将广告产品信息向全球大部分国家用户投放，进而带来大量的询盘以及订单。可以说，谷歌是外贸企业进行海外推广、助力品牌出海的重要工具。

（二）微软必应

微软必应搜索引擎（Microsoft Bing），原名必应（Bing），是微软公司于2009年5月28日推出，用以取代Live Search的全新搜索引擎服务，如图6-2所示。为符合中国用户使用习惯，Bing中文品牌名为"必应"。作为全球领先的搜索引擎之一，2013年10月，微软在中国启用全新明黄色必应搜索标志并去除Beta标识，这使必应成为继Windows、Office和Xbox后微软品牌的第四个重要产品线，也标志着必应已不仅仅是一个搜索引擎，更将深度融入微软几乎所有的服务与产品中。2020年10月6日，微软官方宣布Bing改名为Microsoft Bing。

图6-2　微软必应搜索引擎

（三）雅虎

雅虎（Yahoo）是美国著名的互联网门户网站，也是全球第一家提供因特网导航服务的网站，同时也是一家全球性的因特网通信、商贸及媒体公司。提供包括搜索引擎、电子邮件、新闻等服务，业务遍及 24 个国家和地区，为全球超过 5 亿的独立用户提供多元化的网络服务，如图 6-3 所示。雅虎是最老的“分类目录”搜索数据库，也是最重要的搜索服务网站之一。2003 年 3 月，雅虎完成对 Inktomi 的收购，成为 Google 的主要竞争对手之一。

图 6-3　雅虎搜索引擎

（四）百度

百度是全球最大的中文搜索引擎，如图 6-4 所示，是中国最大的以信息和知识为核心的互联网综合服务公司，更是全球领先的人工智能平台型公司。2000 年 1 月 1 日，百度创立于中关村，公司创始人李彦宏拥有“超链分析”技术专利，百度使中国成为美国、俄罗斯和韩国之外全球仅有的四个拥有搜索引擎核心技术的国家之一。作为全球最大的中文搜索引擎，百度每天响应来自 100 多个国家和地区的数十亿次搜索请求，是网民获取中文信息的最主要入口。百度以“用科技让复杂的世界更简单”为使命，不断坚持技术创新，致力于“成为最懂用户，并能帮助人们成长的全球顶级高科技公司”。

图 6-4　百度搜索引擎

（五）其他

1. Yandex

Yandex 是俄罗斯最流行的搜索引擎，提供包括搜索、新闻、地图、百科、电子邮件、电子商务、互联网广告等服务。Yandex 搜索引擎因掌握了大量复杂的俄语语法而深受俄罗斯人喜爱，占俄罗斯国内市场的 55%，超过了俄罗斯 Google，同时 Yandex 也是欧洲第二大流行的搜索引擎。

2. Naver

Naver 是韩国知名搜索引擎，占韩国国内 75%的市场份额，被誉为“韩版谷歌”。除了搜索，Naver 也提供许多其他服务，例如，韩文新闻、电子邮箱。Naver 还提供本土化搜索服务。在用户进行搜索时，Naver 会将搜索结果按照网站、新闻、博客、图片、购物等进行分类整理，过滤和拒绝了很多垃圾站点和垃圾信息。

3. DuckDuckGo

DuckDuckGo 非常注重隐私，它的口号就是“隐私，简化”（privacy，simplified），不储存任何个人信息，所以也没有广告轰炸。DuckDuckGo 目前每天的搜索使用次数为 2740 万，并在不断增长中。

4. AOL

AOL 是“America Online”的缩写，成立于 1985 年。面对谷歌在搜索领域的攻势，AOL 转而专注互联网媒体，但搜索业务仍存在。

5. Seznam

成立于 1996 年的 Seznam 在捷克流行，而且在谷歌进入捷克前一度是捷克的搜索领头羊，但目前只占了捷克 12. 27%的市场份额。

三、搜索引擎营销的基本步骤与方法

（一）搜索引擎营销的基本步骤

搜索引擎营销流程可以分为五个步骤，即制定 SEM 目标和策略、分析关键词和历史数据、制订推广计划、实施及监测广告投放和 SEO 效果、推广数据分析与优化，即 TAPLO 五步曲。其中，“分析”环节是整个 TAPLO——“优化流程再循环”的重心。

1. 目标（target）——制定 SEM 目标和策略

受行业差异、市场地位、竞争态势、产品生命周期、消费人群特性等因素的影响，搜索引擎营销的目标和策略差异很大，但又对后续工作有着深远影响。所以在推广流程的开始，网站运营者需要明确以下信息。

（1）推广定位

塑造品牌形象、提升品牌知名度或产品促销等。

（2）目标受众

针对目标人群的精准营销（白领、学生、IT 从业人员等），可以让 SEM 事半功倍。

（3）推广策略

推广策略采用付费营销、自然营销或者网络整合营销模式。

2. 分析（Analysis）——分析关键词和历史数据

（1）根据目标受众确定关键词范围，分类整理、筛选出有价值的关键词，这可以发挥主观能动性或借助辅助工具来选择，极大节省了推广成本，提高了效率。

（2）分析关键词的历史数据，通过对比、评测，预估搜索引擎营销的消费、效果和趋势，提升点击付费制（PPC）、广告投资回报率（ROI）和搜索引擎优化（SEO）效果。

（3）通过对关键词的分析，如果发现初始 SEM 策略的不足之处，可以及时调整，这样不会影响到将来的推广计划。

> **提示**
>
> “分析”是影响计划、执行和优化的方向，所以尤为重要，是整个 TAPLO——“优化流程再循环”的重心。

3. 计划（plan）——制定推广计划

（1）根据之前的目标受众完成网站设计和制作。

（2）通过关键词和历史数据的分析，为网站推广活动设置合理的关键指标，即推广目标，比如总体访问量、平均点击费用、转化量、转化成本、平均访问停留时间等，如果是较长时间的投放，则需要将关键指标与推广相关各方达成共识。

（3）基于 SEM 目标和策略，考虑推广费用、时间、资源等客观因素，确定投放使用的关键词表，制定符合关键指标的最佳推广组合方案。

（4）完成推广效果监测系统的设定与测试。

4. 执行（launch）——实施及监测广告投放和 SEO 效果

（1）一方面，选择合适的搜索引擎营销平台进行广告投放，例如，百度竞价排名、Google Ads 等；另一方面，SEO 也不容忽视，虽说短期内 SEO 效果不明显，不过从长远来看，SEO 仍是企业可持续发展的一大助力。

（2）跟踪、评估广告投放和 SEO 效果。协调 SEM 部门工作，收集来自各方的数据报告，实施每日投放数据和效果数据的紧密监测和细微调整，保持稳定的广告投放和关键词排名，避免大幅波动。

5. 优化（optimization）——推广数据分析与优化

（1）每周、每月、每季度或在指定时间跨度进行数据汇总，生成 SEM 报告，陈述当前形势，进行趋势和效果的数据分析，与推广关键指标进行比对，指出取得的成绩与不足。

（2）基于历史数据、投放数据、效果数据分析及对市场认识的更新，有步骤地调整关键词、创意、账户结构、网站构架和内容、运营流程等不同层级，以达到或超越之前制定的推广关键指标。

（3）如有不可控因素存在，或预期与实际情况差异较大，就需要调整 SEM 策略或基准点，并与各方达成共识。

（4）基于数据报告和分析得到的结论，制定优化方案，取得各方确认后实施。

注意：优化不仅是对最初计划的裁剪，还需要基于新的数据分析和市场洞察设计新的尝试方向，使整个推广活动进入吐故纳新的正向循环，充分挖掘市场的潜力。

（二）搜索引擎营销的方法

1. 关键词竞价排名

竞价排名服务是由企业为自己的网页购买关键词排名，按点击计费的一种服务，顾名思义就是网站付费后才能被搜索引擎收录，付费越高者排名越靠前。企业可以通过调整每次点击付费价格，控制自己在特定关键词搜索结果中的排名，并可以通过设定不同的关键词捕捉到不同类型的目标访问者。

2. 购买关键词固定排名广告

在搜索结果页面显示广告内容，实现高级定位投放，企业可以根据需要更换关键词，相当于在不同页面轮换投放广告。

3. 搜索引擎优化

通过对网站优化设计，使得网站在搜索结果中靠前，提升网站、产品的自然排名，从而获得更多流量，达到网站销售及品牌宣传的预期效果。常见的SEO手段分为内部优化和外部优化两种。网站内部优化包括META标签优化、内部链接优化和网站内容更新；外部优化包括保持外部链接类别的多样性、定期的外链运营和做好外链选择等。

4. 网站联盟广告推广

通过自动搜索匹配技术，企业广告可以遍布互联网的各个角落，例如门户网站、个人网站、论坛、博客等。不过并不是所有网站都能遍布这些角落，只有访问量大、人气高的网站才可以。而只有这样的角落，广告推广才能收到明显效果。网站联盟平台会帮助企业达到这一目标，企业不用担心技术问题，需要做的只是按照自身需求（即产品、企业性质）设定语言、地理区域、资金预算、投放时间等，提交给网站联盟平台，然后提交给网站联盟平台就可以了。

技能训练

组建4~6人的跨境搜索引擎营销团队，每个团队分别调研一家出口跨境电子商务公司，并完成表6-1。调研内容如下。

表6-1 搜索引擎营销前期调研分析

调研公司名称	目标群体	目标群体常用的搜索引擎	目标群体的搜索习惯	目标群体关注的产品特征
总结				

（1）了解该公司的产品和服务针对哪些用户群体。
（2）调研目标群体习惯使用什么搜索引擎。
（3）了解目标群体的搜索习惯。
（4）分析目标群体最关注产品的哪些特征。

任务二　搜索引擎关键词广告

任务描述

小王所在的公司跨境营销部门的跨境搜索引擎营销团队在熟悉了搜索引擎营销的概念、种类和方法之后，就要开始完成搜索引擎推广过程的相关任务了。那么如何通过搜索引擎关键词广告来进行跨境营销推广呢？通过本次任务，对关键词广告的原理和竞价广告排名的实施过程做更多的了解。

任务分析

关键词就是用户浏览网页时，在搜索引擎上输入能满足用户需求，能迅速帮助用户搜索到想要的相关资讯，并帮助企业获得合理的商业利益的有力工具。

一、关键词广告

关键词广告，是一种付费搜索引擎营销方式，按照点击次数收取广告费，也可以称为搜索引擎广告、付费搜索引擎关键词广告。当用户利用某一关键词进行检索时，在检索结果页面会出现与该关键词相关的广告内容。由于关键词广告具有较高的定位，因此其效果比一般网络广告要好。广告排名分为以下两种，具体如下。

（一）固定排名

固定排名广告是指当用户进行关键词检索时，企业按照预先支付给搜索引擎的固定排名广告费，在用户检索结果的相关固定位置出现企业的网站。

（二）竞价排名

竞价排名是一种按照效果付费的网络推广方式，按照给企业带来的潜在用户访问数量计费，企业可以灵活控制网络推广投入，获得最大回报。

一般来说，市场占有率高、企业广告资源丰富的搜索引擎服务商采用竞价广告排名模式；而市场占有率低、企业广告资源匮乏的搜索引擎服务商采用固定广告排名模式。

二、关键词广告的技巧

（一）认真筛选关键词

筛选关键词是影响广告效果的关键步骤。企业应该认真揣摩潜在用户的搜索心理，多收集一些关键词，再利用百度推广工具等筛选出搜索量大、转化率高的关键词。另外，不要担心选择关键词的数量多，只有选择精准，才可以覆盖到更多用户。

（二）注重长尾关键词广告

从流量最大化的角度来看，长尾关键词的流量是最需要注意的。虽然它的搜索量不大，但是每个用户使用它的意图都是比较明确的。所以，在关键词广告中，不要投入太多的精力去优化热门关键词，这样无疑会让你流失掉50%属于你的流量，而是需要摒弃陈旧观念，懂得让流量“顺势而流”。

（三）围绕关键词撰写相关内容

关键词广告的内容是必不可少的，它能更加清晰地解析关键词内容和解开用户的疑惑。所以，关键词广告必须围绕关键词撰写相关原创内容，最好多站在用户的角度去思考问题，撰写相关内容，吸引用户及搜索引擎的关注及访问。

（四）合理布局关键词数量

虽然说关键词布局的数量越多，越能覆盖到更多的用户。但是，搜索引擎判断关键词，也有自己的一套体系，即关键词的布局必须合理，不能出现明显的作弊行为。所以，关键词广告的一个页面保持在3~5个关键词即可，同时保持段与段之间、句与句之间有逻辑性和条理性。

三、Google Ads 投放

Google AdWords 是谷歌搜索引擎营销广告项目品牌，它是一种通过使用 Google 关键字广告来进行网站推广的付费网络推广方式，可以选择包括文字、图片及视频广告在内的多种广告形式。谷歌于2018年7月正式将 Google AdWords 更名为 Google Ads。除了整合现有的所有广告功能，新的 Google Ads 还增加了 Google、YouTube、Google Map、Gmail、Google-Play 等更多平台资源。

（一）Google Ads 主要类型

1. Google 关键字广告

Google 关键字广告是常见的搜索引擎关键词广告，它的优势在于精准。

例如一家“包装机”工厂投放谷歌关键字广告时，可以买到关键字“包装机制造商”。如果有人在 Google 搜索这个关键字，就会显示这家工厂的广告。Google 关键字采用竞价、点击付费的方式。因为每个关键字的竞争程度不同，所以每个关键字的点击成本也不同。Google 搜索结果页面上带有“广告”或“ad”字样的搜索结果为 Google 关键字广告，如图 6-5 所示。

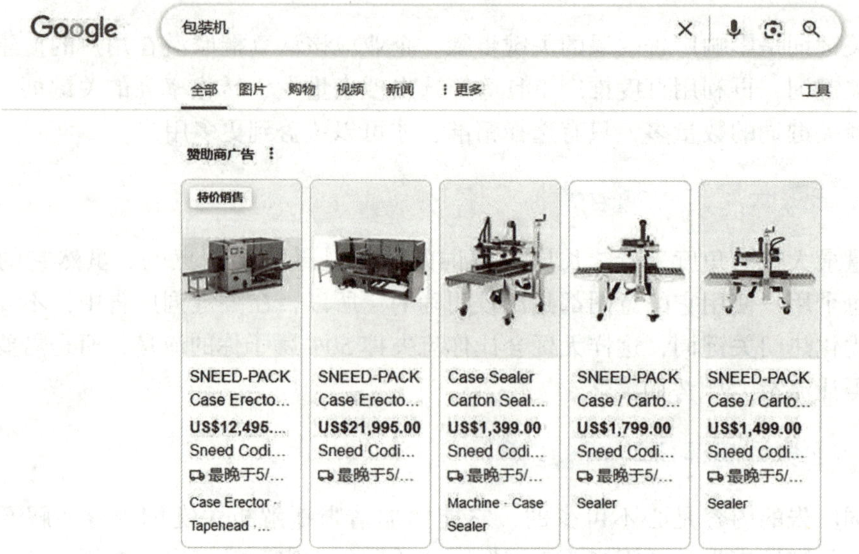

图 6-5　Google 关键字广告

2. Google 视频广告

视频广告就是把产品的视频广告放在 YouTube 平台或者 Google 的合作网站上（图 6-6），根据产品的特点来决定应该让谁看视频。比如一家机械设备制造商，可以给对“机械设备”感兴趣的人投放广告，也可以给在 YouTube 上搜索“机械设备”的人投放广告。近年来，视频广告因其强大的表现力越来越受到外贸企业的青睐。

图 6-6　Google 视频广告

3. Google 展示广告

Google 购物广告浏览网站时，经常会在页面上看到一些广告。这些长宽不同的图片广告大多是 Google 展示广告。Google 称，展示广告网络覆盖全球 90%的互联网用户，并扩张 200 万个网站。Google 展示广告的特点是可以快速获得海量曝光，广告可以定位到曾经访问网站的人，有效地进行再营销。通过设置，展示广告可以出现在相关行业网站上，可以有效提高广告转化率。

4. Google 购物广告

Google 购物广告基于产品的广告类型，如图 6-7 所示。广告展示跨越 Google 搜索结果页面和购物页面，是 Google Ads 平台的一部分，是专门为 C 端零售卖家推出的广告类型，其目的主要是方便用户在网上搜索、比较、轻松购买产品。

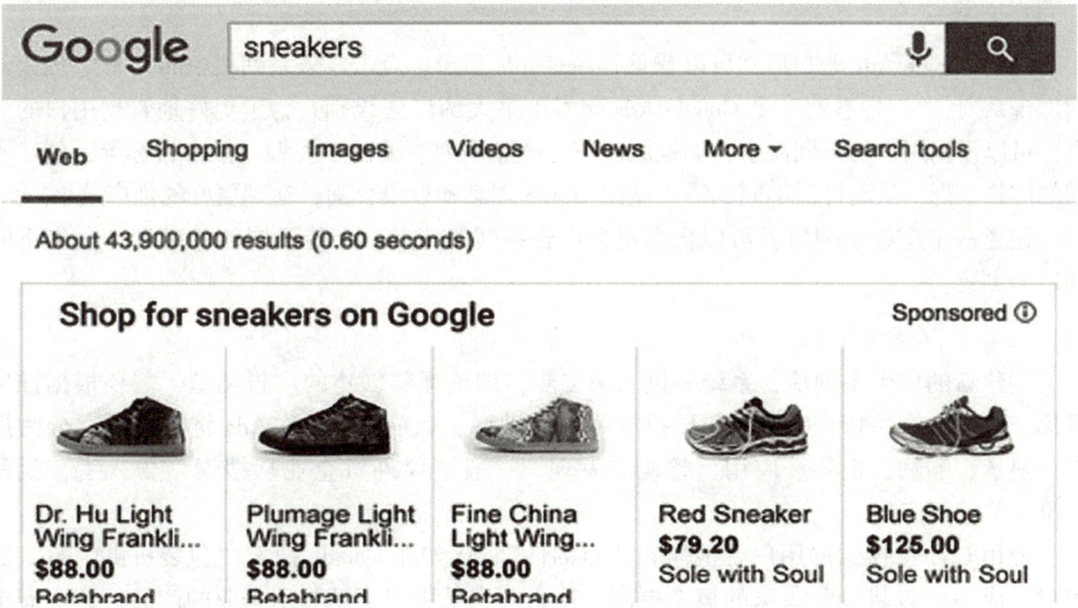

图 6-7 Google 购物广告

5. Google 应用广告

Google 应用广告是针对需要推广应用的客户的一种广告形式。通过 Google 应用广告，可以在 Google 搜索、YouTube、Google Play 和许多其他在线平台上推广 iOS 或 Android 应用，以获得更多下载。

（二）Google Ads 投放步骤

1. 注册 Google Ads 账户

要推出 Google Ads 需要有一个 Google Ads 账号，然后根据业务需求创建一个广告系列，如图 6-8 所示。而且，只需要一个 Google Ads 账号，就可以使用 Google 下的所有产品，包括 Gmail、Google Ads、Google Drive、Google Calendar 等。

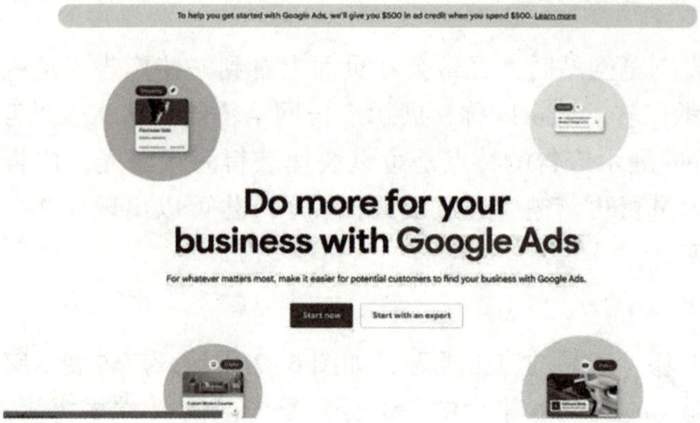

图 6-8　GoogleAds 首页

2. 打造一个广告系列

注册 Google Ads 账户后，可以登录 Google Ads 后台，点击广告系列栏中的“+”，创建新的广告系列。“广告系列”是 Google Ads 账号下最大的广告级别。为了更好地管理用户的账户，可以根据用户的不同需求，如投放区域、产品系列、关键字类型、推广目标等，创建不同的广告系列，从而针对不同的需求做出不同的创意和登录页面，达到更好的推广效果。

创建一个广告系列后，可以根据每个广告系列的特点，上传不同的关键词，写出不同的广告创意。

3. 选择要创建的广告类型

创建新的广告系列后，系统将进入第二步，即选择要创建的广告类型，需要根据推广目标、行业和产品特点来确定想要投放的广告类型。目前，Google Ads 将广告类型分为搜索、显示、购物、视频、应用、智能和发现。一般建议外贸企业从搜索广告入手，就是 Google 关键字广告。

使用 Google 搜索的用户有很强的“目的性”。比如在 Google 搜索“包装机供应商”的用户，成为“包装机”买家的概率更高。搜索广告是用户主动寻求企业的产品，这个需求很明确，做广告的时候准确率会更高。下面的操作流程也以搜索广告为例。

4. 选择要达到的目标

每个人在使用 Google Ads 时都有不同的目标，有些是为了增加网站流量和曝光度，有些是为了增加通话次数和 App 下载量，所以需要选择合适的目标，Google 会尽力帮助实现设定的目标。

比如主要目标是“潜在用户”，子目标是“通话次数”，在进行广告活动时，会看到“电话号码”等有助于实现目标的功能。

5. 关键字广告设置

在投放广告之前应该设置以下选项。

（1）区域：可以设置想放进去的区域，比如美国，英国等；还可以设置想要排除的区域，排除区域的人将无法看到广告。

（2）语言：可根据目标区域市场的语言进行选择。

（3）预算：可以根据推广需求设置广告账户的日预算和广告系列的日预算。

（4）投标：如果在 Google Ads 方面没有太多经验，则可以在推出时使用点击付费。如果担心花钱太快，也可以设置一键竞价上限，避免竞价过高导致账户消费过高。

合理地出价，广告才能正常显示。比如把单次点击上限设为 5 元，Google Ads 每次点击收费不会超过 5 元。由于竞争程度不同，每个关键字的点击价格也不同，所以可以参考系统给的竞价建议，使用关键字规划工具进行竞价。

（5）开始和结束日期：应该设置广告的结束日期，否则广告将一直播放。如果没有要求，可能不会设置。

（6）受众：这个功能是把广告展示给可能对产品感兴趣的人，提高广告的准确性，提高广告的转化率。

至此，已经完成了基本设置，接下来将设置“广告和附加信息”，为用户提供更多的信息，如促销。

6. 创建一个新的广告组

完成广告的基本设置后，需要选择要放进去的关键字。在选择关键字之前，需要创建新的广告组，并根据不同的广告组写出不同的想法。

需要注意的是，关键字不要放在同一个广告组，不同关键字的标题创意应该是不同的。通过不同的广告群体，可以树立各种不同的广告理念。

如果只成立一个广告组，广告创意也会一样，对广告的点击率产生不利影响，可能导致广告点击率低，甚至影响关键字的质量评分。

7. 上传关键字

在账号后台的“搜索广告关键字”一栏添加需要推广的关键字。这里要特别注意关键字的匹配类型。

关键字匹配方式设置不好，会造成很大问题：匹配方式太窄，会导致点击次数太少；匹配方式过宽，会导致广告呈现不准确，浪费大量广告费。

关键字匹配有三种方式：广泛匹配、短语匹配和完全匹配。以关键字“阀门供应商”为例，有以下方式。

阀门供应商=广泛匹配。

“阀门供应商”=词组匹配。

[阀门供应商]=完全匹配。

（1）广泛匹配。所谓广泛匹配，就是只要 Google 判断关键字与“阀门供应商”有关，广告就会显示出来。Google 还会在一些奇怪的搜索词中显示广告，例如，阀门供应商、阀门图片和阀门原理。后两个搜索词根本不是想购买阀门的人搜索的。如果搜索“阀门原理”的人进入网站，没有购买需求，就会浪费广告费。默认情况下，Google 关键字设置为广泛匹配，因此需要在启动前进行调整。

（2）词组匹配。短语匹配会在用户搜索购买的关键字和相关关键字时显示广告。以

“阀门供应商”为例，如中国阀门供应商，阀门供应。

使用词组匹配时，以上两个关键字可以触发“阀门供应商”的关键字广告，但如果用户搜索“阀门制造商”，则广告不会显示。

（3）完全匹配。完全匹配很简单，当设置的关键字是“阀门供应商”时，只有当用户搜索关键字“阀门供应商”时，才会显示广告。

8. 针对不同广告组设计不同的广告创意

广告创意的设计也是一门大学问，为了节省创建时间，可以先去Google查询关键字下其他广告创意是如何编写的，在借鉴优秀广告创意的基础上，编写出更富有吸引力的标题。

9. 发布广告

广告被发布后，并不会马上出现在Google搜索结果页面上，Google会先进行审核，审核完之后广告才能被展现出来，然后在搜索时才能看到发布的广告。

技能训练

某公司为了进一步扩大公司及公司网站的知名度，决定采用搜索引擎营销方式进行公司网站和产品的推广。请帮助该公司完成搜索引擎营销任务的实施，并制作一份搜索引擎推广方案。

____

____

任务三　搜索引擎推广

任务描述

公司最近决定开展针对跨境电子商务产品的网络推广活动，需要招募专业的网络推广人员进行相关的工作。其中，搜索引擎推广是网络营销活动中非常重要的一环，需要专业的团队来完成。因此，为了确保推广效果，需要设计一项搜索引擎推广的任务描述，以便招募适合的人才。本任务将学习搜索引擎推广的概念及类型，学习如何制订搜索引擎推广的方案。

任务分析

一、搜索引擎推广

搜索引擎推广也称为搜索引擎营销，主要是借助用户检索信息的机会，将营销信息传递给目标用户，简单来说，就是基于搜索引擎平台的网络营销。它的基本逻辑流程是：用户搜索确定信息、搜索引擎平台返回对应结果、用户单击相对满意的结果、浏览网页内容、找到答案或完成支付等。

开展搜索引擎推广的基础是理解搜索引擎推广的整个原理和过程。首先，企业信息发布在网站上以网页形式存在的信息源，搜索引擎将网站/网页信息收录到索引数据库。其次，网络用户利用关键词进行检索，检索结果中会罗列相关的索引信息及其链接。最后，网络用户在看到检索结果后会选择有兴趣的信息并点击相关链接进入信息源所在的网页并浏览，就能产生商业价值。总之，搜索引擎推广能够做的就是构造适合搜索引擎检索的信息源，创造网站/网页被搜索引擎收录的机会，让企业网站信息出现在搜索结果中靠前的位置，以及以搜索结果中有限的信息获得用户关注并为用户获取信息提供方便。

二、搜索引擎推广的类型

搜索引擎推广主要包括搜索引擎优化、付费排名（竞价推广）、信息流广告、品牌广告、精准广告。想要以小投入在搜索引擎中获大回报，就需要分析企业所在行业特点及潜在用户群的上网习惯，选择合适的推广方式。

（一）搜索引擎优化

搜索引擎优化主要是通过增加特定关键词的曝光率来提高网站的知名度，获得更多的免费流量，促进销售或品牌推广，即通过各种手段优化提升所要推广网站的排名位置。

（二）付费排名（竞价推广）

付费排名（竞价推广）即商家设定竞争价格，根据价格搜索引擎在搜索结果位置展示推广信息，按点击收费，展示免费。

（三）信息流广告

信息流广告通常是在资讯流中穿插展现的原生广告。例如，百度首页信息流广告是展示类广告，指在百度首页、百度贴吧、百度手机浏览器 App 等百度平台的资讯流中穿插展现的广告。

（四）品牌广告

品牌广告一般适用于中型企业和大型企业，以推广品牌为主，通常是在搜索引擎的首位或右侧以特殊的样式展示。

（五）精准广告

精准广告是指广告主按照广告接受对象的需求，精准、及时、有效地将广告呈现在广告对象面前，以获得预期转化效果。精准广告可以与搜索引擎相结合，根据用户的搜索结果精准推送广告。

三、制定搜索引擎推广方案

（一）明确搜索引擎推广目的

搜索引擎推广的目的是增加网站被搜索引擎收录的机会，提升在搜索引擎中的排名，优化网站访问质量以及最终的目标，即提高收益。

（二）确定搜索引擎推广所适用的人群

搜索引擎推广的重点在于如何通过数据和技术分析定位消费者，包括消费者心理分析、兴趣分析、上网习惯分析、地域分析等。

（三）熟悉搜索引擎推广技巧

目前，搜索引擎的推广一般围绕“关键词”展开，如提炼关键词、设计独特卖点、关注着陆页、剔除普通词、规避无效点击等，大部分的重点会集中在搜索引擎优化方面。

（四）执行推广

做好一切的准备工作后，就可以开始制定和执行搜索引擎推广的计划，如申请谷歌账号、设计广告、添加关键词、投放谷歌广告等。

（五）衡量推广效果

衡量搜索引擎推广效果最直观的方法是查看该网站或广告的排名。如果想更准确地衡量投放效果，就需要综合网站点击率、转化率、出单率等数据，并且需要给予其统计一定的时间。

技能训练

搜索引擎推广的类型有哪些？它们各自的工作原理和特点是什么？如何根据企业的需求选择合适的推广方式？

____

____

项目小结

在深入探索“跨境电子商务搜索引擎营销”这一项目中，读者逐步展开了对搜索引擎营销的全方位理解与实践。本项目通过三大核心任务，不仅深化了读者对搜索引擎营销概念的认识，还掌握了关键词广告的运用技巧及搜索引擎推广的有效策略，为跨境电商企业在全球市场中精准定位、高效推广奠定了坚实基础。

练习思考

一、选择题

1. 搜索引擎推广的工作原理是什么？（　　）

A. 对网站进行广告投放来增加流量和曝光率

B. 企业将信息发布在网站上成为以网页形式存在的信息源

C. 对网站进行社交媒体营销，吸引更多的用户关注和分享

D. 使用关键词广告工具，将广告投放到相关的搜索结果页面上

2. 在制定搜索引擎推广方案中，需要考虑哪些因素？（　　）

A. 竞争对手分析、用户需求和目标设定

B. 广告预算和人员配置

C. 软件技术知识和人脉关系

D. 内容质量和口碑管理

3. 关键词广告的技巧包括？（　　）

A. 认真筛选关键词

B. 注重长尾关键词广告

C. 围绕关键词撰写相关内容

D. 以上都是

二、填空题

1. 搜索引擎营销流程可以分为五个步骤，即________________、________________、________________、________________和 SEO 效果、________________，即 TAPLO 五步曲。

2. 搜索引擎推广主要包括____________、____________、____________、____________、____________等。

3. Google 关键字广告是常见的搜索引擎关键词广告，它的优势在于________________。

项目七

跨境电子商务的视觉营销策划

项目导读

在全球化日益深入的今天，跨境电子商务已成为连接全球消费者与商家的重要桥梁。为了在激烈的市场竞争中脱颖而出，跨境商家不仅需要关注产品本身的品质与价格，更需要通过视觉营销手段，打造独特的品牌形象，提升用户体验，进而促进销售转化。本任务旨在为电子商务从业者提供全面深入的视觉营销知识，帮助营销人员更好地应对激烈的市场竞争压力，实现品牌形象的塑造和产品销售的成功。

学习目标

知识目标

◆理解视觉营销的概念、原理和重要性。

◆熟悉跨境电子商务中视觉营销的作用和关键要素。

◆掌握跨境电子商务中常用的图片、短视频和其他视觉元素的制作与运用技巧。

◆了解视觉营销效果评估的指标和方法。

◆了解视觉营销方案策划与实施的步骤和案例。

能力目标

◆能够运用视觉营销的知识和技巧，进行跨境电子商务的品牌形象塑造和产品宣传。

◆能够评估和分析视觉营销效果，并根据反馈信息进行调整和改进。

◆能够制定和执行跨境电子商务的视觉营销方案，包括选定视觉元素、拍摄或制作视觉内容、应用于电子商务平台等。

◆能够进行成本测算和预算安排，合理控制视觉营销的成本与效益。

素质目标

◆增强创新能力和市场洞察力，能够提供独特而有效的视觉营销解决方案。

◆具备团队协作与沟通能力，能够与其他团队成员合作，共同完成视觉营销任务。

◆提高逻辑思维和问题解决能力，能够分析和解决跨境电子商务中的视觉营销问题。

◆增强时间管理和项目管理能力，能够按时完成视觉营销方案并监控效果。

◆建立学习和创新意识，不断更新视觉营销知识，适应行业的变化和发展。

思政目标

通过本任务的学习，可以帮助学生深入理解跨境电子商务视觉营销策划的重要性，培养创新思维和创业意识，以及关注社会责任和可持续发展的价值观。同时，可以激发学生对于跨境电子商务行业的兴趣和热情，并提供实际案例和经验分享，进一步拓宽他们的视野和思考角度。

任务一　视觉营销概述

任务描述

小王所在公司的跨境营销部门团队正在运用专业的视觉元素，以有效推动产品推广和品牌建设工作。本次任务的核心是深入探讨视觉营销在跨境营销中的实际应用。团队将通过全面了解视觉营销的概念、基本原理和具体方法，进一步提升其在跨境营销中的应用水平。

任务分析

视觉是一个生理学词汇，也是人和动物最重要的感觉，人们至少有80%以上的信息都是通过视觉来获得的。对于跨境电子商务企业而言，所有视觉效果的实现都以营销目标为前提。这种视觉不仅指店铺视觉，还包括移动端、独立站，甚至社媒、订阅、杂志、海报等一切展示产品的媒介或平台。

一、视觉营销

视觉营销

视觉营销（visual marketing）是指在商品营销过程中，运用展示技术和视觉呈现技术，通过刺激客户的感官引起客户的兴趣，使其对产品产生深刻的认同感和购买欲望，从而达到视觉营销的目的。视觉营销的目的是最大限度地促进产品（或服务）与消费者之间的联系，最终实现销售，增强企业营销效果。

21世纪初，中国的专家学者马大力在《中国服饰业经营实战丛书：视觉营销》一书中明确提出“视觉营销是借助无声的语言，实现与顾客的沟通，以此向顾客传达产品信息、服务理念和品牌文化，达到促进商品销售、树立品牌形象的目的。”从视觉传达的原理和VM的原则入手，系统、全面地介绍了服饰商品的陈列设计、展示设计、系统陈列设计、VMD设计等。这一观点在服饰行业有着非常大的影响，而且在代表着潮流设计的服饰行业终端卖场也得到了集中运用。

随后，在许多网站的策划中也引入了“视觉营销”“视觉策划”等概念，并针对网站的特点，逐渐形成了网站视觉营销（web visual marketing，WVM）。网站视觉营销是利用色彩、图形、声音、文字、动画、视频等数字化内容造成的视觉冲击力吸引访问者的关注，加深访问者对网站的兴趣，并不断点击了解网站信息，增强访问者对企业的好感及信任度，从而促成交易的过程。

案例链接

视觉体系的功能

1. 吸引眼球

人在观察外界事物时，总有一个视觉集中点，称之为聚焦点。而这个焦点通常会停留在色彩鲜明、形状独特、轮廓清晰、具有整体性和容易理解的形象上。

就大众而言，整个亚洲地区譬如中国、韩国、日本等，都比较易接受唯美型的视觉；西方则以热情、奔放等画面著称。在闽南，品牌推广初期比较通用的是明星效应，一旦明星和自己的品牌嫁接，买家马上跟进，这也算是一种吸引眼球的惯用手法。

2. 激发兴趣

如果在被一个事物吸引后，考究起来却觉得索然无味，事物也就失去了价值。因此，一个出色的设计方案，不仅能用新、奇、特吸引顾客的注意力，还能让顾客发现它的内涵及文化，从而达到激发兴趣的功能。

早在 2003 年，七匹狼就曾做过如此的橱窗：栩栩如生的两只狼卧在芦苇上，逼真的雪花（泡沫做成）洋洋洒洒落在地，几节枯木立在一旁。整个橱窗让人感到了冬天的寂寥、荒凉和狼生命的顽强，在感到震撼的同时，牢牢地记住了其品牌。

3. 传播品牌文化

视觉是无声的语言，通过视觉传播其品牌文化，引导大众深理品牌，是视觉最重要的展现部分。当标志、图片、产品、橱窗、陈列等营造出品牌的消费意境和情调时，立刻发挥出启发思维引导销售和加深印象的作用。

雄豹狼，一个起初由明星推广造热，再由企业家做模特，紧跟着由概念引导其产品风尚的品牌。雄豹狼品牌的展馆再现了民国时期的风尚：墙面、毛笔、宫灯、字画等，让人看了后产生强烈的民族自豪感，“世界看中国”不仅仅成了他们的口号，而成了他们愿意实践与付出的行动。

二、视觉营销在跨境电子商务中的作用

视觉在人的五感中占主导地位，能最大限度地影响人的思维判断。人们在实体店购买产品，可以通过听觉、嗅觉、味觉、触觉去感知商品，但在跨境电子商务平台上购买产品，只能通过视觉来判断产品信息与品质，然后做出是否购买的决策。随着跨境电子商务的发展壮大，跨境电子商务平台和网店增多，同质化产品增多，顾客有更多的选择。平

台、店铺、产品品牌之间竞争激烈，平台、店铺、厂家压力增大，这就更需要商家通过网店装修、产品展示等，更好地吸引顾客。因此，跨境电子商务视觉营销非常重要，具体表现在以下几个方面。

（一）吸引客户眼球，提升店铺客流量

美的事物总能吸引人们的注意力。在网上售卖商品，必须运用色彩、图片、文字等来包装，赋予产品美感，吸引客户关注。能够带来点击量的图片主要有：产品主图、横幅广告、关联图片。

（二）唤起客户兴趣，让客户停留更久

当客户进入网店主页或产品详情页后，商家需要做的就是唤起客户的兴趣，留住客户，让客户停留更久。好的店铺招牌、条幅或产品详情页的首屏图片，往往能激发客户的购买欲望，让客户在店铺或产品页面停留得更久，成交的概率也就更大一些。

（三）刺激客户想象，提升成交转化率

根据研究显示，大脑处理的所有信息中，有90%来自视觉。赋予客户想象力，让目标受众产生直观的心理和情感共鸣是吸引消费者的重要方式。产品通过精美图片的展示、生动活泼视频的演绎，充分刺激客户，帮助客户产生对产品特性和使用体验的美好愉悦想象，有助于增加客户的浏览时间，最终促进成交转化。

（四）塑造品牌形象，提高品牌认知度

视觉营销在塑造品牌形象、提高品牌认知度方面有重要作用。品牌是连接企业与顾客之间关系的纽带。优质的品牌形象，有助于增强跨境电子商务企业的产品竞争力。因此，在跨境电子商务企业的视觉营销中，店铺、品牌色彩的恰当搭配、主色突出、风格统一非常重要。视觉营销本质上是对品牌信息的高度浓缩，是品牌要传播的内容中最简单的记忆点。可以帮助解决传播品牌过程中信息聚焦的问题，使消费者在阅读品牌时能够清晰传播，在传播成本上达到了简化。因此视觉营销可以塑造品牌形象，提高品牌认知度。

因为跨境电子商务中的视觉营销面向不同国家或地区的受众，所以企业或平台在跨境电子商务中要关注视觉的民族性和时代性。例如，中华民族历史悠久、地大物博，人与人、人与物之间讲究和谐共处，因此在视觉呈现上要求表现得既深沉含蓄又强烈突出，反映出一种深层次的文化内容。德意志民族气候干燥，多山的自然环境造就了德国人的严谨，德国设计体现出工艺考究、制作精良，就连较为倾向艺术性的平面设计也自由不起来。乌尔姆设计学院提出的设计就是科学技术，从而形成重功能、重技术、缺乏艺术感的德国风格；法兰西民族则不同，地处温带海洋性气候，浪漫、时装、香水是这个民族的代名词，洛可可风的延存与装饰艺术运动的渲染形成了一种华丽、经典的法国浪漫风格。美利坚民族是个大融合的民族，渴望自由的环境造就了设计的幽默感与随意性，短暂的历史，自由的人性，使美国设计更具轻松、乐观的色彩，对商品的视觉色彩要求简洁、明

快，各种食品包装色彩选用固定色。

视觉的民族性和时代性，是相互制约、对立统一的。视觉的民族性不是一成不变的，会随着时代的发展而发展，既包含着传统性又包含着现代性。视觉的时代性也不能脱离民族性，因为历史与传统不能隔断，它具有连续的强大惯性，通过每一个细微环节施加影响，潜移默化。视觉如果失去民族性，不仅会使本民族的消费者失去认同感，还会在国际市场上因没有特色而被淘汰。视觉既应有纵向的、传统的继承，又应有横向的、国家间的、民族间的交流。在视觉设计上，民族性强调图案古拙，色彩厚重，文字大气；时代性则强调图案单纯、抽象，色彩对比度强，肌理接近于大自然，整体感更精致。

技能训练

视觉营销在跨境电子商务中的作用是什么？请列举一些目前有代表性的跨境电子商务平台，分析它们在视觉营销方面采取的策略有哪些？

____

____

任务二　跨境电子商务的视觉与体验

任务描述

小王被委派负责提升公司跨境电子商务产品的销量，并着重在产品的视觉与体验方面进行改进。本任务的目标是通过优化产品的视觉呈现和用户体验，吸引和留住更多的用户，提升销售业绩。

任务分析

一、图片、短视频与视觉

商品交易的过程，同时伴随着信息获取。在跨境电子商务发展的起始阶段，跨境电子商务平台本质上就是一个信息平台，如早期的阿里巴巴国际站以提供文字信息为主。随着互联网技术的发展，商品信息的表达形式逐渐过渡到了图文、视频、直播；图文相较于文字，会更直观，图文现在仍然是各类电子商务平台中商品信息表达的主要形式；视频相较于图文，更动态、更形象，因此短视频是不可或缺的视觉表达形式；直播也是一种产品信息的表达，它是实时、有温度的、可交流的，因此直播形式越来越受欢迎。

（一）图片

Pinterest 和 Instagram 的崛起，显示出现代网络受众对图像与视频的喜爱程度远大于纯文字描述。另外随着 AI 辨识技术的进步，图片搜索将在未来成为相当重要的搜索工具。Amazon 预测，根据 InsiderIntelligence 援引的 Bizrate 数据，虽然美国的用户采用率仍然较低，但正在增长。2023 年 2 月。定期使用视觉搜索的美国成年人比例从 2020 年 4 月的 3. 8%上升至 8. 2%。截至 2021 年，那些优先针对视觉化进行搜索优化的品牌，将比整个市场的其他品牌增加 30%的收入。

视觉化的内容相较于文字，能为品牌带来更高的浏览量和互动率：彩色的视觉呈现将能提高 80%访客浏览的意愿；图片内容相比文字内容将能增加 94%的浏览量；有图片的文章将能增加 150%的互动率；85%的消费者在看完购物影片后，会进行深入了解。对于电子商务来说，图片无处不在，图片品质的高低，决定了客户眼中商品的好坏，也决定了客户是否会购买商品。

1. 图片拍摄

跨境电子商务图片主要分为两大类：公司图片和产品图片。公司图片一般用于旺铺装修及详情页通用模块，主要有公司信息、工厂图片、成功案例、资质证书等。产品图片一般是先通过产品系列进行归类，再通过产品型号进行细分。产品图片包含产品主图、产品详情页图片以及产品海报等。

商品图片拍摄是针对商品进行的图片拍摄，经过后期的美化处理及创意设计，突出产品的整体和细节，提升店铺的形象和自身价值，提升与同行商品的竞争力，增加店铺的点击率，提高店铺的成交转换率。公司图片是从不同角度拍摄的企业图片，可以彰显出企业实力，展现出美好的办公环境和真实的产品生产过程，进一步促进产品的销售。

跨境电子商务商品的拍摄要选择专业摄影棚，因为在专业摄影棚中光源操控、背景设计、道具运用等都极为方便。图片的拍摄主要分为四步：确定拍摄需求标准、制定拍摄方案、准备拍摄工具、根据拍摄方案进行拍摄。跨境电子商务公司一般都需要进行公司宣传照和商品图片的拍摄，拍摄之前，需要制定一套拍摄方案，确定公司拍摄照片需要的场景和需要拍摄的产品组，做好预算，供摄影师等相关人员参照执行。

在图片拍摄时，要求形准、色准、质优。常用的构图方式包括横式构图、竖式构图、斜线构图、对称式构图、框架式构图、黄金分割法构图等。产品拍摄取景主要涉及两大元素，一个是主体，另一个是背景。同时，在产品拍摄中背景又可以分为两部分，一部分是单色背景，另一部分是搭建背景，也叫场景。拍摄时的光线类型主要有自然光源和人造光源。布光技巧有正面及两侧布光、两侧 45 度布光、单侧 45 度不均衡布光、前后交叉布光、后方布光等。

2. 图片处理

图片处理是跨境电子商务视觉营销的重要组成部分，视觉营销的重点在于将更多的信息有效地传递给客户。精美且富有特色的图片可以给客户留下深刻的印象，增加客户流量，刺激客户的购买欲望，提高商品的转换率，优化客户的购买体验，提高客户的信任度。

图片处理需要使用专业的软件，常用的图片处理软件是 Adobe Photoshop，简称 PS。

该软件主要处理以像素构成的数字图像。PS 具有众多的编修与绘图工具，能有效地进行图片编辑，可以处理位图，图片放大或缩小都不会失真，而且相比其他软件更方便。在图像、图形、文字、视频、出版等各方面都有涉及。使用 PS 可以方便地进行颜色调整、饱和度调整、亮度调整、清晰度调整。

（二）短视频

1. 短视频发展背景及其重要性

随着移动互联网的普及，视频逐渐成为电子商务网站中产品介绍、营销宣传、品牌传播的重要媒介。视频集图、音、文等于一身，内容相对完整、信息密度大，而且生产流程简单、制作门槛低、参与性强。随着客户对利用碎片化时间的需求越来越强，短视频逐渐成为跨境电子商务中营销信息表达的重要形式。

统计数据显示，2019—2023 年，各类互联网平台上，客户每年花在观看视频上的时间在逐年增加，浏览和观看视频已经成为社交平台用户的主流行为，视频营销已成为跨境电子商务行业较为常用且有效的营销手段之一。因此，视频成为了 B2B 营销的重要方式。

在内容营销的时代，短视频是重要的流量入口，无论对商家还是对买家都非常重要。对于商家来说，短视频是营销工具，可以用来获取专属的曝光和更高的流量，从而推动转化。对于买家来说，可以提高买家看品的效率和看品的舒适度，让买家更真实、直观地购物。

2. 跨境电子商务视频类型及其特点

在跨境电子商务中，常见的视频类型有主图视频、详情视频、旺铺视频、产品宣传视频四种。

（1）主图视频。主图视频属于产品讲解型视频，会展示产品的使用、功能、质检等多方位的信息。主图视频可以全方位多角度展示产品，彰显企业自身和产品的专业度，体现企业实力。主图视频主要介绍产品是什么，突出产品的核心卖点、使用性能亮点。通过主图视频，买家可以全方位地了解产品，从而提高买家看品的效率和看品的舒适度，最终提高买家喜好度、买家发送询盘和订单的效率。

（2）详情视频。详情视频是插入在产品详情页中，介绍产品信息等内容的视频类型。优质的产品视频对详情的细节和整体都有展示，结合产品操作使用过程的流程化表现，通过镜头语言的细节描写和整体呈现，完整地将产品的特点、材质及使用操作等逐一展现；结合虚拟动画进行原理说明，使视频通俗易懂、时长适中、节奏俱佳，从而刺激买家者下询盘，提高转化率。

（3）旺铺视频。旺铺视频是以展示公司规模、认证资质、售后服务等服务和实力相关内容为主的视频形式。

（4）产品宣传视频。产品宣传视频是内容营销视频，一般会通过真人出镜讲解/演示的形式展示产品或测试性能，以展现商家实力，建立买家和商家的信任感。在短时间内获取关注并激发买家的兴趣，从而引导买家询盘。

3. 短视频编辑制作

随着短视频门槛越来越高，对拍摄和制作的要求也越来越高。未来，将有更多营销活动使用短视频，进行场景化融合。制作视频需要注重清晰度、画面比例、时长、视觉美感等要点，不同的视频类型有不同的视频制作标准。

借助各类视频编辑工具，可以实现视频的合并、剪辑、添加音频、添加特效等，后期制作是对视频素材进行的编辑和美化，能够增强视频的表现力和感染力。

二、买家视角的购物交互体验

（一）UI 的定义

近几年来用户体验的讨论度大幅提升，这种趋势出现的目的只有一个，就是提升客户体验。网购受众表示客户体验是决定购物的重要因素。

UI（user interface）设计是指对软件的人机交互、操作逻辑、界面美观的整体设计，也被称为界面设计。界面中视觉效果设计仅仅是 UI 设计中的一部分内容。UI 设计所包含的不只有“用户”与“界面”这两部分，它的概念涵盖面非常广，是一个完整的交互关系体系，包括界面内容设计、交互体验设计、可用性设计等多个方面。人体工程学和市场上的商业模式都是 UI 设计需要考虑的因素。

不同应用的画面场景设计和针对用户的设计操作等都是 UI 设计过程中至关重要的部分，甚至对作品的可用性起到了决定性作用。经常见到的网页和软件中不乏人机交互、信息传输、界面操作等环节，编码设计在界面操作和信息传输中负责链接与加载，其他起引导作用的元素则属于视觉界面设计。总而言之，“用户”和“界面”是设计的两个基本要素，为了使这两者之间的关联变得更紧密自然，就要用交互设计使用户体验界面的操作过程变得更简洁、轻松、舒适。UI 设计在界面中除了能美化界面，还可以根据用户的使用习惯领会用户意图，减少用户操作步骤。用户界面在生活中随处可见，常见的功能展示页面、注册登录页面、手机操作页面等都属于用户界面。UI 存在于计算机、智能手机、智能手表等各类型的显示终端，唱戏吧 App 的 UI 设计如图 7-1 所示。

图 7-1 唱戏吧 App 的 UI 设计

（二）优化客户购物交互体验

优化客户体验的核心，在于能否从客户的角度出发，来设计购物和浏览的流程。流程设计一般从心智模型、思维模式、友好反馈、视觉心理方面进行考虑。

首先，视觉设计信息表达需要符合用户心智模型。信息提示的图标设计、文字排版、色彩运用等整体设计与客户所构建的心理模型的契合度越高就越容易受到客户的青睐与喜爱。

其次，视觉设计的隐喻设计要迎合用户思维模式。“隐喻”是一种既简单又复杂的思维方式，通过人脑日常的积累，将未接触的抽象复杂的事物转化为一种与之相关联的浅显易懂的事物的联系。当这种联系初步建立时，用户在进行使用的过程中便会觉得得心应手。对现实情况中购物的场景、过程及活动对象进行模拟，可以减轻用户在使用过程中的障碍，使用户在体验过程中感到亲切而熟悉。例如购物车，在现实世界中的常规概念里，它是一个装东西的容器，有存放商品、取出商品等功能。在购物交互体验中，如果有类似的功能，就会符合客户的心理预期，迎合客户的思维模式，让客户不需要有更多的思考。

再次，视觉设计需要友好的交互反馈。交互反馈可以根据交互界面的反馈大致可分为：视觉反馈，听觉反馈，触觉反馈三个类型。视觉反馈是与用户进行交互时最重要的反馈形式，可以让用户得到良好的反馈体验。如当用户进入等待界面时，图形在客户的视野中呈顺时针有缺口地转动，直至下一界面出现。另外，重视“快速的被解决问题”及“效率与便利”。提供即时的线上客服、自动应答的聊天机器人、完整的常见问题集（frequently asked questions，FAQ），都能即时的解决潜在客户的问题。而简易的流程设计，如一键加入会员而不需先填写大量个人资料、订单配送状态通知、简易快速的退款服务等，将能优化消费者购物时的效率及便利性。

最后，视觉设计要满足用户视觉心理。通常情况下当用户进入到交互页面时，给用户视觉造成最直观的冲击是界面色彩效果。色彩的使用会影响用户心情、状态等各个方面，不同的界面色彩表达会给用户造成不同的浏览体验。另外，UI 的视觉要素中要注意调整各元素之间的一致性。交互界面中常涵盖多个元素，不同元素之间的交互目标需要互不干扰。UI 元素的外观是否和谐统一会直接影响用户的交互体验。同一类型的应用环境采用统一样式的格局，这样可以起到维护用户的思路，减少界面切换时的脱离性，提高交互体验的轻松感的作用。

（三）购物交互体验在跨境电子商务视觉营销策划中的应用

购物交互体验影响店铺用户在店内的访问路径。店铺是一个微型网站，它由主页、详情页及二级页面等多种页面组成。落地店铺视觉营销策划，需要厘清店铺页面的逻辑关系。利用页面之间的关系实现精细化展示、重点展示，凸显店铺可成交性，提高转化率。

店铺页面结构分为层级结构、树状结构等类型。其分类原则和产品分类原则类似，可以根据类目，也可以根据自定义的属性与使用场景来分，最终目的是便于用户购物与商家进行信息管理。例如，某服装店铺的页面结构包括 HOME PAGE、DRESS、COAT，DRESS 下又有 PARTY DRESS 和 COCKTAIL DRESS 的细分产品集合页，店铺页面结构如图 7-2 所示。

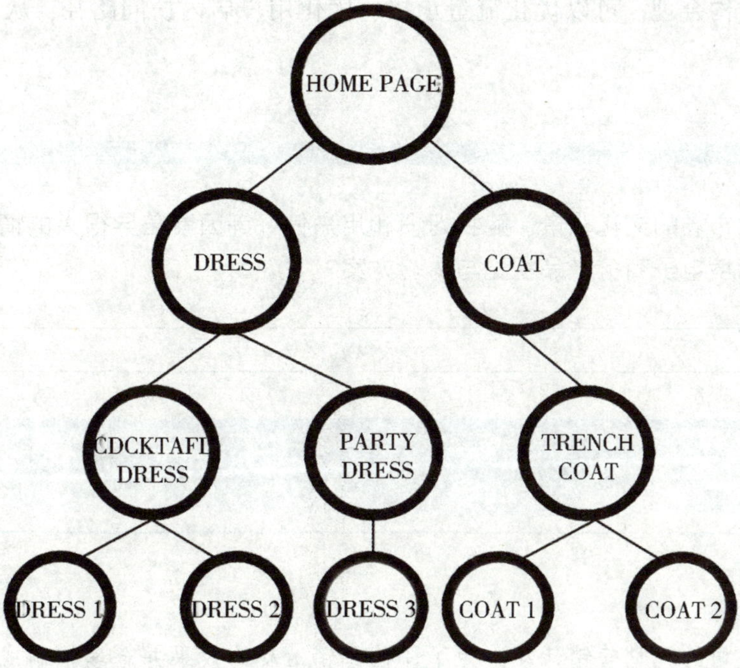

图 7-2　店铺页面结构

用户在店铺内的访问路径不是统一的，而是个性化的。用户进入店铺有一个落地承接页（以下简称“落地页”），这个落地页可能是店铺首页，也可能是二级页面、三级页面或者详情页、活动页，再由落地页进入中间页，最终引出成交、跳出等动作。店铺流量路径如图 7-3 所示。

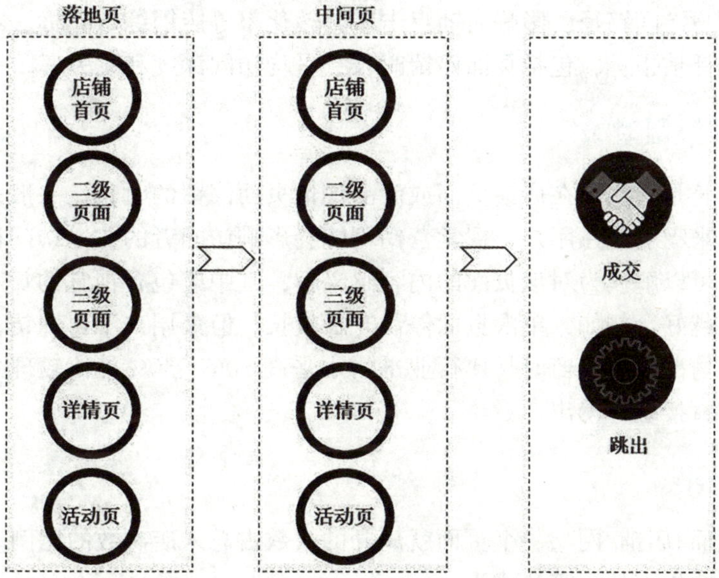

图 7-3　店铺流量路径

店铺页面结构合理，可以优化流量承接、优化用户店内访问路径，从而提升店铺转化率。

技能训练

如何在不同市场的文化背景、购物习惯和用户偏好等因素差异很大的情况下，为公司提供定制化的跨境电子商务产品视觉与体验方案？

任务三　视觉营销效果评估

任务描述

小王负责公司的视觉营销活动，为了评估营销活动的效果并合理控制成本，需要探索视觉营销效果评估与成本测算。因此，本任务的目标是探讨视觉营销活动的效果评估和成本测算，帮助小王有效管理营销活动，提升视觉营销活动的效益和推广效果。

任务分析

一、视觉营销成效评估指标

视觉引导用户访问路径，影响店铺点击率、转化率等店铺综合指标。本任务介绍在视觉中常见的过程评估指标，包括页面停留时长、平均访问深度和跳失率。

（一）页面停留时长

页面停留时长是指用户在店铺页面或商品详情页面停留的时长。一般来说，店铺通过口碑或市场营销来吸引潜在用户，视觉营销可能会影响访问者的二次访问概率。客户在页面停留时间长，可以解读为对该页面的内容感兴趣，其中应包含视觉的贡献。但页面停留时长并不是越长越好，例如，单次页面停留时长较长，但是用户不再回访，这也不是我们所期待的。正常情况页面停留时长比行业平均水平高30%~50%是比较理想的。页面停留时长一般由系统直接统计得出。

（二）跳失率

只访问该页面/店铺/网站一个页面就离开的次数占总入店次数的比例。

例如，首页跳失率的计算公式为

$$首页跳失率=仅访问该页面人次/该页面的总访问人次\times100\%$$

例如，某店铺首页昨日总访问量是1 000人次，仅访问首页的是400人次，则昨日该店铺的首页跳失率为

某店铺昨日首页跳失率=仅访问店铺首页的人次/店铺首页的总访问人次×100%
=400/1 000×100%=40%

需要注意的有两点：首先，跳失率总是在一定时间段内才有意义，这个时间段即统计周期，故可以有日跳失率、周跳失率、月跳失率等；其次，跳失率也可以针对某个页面、店铺、网站进行计算，但归根结底是页面跳失率。

（三）平均访问深度

平均访问深度是指某来源带来的访客每次入店后在店铺内的平均访问页面数，即人均访问页面数。一般统计一段时间内的页面访问总量，然后计算人均值得到该时间段内的平均访问深度，商品详情页平均访问深度。平均访问深度值应在某个合理的区间，接近“1”时指示比较明确，说明该页面入口访客跳失率高，该页面存在优化空间。一般，该值太高时也认为不好，说明页面间的关联链接太多，访客需不断跳转，而每次跳转都没有转化。至于“太高”是多高，这和店铺客流、SKU数量、行业特性等多种因素相关。运营人员可以长期跟进某个行业，逐步定义该行业平均访问深度的合理区间。

除以上指标外，详情页转化率、访问路径、流量来源与流量去向也常用于视觉营销分析。

二、视觉营销的成本测算

跨境电子商务中的视觉营销成本主要包括人工成本、素材拍摄处理成本，以及推广成本等。人工成本包括摄影师、设计师、模特等人员所花费的成本。素材拍摄处理成本一般包括设备成本、耗材成本等。推广成本包括线上和线下的渠道成本。实践中，因推广成本通常计入总体营销费用，故暂不考虑。另外，随着跨境电子商务行业专业化、精细化的分工趋势，部分企业对视觉工作进行外包，以降低企业的整体运营成本。

案例链接

某全球跨境电子商务公司在阿里巴巴国际站开设了新店铺，主营蓝牙耳机，因该产品类目竞争激烈，公司决定重视视觉营销，招募了专职设计师1人，年薪6万元。公司还采购了一套视觉设备，采购成本如表7-3所示，运营期间，所有设计工作由专职设计师完成，未在视觉设计方面追加投入。第二年该设计师离职后，该公司将旺铺装修整体外包给外贸服务市场的万国跨境电子商务服务公司，该公司的报价如表7-4所示。该店铺平均3个月更新一次店铺整体设计，每月更新一次首页；每年更新产品150个，其中需要模特拍摄的产品为20个，每个产品视频时长均为3分钟左右。请计算该店铺首年及第二年在视觉营销方面投入的成本。

表 7-3　视觉设备采购成本

设备名称	单位	数量	单价/万元	金额/万元
单反相机	台	1	0.935	0.935
摄影亮棚	套	1	0.165	0.33
背景架	个	1	0.055	0.11
背景布	块	3	0.033	0.099
相机三脚架	个	2	0.066	0.132
四灯头柔光箱	个	2	0.033	0.066
金银反光板	个	2	0.009 9	0.019 8
背景纸	套	1	0.006 6	0.006 6
拍摄台	台	2	0.033	0.066
机顶闪光灯	个	2	0.11	0.22
造型灯泡	个	20	0.003 3	0.066
闪光灯套装	套	3	0.341	1.023
拍摄道具	套	30	0.011	0.33
图像处理计算机	台	1	0.8	0.8
彩色激光打印机	台	1	0.5	0.5
木质储物柜	组	1	0.15	0.15

表 7-4　万国跨境电子商务服务公司的报价

服务类型	服务内容	报价/元	单位
拍摄、视频	静物拍摄	200	件
	模特拍摄	500	件
	视频拍摄与制作	1 000	分钟
设计服务	主图设计	50	张
	详情页设计	400	张
店铺装修	整店装修	800	次
	首页装修	300	次
	无线首页	300	次

【解】

（1）首年度，该公司的成本为：人工成本+设备成本=60 000+39 500=99 500（元）

（2）第二年度，该公司的成本为：

店铺整体装修成本+首页装修成本+产品拍摄成本+产品设计成本

=（800×2+300×12）+（200×130+500×20）+（3×150+60）×2 000

=5 200+36 000+15 000

=56 200（元）

技能训练

如何在不同市场的文化背景、购物习惯和用户偏好等因素差异很大的情况下，为公司提供定制化的跨境电子商务产品视觉与体验方案？

____

____

任务四　视觉营销方案策划

任务描述

在学习了视觉效果评估后，小王需要根据所学知识和公司的需求，制定出一份可行的视觉营销方案，以帮助公司达成销售目标和提高品牌知名度。通过本次任务，掌握视觉营销策划与实施的要点与流程。

任务分析

一、视觉营销策划与实施流程

视觉营销起步于视觉营销策划方案。一份成功的营销策划方案，不仅能让团队成员各司其职合作无间，还能在一定程度保障视觉营销的效果，使得投入产出的可控性提升。

（一）视觉营销方案策划流程

视觉营销方案策划一般包含五个步骤。这五个步骤由一系列影响用户视觉体验的决策组成，这些决策具有层次性且彼此依赖，可以逐步具体化视觉营销方案。

1. 确定视觉营销目标

任何营销策划活动开始前，都要制定营销目标，这是策划的总体构想，能为后期策划方案的实施和评估提供强有力的依据。其中的核心问题有两个。

一方面是企业想要表达什么样的内容、达成什么样的商业目标，进而确定店铺的转化率、页面停留时长等具体指标。

另一方面是店铺的主要客户群体想看到什么内容。这就需要了解该店铺的主要客户群体。例如，在阿里巴巴国际站，可以针对不同的客群、国家/地区对客户进行细分，并有针对性地设置其访问的页面，甚至可以根据客群设置不同的页面。

2. 视觉营销概念设计

要将视觉营销中的定位转化为实际的需求，需要对视觉营销的内容进行定性描述，如店铺的风格形式、色调等。例如，儿童服饰店铺可能会这样描述：卡通童话风格，黄色为主色，多用明快色调，整体感受温暖、舒适。这个阶段可以参考优秀竞争对手的营销方案。在产品层面，也可以评估现有市场中竞品的差异，找出自身产品的优势，在营销策划方案中，将该优势突出强调。

3. 店铺页面结构设计

店铺页面结构设计这一步骤厘清店铺页面的逻辑关系，设计用户在店铺内的访问路径。例如，某服装店铺的二级页面包括 DRESS 和 COAT，其中，DRESS 下有 PARTY 和 COCKTAIL 两个细分产品集合页。那么这个店铺就是“首页-二级页面-三级页面-详情页”四级结构。

4. 页面框架设计

页面框架设计是指某个具体页面的框架布局设计。阿里巴巴国际站的页面主要分三类，首页、二级页面和详情页。不同的页面有不同的逻辑结构，框架设计要将内容、视觉元素、交互功能进行统一的、有内在凝聚力的架构布局，达到视觉营销效果与效率的最大化。更细节的有商品、认证证书、展会图片等的陈列方式，以及页面整体的视觉动线设计，均应在页面架构设计阶段考虑。

5. 视觉素材规划

最后进行素材的规划，包括图片素材、文字素材、视频素材等。不仅要确定素材种类，还要确定具体数量、质量标准，以及筹备进度计划等。

（二）视觉营销方案实施流程

首先，一套新的视觉营销方案准备好后，不能直接投入市场使用，而是应该进行试运行。因为方案一旦失败，就会造成很大的损失，所以试运行不可省略。A/B 测试是比较常见的方法，将新方案与旧方案同时执行一段时间的 A/B 测试，根据测试结果决定是否启用新方案。有时，因主图对曝光点击率的影响较大，还会对主图进行单独测试。

其次，要根据数据反馈，完善视觉营销策划方案。

再次，正式启用。视觉营销策划方案完善后，就要正式投入市场使用。在这个阶段，要严格按照策划方案进行，控制好预算，营销负责人要起到监督作用。

最后，跟踪评估视觉营销方案。在视觉营销过程中，要进行跟踪评估和总结，并落实在书面报告上，以便沉淀经验，循环迭代。

此外，视觉营销还应该注意以下几个问题。

1. 视觉营销应该与其他营销紧密联动

视觉营销是整个跨境电子商务营销的重要组成部分，不能与其他营销任务割裂，经常换首页，不与其他营销联动，不对整体营销目标负责的做法完全没有意义。

2. 视觉营销需要有节奏地实施

确定一轮视觉营销的总周期后，应细分为多个小周期，把视觉营销的总目标分解到每个小周期目标中，明确小周期内的营销动作、规则，这样有利于提升视觉营销目标的达成率，反复迭代也更能培养视觉营销团队的能力。

3. 创意是视觉营销成功的关键因素

创意可以参考同行标杆，但不能照搬别人的东西。只有充分体现本企业特点的创意，才能赢得消费者的信任。

二、店铺视觉营销策划案例

（一）进行主要客户群体定位

L&C 店铺的主要采购客户群体来自于东南亚、印度，年成交金额在 500 万元以上，一般是最低起订量，年交易次数在 2~4 次。次要客户群体是小批发群体，来自于东南亚、美洲和欧洲，年成交金额在 6~12 万元，年交易次数在 2~8 次。因此，店铺视觉营销策划除了一般的店铺页面，还要重点考虑这两类客户群体的需求，设置千人千面首页，如表 7-5 所示。

表 7-5　L&C 店铺主要客户群体定位

客户群体	客户属性		视觉营销要点
重点客户群体 1	区域属性	东南亚、印度	千人千面首页 1
	年成交金额	500 万元	
	MOQ 偏好	高	
	交易次数	2~4 次	
重点客户群体 2	区域属性	东南亚、美洲和欧洲	千人千面首页 2
	年成交金额	6 万~12 万元	
	MOQ 偏好	中	
	交易次数	2~8 次	

（二）规划商业目标

1. 店铺转化率

L&C 店铺的平均转化率为 2.3%，计划通过视觉营销的投入，提升 0.2%的转化率，使店铺转化率达到 2.5%以上。

2. 首页人均访问时长

参考阿里巴巴国际站平台数据得知，首页行业平均的人均访问时长为 40 s 左右。该店铺首页人均访问时长从 5 月份开始就处于行业优秀水平之下，并呈现逐渐下降的趋势，8 月份甚至低于了行业平均水平，亟待调整。计划通过此次视觉营销策划，将首页停留时长恢复到 45 s 以上。

3. 产品页人均访问时长

参考阿里巴巴国际站平台数据得知，同行优秀的产品页人均访问时长为 200 s 左右。该店铺产品页人均访问时长从 5 月份开始超过了行业平均水平，并逐渐上升到 160 s 左右，距离行业优秀水平尚有差距。该店铺计划通过此次视觉营销策划，能使产品页停留时长达到 200 s 以上。

（三）形成视觉营销策划表

经过视觉营销定位策划，形成视觉营销策划表，如表 7-6 所示。

表 7-6　视觉营销策划表

策划人：Coral	策划时间：2024-02-10
视觉营销要素	要素说明
客户定位	店铺存在两个重点客群
商业目标	店铺转化率大于 2.5%
	首页人均访问时长大于 45 s
	产品页人均访问时长大于 200 s
协助部门及任务	运营部：装修数据监控、测试策略沉淀
审批意见	CMO：同意

确定了该视觉营销目标之后，对页面结构、页面框架、页面元素进行了一系列的配套设计，经过一段时间的数据监控，店铺首页访问时长达到了 51 s，店铺产品页访问时长达到了 200 s。

技能训练

视觉营销方案的执行和监测非常关键。你认为在执行过程中，应该注意哪些方面以确保方案的成功?

____

____

项目小结

本项目首先介绍了视觉营销基本概念与重要性，强调跨文化审美差异；其次介绍了视觉元素与用户体验的关系，探讨新技术提升购物体验；再次介绍了视觉营销效果评估方法，包括数据分析、用户反馈和竞争对手分析；最后介绍了视觉营销方案策划思路，强调明确目标、分析竞争、制定策略和持续优化。

练习思考

一、选择题

1. 视觉营销在跨境电子商务中的作用不包括（　　）。

A. 提高品牌知名度和美誉度　　B. 提高产品的价格竞争力

C. 增加售后服务的满意度　　D. 扩大市场范围和销售渠道

2. 以下哪些元素可以用来提升跨境电子商务的视觉营销效果？（　　）

A. 商品介绍　　B. 网页加载速度

C. 社交媒体推广　　D. 用户界面设计

3. 以下哪些指标可以用来评估视觉营销的成效？（　　）

A. 总投入成本　　B. 浏览量

C. 用户评论　　D. 物流时效

二、填空题

1. 跨境电子商务图片主要分为两大类：____________和____________。

2. 跨境电子商务中的视觉营销成本主要包括______________、______________，以及______________等。

3. 视觉营销方案策划一般包含五个步骤包括：________________、______________、______________、______________、______________。

项目八

跨境电子商务社交媒体

项目导读

社交媒体作为一种广泛应用于网络社交和信息分享的平台，已经成为商务推广和品牌营销的重要渠道之一。本项目将重点探讨跨境电子商务在社交媒体领域的应用和营销策略。

学习目标

知识目标

◆理解社交媒体的定义及其特点。

◆掌握主要的社交媒体平台，包括 TikTok、Facebook、YouTube 和 Instagram 等。

◆理解社交媒体营销的概念和优势。

能力目标

◆能够分析和评估不同社交媒体平台的特点和适用场景，为跨境电子商务项目选择合适的平台。

◆能够制定和实施社交媒体营销策略，包括在 TikTok、Facebook、YouTube 和 Instagram 等平台上进行有效的品牌推广和营销活动。

◆能够运用工具和数据对社交媒体营销的效果进行分析和评估，及时调整策略，提高营销效果。

◆能够通过社交媒体与用户进行互动和沟通，增加用户黏性和忠诚度，提高品牌的口碑和影响力。

◆能够创造并发布有吸引力的社交媒体内容，增加用户的参与度和分享度，扩大品牌的影响范围。

素质目标

◆提高学生对社交媒体的学习和研究能力，培养对新兴媒体的敏锐观察力。

◆培养学生社交媒体运营策划的创意能力和灵活应变能力。

◆培养学生团队合作和沟通能力，适应跨境电子商务项目的协同工作环境。

思政目标

跨境电子商务课程对于提升学生的国际视野和文化素养具有重要意义。跨境电子商务作为国际贸易的一种形式，涵盖了不同国家的商业模式和文化习俗。通过本项目学习，学生可以掌握国际贸易的理论知识，深入了解不同国家的商业环境和文化特点，从而培养跨文化交流的能力。此外，还有助于增进学生对不同国家文化多样性的认识和尊重，进一步巩固国际友谊与合作。

任务一　社交媒体概述

任务描述

小王意识到社交媒体是一个重要的营销渠道，因此他决定开始探索如何通过社交媒体来提升产品的销量。通过本任务了解社交媒体的概念与特点，掌握社交媒体的应用方法。

任务分析

一、社交媒体的特点

社交媒体（social media），也称社会化媒体。其中，社交是指人与人之间的交互与沟通，而媒体是指用于存储和传送信息或是数据的技术。所以，社交媒体是一种基于计算机，通过虚拟网络和社群来促进观点、思想和信息分享的技术。社交媒体基于互联网，为用户提供了快速的电子交流渠道来分享内容，如个人信息、文件、视频和照片等。用户使用电脑、平板电脑或智能手机通过基于网络的软件或应用程序与社交媒体互动。截至2021年10月，全世界约有45亿社交媒体用户。

来自欧洲商学院的两位教授安德里亚斯·卡普兰（Andreas·Kaplan）和迈克尔·哈恩勒（Michael·Haenlein）是这样认为的：社交媒体是指“A group of Internet-based applications that build on the ideological and technological foundationsof Web 2.0, and that al-low the creation and exchange of user-generated content”。这一定义中有两个重点的概念，即互联网2.0和用户生产的内容。有别于传统的互联网1.0，互联网2.0是一种由用户主导而生成的内容互联网产品模式。在社交媒体的平台上，内容是由用户自己生产的，所以社交媒体又叫作自媒体（consumer-generated media，CGM）。

根据皮尤研究中心（Pew Research Center）的数据，社交媒体用户正在变得更年轻。

在 18~29 岁的人群中，近 90%的人至少使用一种社交媒体。此外，这些用户往往受过更好的教育，并且相对富裕，或者年收入超过 7.5 万美元。

社交媒体有以下几个特点。

（一）自发性

用户在社交媒体注册账号、发布内容、评论和分享别人的内容，都是自发性的行为，大部分是基于用户的兴趣。

（二）互动性

在过去以电视、广播、纸媒为代表的传统媒体时代，信息的流动是单向的，即信息由企业、政府机构等流向个人消费者。这一切在社交媒体时代发生了本质的改变，社交媒体具有很强的互动性，信息的流动不再是单向的，而是双向的。在今天，任何一个普通的个人消费者都可以通过社交媒体向大型企业传递自己的观念和看法，甚至有时候还能得到企业官方的回应。

（三）多样性

在社交媒体上参与讨论的用户人群以及他们发布的内容都具有多样性，社交媒体上的话题几乎覆盖生活的方方面面，而来自全世界任何角落的任何人都可以通过社交媒体参与讨论，发表自己的看法。

（四）公开性

用户在社交媒体上发布的所有信息，除非设为仅自己可见或仅好友可见，均是公开在全世界范围内的，理论上全世界任何地方的人都能通过社交媒体账号看到某位用户对某一事件的评论或看法。

（五）即时性

在传统媒体的时代，不管是电视新闻还是报纸新闻，都需要提前一天甚至更长的时间进行准备。等到打开电视或是收到报纸，看到这一新闻的时候，其实看到的都已经是过去发生的事情了。而在社交媒体的时代，传统媒体，特别是纸媒的没落，正是由于它们无法赶上社交媒体的步伐。在社交媒体上，发生的一切都是即时的、实时更新的，这是它非常显著的一个特点。

二、社交媒体营销优势

社交媒体营销（social media marketing），是指利用社会化网络、在线社区、博客或者其他互联网协作平台媒体来进行营销、公共关系维护和客户服务的一种方式。

在过去几年，世界范围内最流行的社交媒体平台经历了多次变迁。Facebook 仍然占据统治地位，但 TikTok（海外版抖音）收获了所有社交媒体平台中最快的增长速度。这个基于短视频的社交媒体平台五年前横空出世，目前的月活跃用户数量已经排名第五。与此同时，图片类社交媒体平台“鼻祖”Instagram的月活跃用户数量也有了惊人的增长，目前排名第四。谷歌旗下的视频社交媒体平台YouTube以超过20亿的月活跃用户数量排名第二，仅次于Facebook。Whatsapp是最流行的即时通信软件，以接近20亿的月活跃用户数量排名第三。

Snapchat是近年比较流行的图片社交媒体平台，特别在20岁以下的青少年中相当盛行，主要特色为“阅后即焚”功能。LinkedIn（领英）则是在全世界范围内较为流行的一款职场社交媒体软件。以电子布告栏为特色的平台Reddit、以瀑布流形式展示图片的平台Pinterest和老牌社交媒体平台Twitter同样进入了前十名。

（一）占比大

10年前，电视还在人们的生活中占据绝对的“统治”地位，人们绝大部分的时间都花在了电视上，而这一比例正在下降，随之而来的是社交媒体在生活中占比的快速提升。可以说，传统媒体与人们渐行渐远，社交平台则是百家争鸣，社交媒体营销几乎已经成为品牌营销的“规定动作”。

根据研究机构Zenith提供的调研数据，互联网在全球日均媒介消费中的占比正在逐年攀升，目前已几乎与电视平分秋色，在一些地区互联网的占比甚至已经超越了电视。

（二）定位精准

社交媒体营销是一种可以精准定位目标客户群体的营销方式，而这对于市场营销活动的成功与否来说是非常关键的。更加精准的客户定位，意味着可以花更少的预算触及更多真正有效的潜在客户，并带来更高的转化率。基于对大数据的分析，可以对社交媒体上的客户有更深入的了解，掌握更丰富的客户资料有助于更加精准地定位目标客户，提高营销活动的效率。而移动端社交媒体特有的基于位置服务（location based service，LBS），能更好地帮助一些本地企业和商户开展营销活动。

（三）可信度高

社交媒体营销属于“口碑营销”的一种（图8-1），产品的好坏由社交媒体用户分享给他们的好友，这是一种“用户告诉用户”的熟人营销模式。相比于传统的广告，口碑营销具有更高的可信度，能更大程度上影响用户的购买决定。

（四）节约成本

社交媒体营销是一种高度社会化、低成本的营销活动，也就是说，可以用较少的预算，触及较多的用户，带来广泛的传播和影响。很多时候，如果不使用付费推广，那么开展社交媒体营销活动几乎就是零成本的，只需要一位员工来打理社交媒体账号即可。而这部分工作往往可以交由实习生来进行，为公司降低人力成本。因此，社交媒体营销非常适合创业者和小型跨境电子商务经营者。

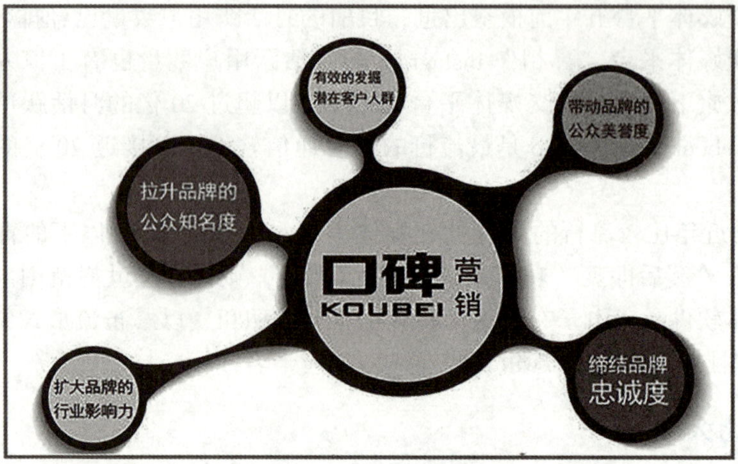

图 8-1 口碑营销

（五）客服补充

当无法通过站内信等方式联系到跨境电子商务平台的买家时，社交媒体营销可以成为跨境电子商务平台自有客服体系的一个补充。例如，Facebook 在 App Store 排行榜位列第 8，而 Facebook 旗下实现在线沟通功能的 Messenger 在 App Store 排行榜的排名则高达第 4，如图 8-2 所示。可以说，那些无法通过站内信联系到的客户，在社交媒体上几乎是“秒回”信息。所以，在社交媒体平台上与客户进行联系，不仅效率更高，也能带来更好的客户体验。社交媒体也利于商家对老客户进行二次营销，可以通过社交媒体平台及时地通知店铺的任何上新或是促销活动，为店铺吸引更多的流量，带来更多的订单。

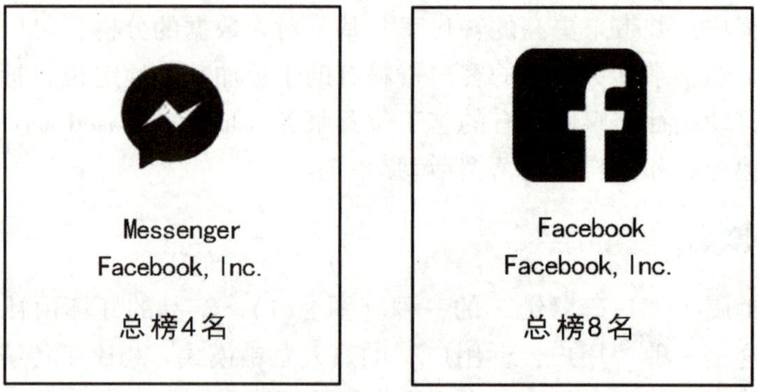

图 8-2 Messenger 和 Facebook 在 App Store 的排名

技能训练

你可以列举一些主要的社交媒体平台吗？它们各自的特点是什么？

任务二　TikTok 营销与策划

任务描述

小王在为公司完成了搜索引擎营销推广任务之后，开始探索如何通过社交媒体渠道为产品提升销量，首先，小王需要对 TikTok 做全面的了解。通过本次任务，掌握 TikTok 的特点、营销策略、广告投放方法和步骤等。

任务分析

一、TikTok 的特点

TikTok（抖音国际版）是北京字节跳动科技有限公司旗下的短视频社交平台，于 2017 年 5 月上线。根据 SensorTower 的数据，截至 2024 年 4 月，TikTok 的全球下载量已超过 49.2 亿次，月度活跃用户数突破 15.82 亿，成为全球第五大最受欢迎的社交应用。

移动数据和分析公司 APPAnnie 发布的《2021 年移动市场报告》显示，TikTok 的上升趋势有望在 2021 年继续保持，预计在 2021 年，TikTok 的月活跃用户数不会仅限于 10 亿，而是有望破 12 亿大关，如图 8-3 所示。

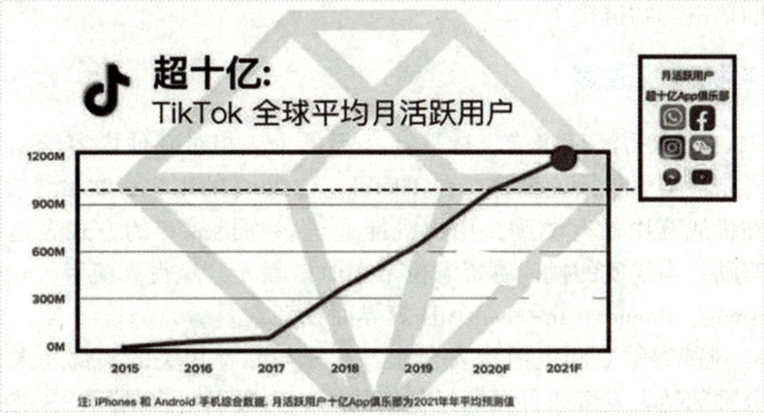

图 8-3　TikTok 的月活跃用户数

TikTok 主要用于查看和创建视频，每一个短视频时长为 30~60 s，屏幕主体为上传者本人。软件提供一系列选项，将素材结合起来，包括用户自己用手机拍的视频，这些视频可以上传，通过用户工具在 App 内创建视频，并分享到其他社交媒体网站上。用户还可以玩转视觉滤镜、时间效果、分屏、贴纸、GIF、表情符号等其他有趣的创意效果。

二、TikTok 的营销策略

TikTok 的商业化已在稳步发展。随着越来越多的内容创作者加入其中，主播也层出不穷，TikTok 的营销策略正在被越来越多的品牌接受和应用，品牌通过 TilcTok 营销来打造品牌影响力，第三方跨境电子商务平台卖家也开始通过 TikTok 营销进行引流转化。品牌在 TikTok 中营销策略如下。

（一）发布短视频

卖家找到与产品相匹配的 TikTok 用户之后，与用户合作创作出一分钟左右的创意“种草”短视频，吸引用户观看的同时，展现产品的爆点，让用户产生强烈的购买欲望。同时，因为 TikTok 的特殊推荐机制，只要发布的视频足够优秀，用户的用户互动足够多，TikTok 算法就会将视频推荐到更大的流量池，进而提高视频曝光量和增加目标受众。而将用户和内容结合最大的优势在于，不仅可以将品牌推广至主播的私域流量中，还可以通过 TikTok 平台推送至更大的流量池，吸引更多的潜在用户。

（二）开启直播销售

相比较短视频营销方式，直播带货刺激用户消费的目的性更强一些，还可以更好地测试出用户的需求性。通过 TikTok 主播直播销售，也能更有效地激起用户的购买欲望，由于对主播的信任和喜爱，大部分用户都愿意听从主播的意见到相应的页面选购。现阶段，印尼地区已经实现了国内的销售模式，即主播通过直播间向用户展示产品，用户可直接在购物车当前页面单击购物链接下单。

（三）发起标签挑战赛

品牌想在 TikTok 获得海量曝光，挑战赛必不可少。相对其他内容营销方式，挑战赛内容难度低、复制性强、传播速度快。在 TikTok 上，80%的用户喜欢参与挑战赛，因为品牌方一般都会在挑战赛中设有奖励，用户既能通过参加挑战赛的方式表达自我、抒发情感，还能赢得奖励。当优质的挑战赛资源位带来海量曝光，赢得高流量人口，用户就可以从 ForYou、Hashtag、Banner、In-Feed Ads 等界面找到它。

当然 TikTok 挑战赛需要和主播达人合作，选择与品牌相关的头部达人作为首位挑战者，再结合部分腰部达人发酵事件，通过他们的影响力吸引更多的用户来参与挑战。达人们本身就带有超高热度，作为关键节点，可以帮助挑战赛扩散到更多用户。他们既是挑战赛活动的第一轮参与者，也是第一股驱动力量。同时，邀请达人进行示范，可以给用户一个清晰模板，更加容易参与。在这过程中，既能够更加多元化地展现品牌的价值和品牌想要传播的内容，也提高了品牌效应，达到营销效果。

TikTok 话题挑战赛可以在不少营销场合使用，如新品发布、活动预热等。找到契合平台的活动调性，结合用户的兴趣点，TikTok 会带来更好的营销效果。

（四）开启 TikTok 广告投放

在 TikTok 上不止可以借助网络明星来引流获取免费流量，还可以通过付费流量一起推广。目前 TikTok 主流的付费广告类型包括了开屏广告、In-Feed Ads 和贴纸广告等，其中最常见的就是与主播相结合的 In-Feed Ads。

In-Feed Ads 有最长 60s 的全屏广告，原生 UI 页面，自动有声播放，无须注册企业账号，投放更便捷，CTA 按钮可根据广告创意智能算色，并有九种定制文案可跳转至广告落地页、站内页面或下载页。In-Feed Ads 信息流广告会显示在用户滑动 TikTok 首页视频中，适合有品牌曝光需求的品牌。但当 Ads 与主播结合就不仅仅只有曝光的目的，还包括了引流转化等有效收益。

案例链接

TikTok+OPPO 强强联合为新品造势，泰国掀起 Reno 10 种草潮

OPPO 从 2009 年进入泰国手机市，几年内快速在泰国智能手机市场销量登顶，从一开始，该品牌的市场定位就非常明确，细分为 35 岁以下的青年群体，年轻一代更容易接受新鲜事物，对时尚产品的追求也更高。而泰国的人群 7000 万，其中 43%的人群为 35 岁以下，这意味着 OPPO 在泰国有着很大的潜在市场。

2023 年，OPPO 在泰国使用了多种宣传方式，比如电视广告，明星代言，社交媒体平台等，TikTok 在泰国迅速成为火爆的社交媒体后，OPPO 也将一部分宣传重心放到了 TikTok 短视频。

通过相关数据显示，使用 TikTok 的泰国人群中，19-25 岁是最活跃的受众，占比 39.09%，而 33-39 岁的用户仅占比 6.52%。并且 TikTok 在泰国的使用率再一次增长到全球第一，其中使用最活跃的便是青少年，这与 OPPO 的定位高度符合。

2023 年 9 月，OPPO 在泰国推出新款手机 Reno 10，针对海外用户很难拍摄出好看的人像这一痛点，提出了#whenfriendsbecomepro 当朋友变专业的主题，在 TikTok 进行营销。

主题概述：当用户按下 Reno10 的拍摄键，它单反级别的拍摄效果，让人感受到“专业长焦人像”不仅让人像更突出，也让人与人的关系更亲近。那些或温情，或搞笑，或新奇的瞬间，曾经以为或许会错过的脸庞，都被如此完美地记录，如图 8-4 所示。

#whenfriendsbecomepro 标签在 TikTok 已经获得 4090 万播放，其中发布原创内容 34 条。标签内，用户均是使用 Reno10 拍照或者录制视频等，拍摄场景多元化。

本次通过 TikTok 主题营销传播了 Reno10 的性能特点，选择摄影师 KOL 和有摄影感的 KOL 在视频的样片中展示照片更高级，更有质感，增强用户认知，视频持续发酵，使目标用户主动搜索 OPPO Reno 10。

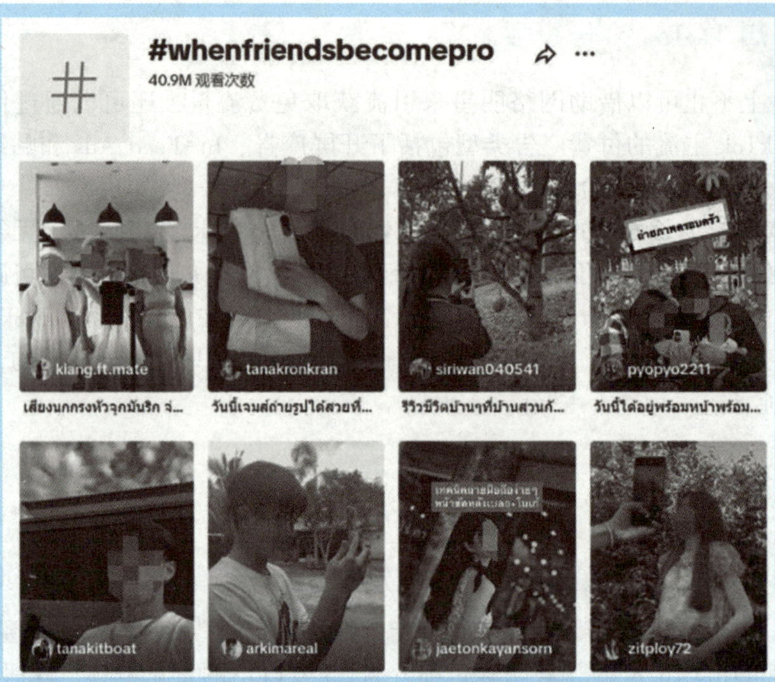

图 8-4　TikTok 主题营销

OPPO 品牌快速入驻 TikTok，通过灵活使用营销策略扩大了品牌效益。中国品牌想要成功出海，必须寻找海外当下最流行的营销渠道和营销策略，通过快速抢占新渠道才能建立起海外用户对中国品牌的认知度和忠诚度。而作为在全球风靡的社交媒体平台 TikTok，必定是中国品牌不可错过的出海媒介之一。

技能训练

你认为在 TikTok 上成功营销需要具备哪些关键要素？为什么这些要素对于 TikTok 营销至关重要？请结合 TikTok 的特点和用户行为分析进行回答。

____

____

任务三　Facebook 营销与策划

任务描述

小王在为公司完成了社交媒体营销中的 TikTok 营销推广任务之后，就要为公司完成

Facebook 营销推广任务了。现在，小王需要对 Facebook 的特点、营销策略、营销步骤及营销进阶技巧做更多了解。

任务分析

一、Facebook 的特点和营销策略

Facebook 是美国的一个社交网络服务网站，于 2004 年 2 月 4 日上线，主要创始人为美国人马克·扎克伯格。2021 年 3 月，Facebook 发布的用户数据统计报告显示，其月活跃用户超过 27.4 亿，有超过 6 000 万的活跃业务主页，并且每月有超过 10 亿用户使用主页自动集成的 Messenger 与其他用户或商家取得联系，给卖家和买家提供了一个简单、方便的沟通平台，有助于高效地促成交易。Facebook 不仅是高效的流量来源与高效的互动平台，同时也是高效的品牌宣传渠道和高效的营销工具。

Facebook 上的社交类型有两种：自然社交和付费社交。自然社交是一种长期的免费社交增长策略，包括建立商业页面、生成帖子、通过评论和聊天与关注者互动。而付费社交包括通过 Facebook Ads Manager 管理和优化广告活动，是一种快速接触目标受众的短期策略。许多企业使用自然和付费相结合的社交策略来利用 Facebook，因为自然社交可以建立并与活跃的追随者进行互动，而付费社交可以唤起用户意识并宣传促销、产品或服务。

Facebook 有大量针对商业的营销机会，主要包括五种营销策略：Facebook Business Page、Facebook 广告、参与 Facebook 群组、在 Facebook Marketplace 上列出产品以及联合营销。

（一）Facebook Business Pages——适用于与目标受众户建立联系

Facebook Business Page 是个人资料页面的商业版本，包含位置、时间、服务和用户评论，以及添加自定义选项卡和行动号召（CTA）选项，如立即预订（book now）或 Facebook Shop。为了创建 Facebook 广告，企业必须有一个 Facebook 商业页面。商业页面不仅可以在 Facebook 上找到，还可以在 Google 等搜索引擎中找到。通常商业页面被用来建立品牌知名度，联系目标受众，并宣传促销等，同时它也是使用 Facebook 广告和 Facebook 群组等其他营销工具的先决条件之一。

（二）Facebook 广告——适用于快速向目标受众传递特定信息

Facebook 广告为企业提供了一种通过特定信息接触目标受众的方式，而这些特定信息不一定能够通过自然帖子接触到。Facebook 广告是一种按点击付费广告，企业根据点击、视频观看次数或转化率等受众互动来付费。任何拥有 Facebook 商业页面的企业都可以通过 Facebook Ads Manager 设置广告。

Facebook 广告的独特之处在于，它为企业提供了一种接触目标受众的途径。换句话说，广告客户可以精确地找到他们想要把广告展示给谁。除了接触目标受众，Facebook 广告还可以帮助企业实现特定的营销目标。

（三）Facebook Groups——适用于品牌知名度的自然增长

Facebook Groups（Facebook 群组）是用户为了共同的兴趣或业务而建立联系的社区，如图 8-5 所示。企业通过积极参与现有的群组或创建和管理自己的 Facebook 群组来进行营销推广，可以帮助企业获得自然关注并接触到积极参与的目标受众。Facebook 群组并不是一种直接的广告形式或一种推广平台，相反，其重点是群组中的成员，Facebook 围绕他们的共同兴趣、目标或事业建立社区。

图 8-5　Facebook 群组

（四）Facebook Marketplace——适用于扩大额外的销售渠道

Facebook Marketplace 是 Facebook 于 2016 年 10 月在移动端推出的一个售卖功能，允许用户在 Facebook 上购买和销售物品。这并非企业的主要销售渠道，主要目的是让企业获得额外的曝光，转化为更多的销售量。

（五）联合营销——适用于口碑营销和提高品牌知名度

联合营销是指两家企业合作推广和交叉销售彼此的产品。这是一种免费的营销策略，可以帮助企业获得信誉和知名度。社交媒体营销中常见的形式就是与网络明星的联合营销。然而，企业也可以与其他企业联合营销，以促进彼此的产品或服务，并从其他的企业受众那里获得曝光。

二、Facebook 的营销步骤

（一）建立 Facebook 商业页面

Facebook 营销的第一步是创建商业页面。它不仅可以作为企业的个人资料，还可以用来在 Facebook 上创建付费广告。要创建商业页面，首先登录到个人账户，然后从页面顶部水平菜单的右侧单击“Create”按钮，在下拉菜单中单击“Page”选项，按照提示完成业务页面设置，如图 8-6 所示。

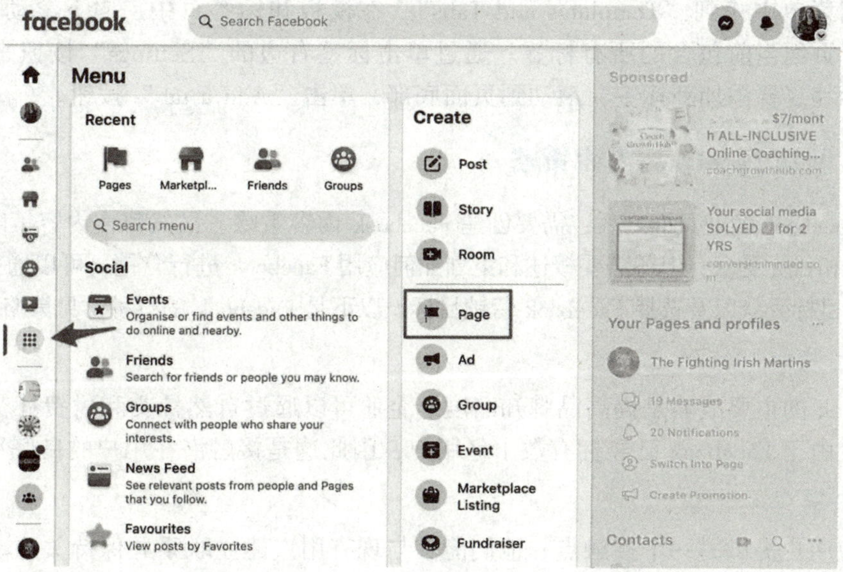

图 8-6　在下拉菜单中单击“Page”选项

接下来，输入页面名称和业务类别，单击“Continue”按钮并上传头像和封面照片。然后导航至商业页面左侧的“About”选项卡，并完成所有填写部分。如输入网站 URL、编写业务摘要、添加工作时间和任何其他相关信息，如图 8-7 所示。

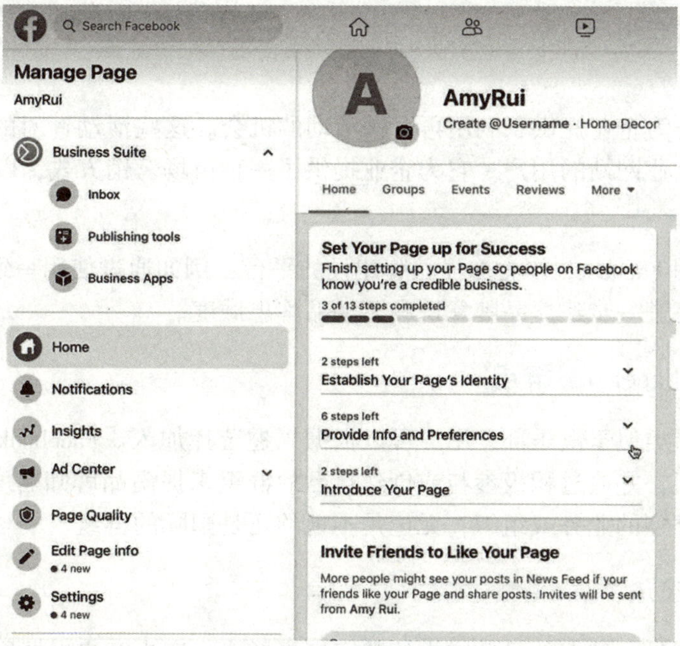

图 8-7　填写相关信息

完成业务页面的所有部分后，单击页面右侧的“+Add a Button”按钮，添加 CTA 按钮。然后，从选项列表中选择要添加的 CTA 类型，并按照提示完成该过程。

从左侧菜单中找到“Templates and Tabs”，在模板和标签页中，向下滚动到“Tabs”部分，查看页面当前包含的所有标签。通过单击标签右边的“Settings”按钮来更新或删除已有的标签。要添加新标签，滚动到页面底部，单击“Add a tab”按钮。

（二）创建 Facebook 内容策略

创建 Facebook 商业页面之后，需要创建 Facebook 内容策略。虽然每个内容策略都针对其需求、目标和目标受众，但还需要概述和策划如何应用 Facebook 进行营销，可以通过创建客户资料来确定目标受众以及选择 Facebook 营销目标。以下是 Facebook 的五种常见策略和目标。

1. 扩大受众

Facebook 的主要战略是提高品牌知名度。企业可以通过自然社交和付费社交网络吸引目标受众。由于 Facebook 已经拥有数十亿用户，因此这是接触潜在用户的良好平台。

2. 保持关注

通过为用户提供另一个接触点，他们能够与现有用户建立联系并保持关注。这对于正在寻找战略来推动重复销售并建立品牌忠诚度的企业来说是有益的。

3. 生成潜在用户

企业可以使用带有 CTA 按钮的 Facebook 商业页面（Facebook 的实时聊天功能）、Facebook Messenger、Facebook 群组和付费广告来生成潜在用户，这些付费广告可以将用户引导到商业页面或用于转换访客并生成潜在客户的登录页面。然后，企业可以通过一些营销策略来培养这些潜在用户。

4. 推动再营销

Facebook 广告为企业提供了利用再营销活动的机会。这些活动针对的是了解企业的用户，比如访问过企业网站的用户。它为企业提供了一种市场营销方式，以吸引潜在用户。

5. 加强品牌建设

企业可以利用 Facebook 作为加强品牌建设的平台，例如通过使用一致的品牌信息和品牌身份，而这又将进一步建立品牌意识和驱动品牌忠诚度。

（三）使用 Facebook 群组

Facebook 群组类似于俱乐部，用户可以根据兴趣选择加入。Facebook 群组让企业有机会加入现有的群组，并通过积极参与或创建自己的群组来提高品牌知名度。Facebook 群组服务于几乎任何类型的业务或组织，无论是本地的还是国际的群组。

（四）尝试投放 Facebook 广告

Facebook 广告是一种有效且低成本的数字广告形式。广告客户根据用户互动（如广告点击和转化率）付费，平均每次点击成本为 1.86 美元。要创建 Facebook 广告，先登录 Facebook，创建 Facebook Ads Manager 账户，然后转到你的账户，在首页单击“+”或“Create New”广告活动按钮以开始新的广告活动创建过程，然后逐步操作，完成所有步骤。

（五）在 Facebook 上保持活跃并吸引受众

Facebook 并不是一种“一劳永逸”的社交媒体渠道，而是需要企业在社交网络上保持活跃，才能继续扩大受众群体并保持受众参与度。企业在 Facebook 上保持活跃的主要方式如下。

1. 经常发布内容

生成内容是在 Facebook 上保持活跃状态的好方法。建议可以每周三天或每天的任何时间在 Feed 上发布内容。一般来说，企业和受众规模越大，发布的频率就越高，但仍需要考虑其行业和受众。

2. 参与 Facebook 群组

在 Facebook 上保持活跃和吸引用户的一个简单方法是参与 Facebook 群组。一定要选择一个与行业相关的群组，例如，瑜伽垫品牌可以加入瑜伽群组。但需要记住，群组是一种与目标受众互动的方式，而不是推销的场所。

3. 使用 Facebook Messenger

企业可以使用 Facebook Messenger 与页面访问者联系。许多人甚至使用 Facebook Messenger 作为客户服务工具。企业可以设置自动消息以显示给那些访问页面的人。

4. 发布故事

在 Facebook 上发布故事是一种与用户互动的有趣方式，它以一种有趣的、个性化的方式向用户展示当下正在发生的事情，从而建立联系。企业通常使用故事在后台分享照片和视频、业务更新或趋势等。

三、Facebook 的营销技巧

Facebook 的营销技巧主要有以下四种。

（一）账户技巧

1. 多个账号强化品牌曝光率

在 Facebook 上开设多个账号推广更有助于企业增加曝光度。因此需要建立两个账户，一个用来做权威发布，一个用来做转发。

2. 设置与品牌相关的信息链接

设置账号信息时，确保账号封面、头像等信息与品牌或产品相关，同时企业简介里可以让用户看到网站网址，让更多人有机会打开链接。

3. 多个账号安全绑定

为防止账户因安全问题被盗或误判广告被封，除了遵守 Facebook 的推广政策和选择稳定的外网，建议前期就加强账户安全设置，多个账户绑定安全关系，设定多个管理员，以便后期找回账户、解封账户。

（二）品牌主页技巧

1. 针对用户地区设计不同品牌主页

创建主页的时候首先要明确主页的目的是什么，是宣传企业、店铺还是宣传产品？产品优势是什么？需要把这些问题先想清楚，再去创建主页，填充内容。如果品牌影响力足够大，海外用户群体广，则可以专门针对用户地区设计不同品牌主页。

2. 参考区域风格设计品牌主页

品牌主页的设计要参考区域风格并找准用户定位。品牌主页的名称要和品牌或业务地区相关，这样更容易吸引潜在用户。

3. 品牌主页设计引发情感共鸣

品牌主页设计必须要精彩，图片要精致、音频要动听、视频要自带流量，这样才能引起更多用户的情感共鸣，进而对品牌进一步关注。

（三）发布技巧

1. 发布行业热门话题

在 Facebook 上搜索和产品相关的 Facebook 专页，并将这些专页做细分，比如按地区、按话题，将这些专页上比较特别的信息分享到自己的专页，分享的时候加上热门话题或和产品相关的标签。

2. 发布企业产品和业务信息

利用手头产品和业务信息，外加在 Facebook 上搜索整合其他同行 Facebook 品牌主页产品信息，将企业的产品和业务也整理细分成各个模块，比如地区、话题、问答等，发布并共享至主页，以便让用户加强对品牌和产品的认知。

3. 发布用户青睐的图片信息

很多用户更青睐查阅精美的图片，因此，建议将企业丰富的产品图片做成相册图，每个图片说明带上产品链接。一致的 Facebook 产品相册集，会让用户眼前一亮，甚至迫切想了解更多。

4. 保持活跃和更新频率

为了得到更多人关注，保持活跃和更新频率非常重要。经常在社交平台踊跃表现的卖家，也会给别人带来更深刻的印象。除此之外，建议多参与别人的分享互动，多参加各种感兴趣的圈子，保持分享和交流互动。

（四）客户获取技巧

1. 利用 Facebook 对象搜索功能

利用 Facebook 对象搜索功能，需要先确定用户和客户人群，假设要定位的用户是可能购买印刷机的用户，可以在 Facebook 左上角搜索栏搜索“印刷机门店”。然后根据搜索到的对象发消息给对方，逐个加好友，邀请对方关注和赞品牌主页。

2. 挖掘同行 Facebook 品牌主页用户栏目

建立好 Facebook 专页后，需要持续地建立和专业相关的内容，才能吸引用户，得到用户的认同。如果不清楚用户可能喜欢哪些话题，可以先搜索和产品/业务相关的海外知名同行的 Facebook 专页，查看对方的品牌主页用户，将这些客户加为好友，很多此类客户就是潜在用户，可以邀请对方关注和赞品牌主页。

3. 邀请客户关注和赞品牌主页

在卖家已拥有一定客户人群的基础上，可以通过 Facebook 品牌主页邮件邀请的方式，邀请客户来关注和赞品牌主页。

4. 利用群组扩大关注

Facebook 的群组功能具有强大的互联功能，因为群组符合了 Facebook 基本属性——极具社交元素。从家庭聚集、小团体分享到兴趣俱乐部或专业讨论，其存在极易让用户彰显本身存在感从而形成对群组的高依赖性。充分利用 Facebook 群组功能，推广营销效果会大幅提升。

技能训练

景德镇市某陶瓷有限公司是一家专业生产陶瓷酒瓶、装饰酒瓶等产品的厂家，致力于将景德镇陶瓷文化与酒文化融为一体，逐步形成了以陶瓷文化为主的酒包装专有风格。为了开拓国际市场，扩大公司和公司网站的知名度，该公司打算采用 Facebook 营销方式进行公司网站和产品的推广。

请帮助该公司完成 Facebook 营销过程中相关任务的实施，制作一份 Facebook 营销推广方案。

____

____

任务四　YouTube 营销与策划

任务描述

小王完成了 Facebook 的营销推广任务，又开始探索另外一个主流的海外社交媒体平台——YouTube。小王需要对 YouTube 做全面的了解，掌握 YouTube 的特点、营销策略、广告投放方法和步骤等。

任务分析

一、YouTube 的特点和营销策略

YouTube 是世界上最大的视频共享平台之一，由三个前 PayPal 员工于 2005 年 2 月创建，总部位于美国加州圣布鲁诺。根据 YouTube 发布的统计数据，截至 2021 年 4 月，YouTube 拥有超过 20 亿的月活跃用户。用户可以在 YouTube 上传、浏览和共享视频。YouTube 使用 Adobe Flash 视频和 HTML 5 技术显示用户生成的视频内容，包括电影剪辑、电视短片、音乐录影带以及业余的内容，如视频博客、短原创视频、教育视频。

以视频内容输出的形式去推广产品，能让用户更加直观地了解产品品牌，从而对产品产生更强的购买欲望。视频的范围很广，不管是 B2C 模式的企业还是 B2B 模式的企业，都可以创建吸引用户的内容，社交媒体营销更是成为行业营销的新趋势。在视频营销快速发展的现在，更应该注重视频内容的营销及策略。

YouTube 营销主要有以下八种策略。

（一）建立 YouTube 品牌频道

在建立 YouTube 品牌频道时更应该注重的是向用户宣传品牌故事，从频道图标到频道描述等所有的内容都应该是传达品牌的声音。

在 YouTube 频道的“关于”部分中，添加品牌的简单描述，描述要保证每位用户都能了解到品牌，利用品牌故事吸引用户。

（二）不断创建能吸引眼球的视频内容上传到频道中

创建有故事、有情节的视频来吸引用户进行互动，最重要的是用 YouTube 来宣传品牌故事。向用户充分地介绍品牌产品，分析产品的优势、功能、体验以及如何使用产品的分步视频教程，但是一定要在用户最活跃的时候，找到合适的时间发布视频内容。

（三）优化 YouTube 视频描述中的关键词和缩略图

缩略图及关键词是决定用户是否点击视频播放的关键。因此，缩略图及关键词的优化能给视频的观看频率带来更好的效果。视频缩略图一定要能促使 YouTube 用户在浏览之后有点击观看的冲动，添加一张能吸引用户注意的缩略图是非常关键的。

在 YouTube 视频营销策略中，视频描述中的关键词也很重要，优秀的关键词能提升 YouTube SEO，但是前提一定是保证关键词与上传的视频内容一致，用一句能有吸引力并带有关键词描述的短句来促使用户点击观看视频。

（四）与用户互动来提升频道活跃度

视频有一些观看量之后，可以在评论区域与用户进行互动，回复用户的评论，让用户有参与感。YouTube 倾向于互动性更高的视频，因此较长的评论部分可以轻松地转化为更

多观看次数。

（五）全面分析竞争对手

了解竞争对手是任何企业营销策略中不可缺少的一部分，可以去了解其 YouTube 频道运作的模式并进行分析，查看他们的视频观看量、用户高观看量视频的内容形式及吸引点，这些能为以后创作视频带来灵感。

（六）紧跟行业趋势及动态

要在任何行业都处于领先地位，跟踪行业趋势和更新很重要。社交媒体行业本身就是一个充满活力的行业，行业以及平台上的新功能和趋势能为 YouTube 营销计划提供帮助。

（七）利用 YouTube 视频营销的优势

（1）流量：YouTube 有超过 20 亿的用户，每月处理超过 30 亿次的搜索。

（2）网站参与度：与其他媒体平台相比，从 YouTube 导航到网站的访问者在网站上花费的时间最多，浏览量最多，并且跳出率最低。

（3）Google 搜索结果：由于 YouTube 是 Google 的子公司，因此通常会在 Google 搜索的前 10 个结果中看到 1~2 个 YouTube 视频。

用户喜欢分享视频：YouTube 视频非常易于分享，他们可以嵌入 Facebook 帖子、博客帖子和推文中，所有这些视频仍会显示在 YouTube 的频道上。

（八）与 YouTube 上的主播联合营销

将主播营销纳入 YouTube 营销策略中，实施方案如下。

（1）选择适合的博主能触达更多的用户。

（2）根据博主的风格打造新的营销形式及内容。

（3）让博主@ YouTube 账户，来宣传品牌频道。

案例链接

YouTube 上的 UNice

UNice 的创始人、CEO 化云龙是土生土长的许昌人，他从十几岁开始就在当地的一家假发工厂打工。当时，当地的工厂还是传统的加工模式，并没有自己的品牌。

2011 年，他成立了自己的公司，主要通过第三方平台做 B2B 的假发批发。但是在做 B2B 外贸的过程中，他发现国外个人用户的购买需求越来越多，因此逐渐转为 B2C 的业务。转移到 B2C 后，化云龙非常希望把客户资源掌握在自己手里，于是在 2015 年建立自己的官网。

在产品上，他也逐渐明确了自己的定位。产品采用 100%真发，并且根据不同客户的需求，提供假发帘、接发、多种发型等，面向高端市场，如图 8-8 所示。

图 8-8　UNice 丰富多样的假发产品

对市场开拓的雄心和远见让企业业务不断增长，但是也遇到了不少问题和挑战。

挑战：身处四线城市，离海外市场似乎非常遥远，终端市场看起来更触不可及。从事 B2C 业务，需要更深入了解客户需求，和客户建立长久关系和互动，并增加黏性。

目标：和终端消费者建立良好互动，提高黏性；建立并打造品牌效应。

1. 建立免费的 YouTube 频道

社交媒体

要想和用户建立深入联系并传递品牌，对于假发产品来说，视频平台的直观展现和互动是最适合的。YouTube 作为全球最为流行的视频网站，上面的用户活跃度、互动性也非常强，所以 UNice 选择在 YouTube 上进行自己的品牌宣传。

首先，UNice 在 YouTube 上建立了自己的品牌频道，上传产品视频，这是完全免费的。有了自己的专属频道后，也就有了专属的品牌市场宣传的平台。

为了初步建立和用户的关系，让用户了解 UNice 这个品牌的特点，UNice 策划了一个品牌活动，鼓励用户要“美丽、自信”：分享你和 UNice 的美丽故事——你是独一无二的，对自己的美要自信。

这段视频因为说到了受众的心里，所以非常受欢迎，获得了 29.7 万次播放，成为 UNice 在 YouTube 上排名第二的热门视频。

在对 UNice 品牌高度认可的情况下，YouTube 上的 YouTube Creator（YouTube 上的自媒体发布者）成为 UNice 的“带货达人”，他们通过 UNice 的产品展示、使用示范、保养方法等一系列的视频全方位诠释了 UNice 这个品牌。

2. 用 YouTube Creator 撬动市场

这些 YouTube Creator 视频吸引了更多用户去浏览，激发了他们的购买欲，帮助 UNice 开启了直接与自己目标客户沟通的通道。

3. 用 Howto 视频满足消费者“痛点”

想加深用户和频道的链接，就需要了解用户的需求。UNice 通过与一部分消费者沟通和市场调查，发现目标市场有两大主要诉求，他们就通过制作相对应的视频，吸引用户的持续关注。

“痛点一”：去发廊做头发太贵了，自己戴假发又太难，怎么办？

解决办法：发布 Howto 视频，教用户自己在家也能轻轻松松用 UNice 产品做造型。不仅如此，还鼓励用户上传自己的视频，分享自己的使用体验。

“痛点二”：用户渴望获得流行的发型指导。

解决办法：用各种产品示例视频告诉用户什么发型现在最流行。

通过前两步，UNice 和现有客户建立了很好的链接，让客户从购买前到购买后，都获得全面的帮助。

4. 广告“发”力获得更多客户

UNice 通过免费渠道和一部分用户建立了联系，然而他们想要获得更多新的客户，这就要用到 YouTube True View 广告。

UNice 主要通过 YouTube 的兴趣定位，定位对美发、头发护理感兴趣的人群；把 UNice 的视频推送到了目标客户面前，“精准定位+YouTube Creator 视频号召力”成倍增加了品牌营销成果。

定位到这些客户后，广告的内容也至关重要。视频集中展示了 UNice 多款产品的功效，通过简单操作马上让人“改头换面”，既让客户了解丰富的假发样式，又能快速了解佩戴步骤，内容真实而贴近，十分有感染力。

UNice 在 YouTube 上的营销取得了非常好的效果，YouTube 上的视频观看时长达到了近 300 万分钟（约 5 万小时），累计播放次数 203 万次；他们的转化率也很好，每季度大约有 16 万人次将产品放进购物车，投资回报比达到了 1∶5。

UNice 从最初的 5 人发展到现有员工 150 人的规模。随着订单越来越多，他们还增开了工厂，UNice 的发展也为家乡的发展做出了贡献，为家乡的年轻人带来了职业发展的新方向，启发了更多在小城市的年轻人，用数字营销的方法将产品卖到世界各地，并不只是梦想。

技能训练

在利用 YouTube 进行营销策划时，你认为最重要的策略是什么？请解释为什么这个策略对于 YouTube 营销的成功至关重要。同时，请结合 YouTube 的特点和受众特征进行回答。

____

____

二、YouTube 四大营销推广方式

对于中国出海企业而言，YouTube 多样化的营销方式，以及超 20 亿海外用户体量，100 多个国家与地区的覆盖率，使得 YouTube 成为一个海外社媒营销中必走的一环。具体来看，YouTube 主要有四大营销推广方式：官方账号运营、广告投放、KOL 营销、YouTube SEO。

（一）官方账号运营

与所有海外社交平台一样，在 YouTube 上品牌亦需建立官方账号，作为所有营销流量汇聚中心点，提升品牌认知度。不论是在 Google、YouTube 还是 Facebook 上进行品牌搜索时，信息一致性将为品牌提供强大的影响力，提高品牌可信度。

在运营官方账号过程中，除了名称、照片、描述信息等基础信息要精准展现品牌属性和产品之外，最重要的就是内容规划，而一个有趣的品牌账号无形中吸引一群志同道合的品牌挚友。

举个例子：一个美国小母牛协会账号，它通过提供知识分享视频的途径吸引客源，基本上每一期视频保持在一个小时左右，目前已沉淀了 10 万的精准用户。由此可见，企业在 YouTube 上做官方账号运营需要尽可能细致的通过视频展现产品或者服务的特色，让目标群体学习到有用的干货知识，同时在平台算法推荐下增加粘性从而吸引精准客源。

（二）广告投放

相比较于传统视频广告只有平均 66%的观看率，YouTube 广告具有高达 95%的观看率和收听率。通过 YouTube 付费推广不仅能带来高质量的品牌曝光，而且还能收获销售线索，有 70%的用户在 YouTube 上看到某个品牌广告后搜索或购买了该品牌产品。

目前来看，YouTube 最常见的付费推广方式有两种：CPM（按照每千次曝光收费））和 CPV（按照每个“观看”来收费）。对此，不同企业可以根据自身的营销策略以及成本进行选择，前提是对整个市场进行有效分析的情况下，通过创意广告以最大可能性捕获用户眼球。

（三）KOL 营销

YouTube 广告产生的转化率往往低于主播营销（约 2.7%），约为 0.5%。对品牌来说，通过 KOL 进行营销，利用其受众特征、用户号召力、创作能力等特点，可以更精准地触达目标受众，甚至可能产生购买、转化、复购等行为。

此外，与传统广告不同的是，KOL 营销是持续的话题，能够在不同产品阶段产生不同的营销作用。因此，只要内容够好、铺设的量大、关键词设计得合理，甚至在 Google 中搜索关键词，仍能看到相关视频，有利于品牌长尾的转化。所以一个优质的 YouTube 视频能够非常有效的改善品牌谷歌搜索结果排名，提高曝光量，这就需要品牌在传播过程中，把握对 KOL 的选择。

（四）YouTube SEO

前面提到在 Google 进行搜索时，出现在搜索结果界面的视频往往来自于 YouTube。某种程度上讲，YouTube 是仅次于谷歌的世界访问量第二大的搜索引擎。

如果想要在搜索结果中推荐展示更多相关的 YouTube 视频要做好 SEO。例如，某个咖啡品牌在 YouTube 视频，说明和标题中使用了特定关键词，当有人在谷歌或 YouTube 上搜索咖啡制作过程的不同阶段时，YouTube 就可以识别这些关键词，从而进行推荐。

任务五　Instagram 营销与策划

任务描述

小王在为公司完成了 YouTube 的营销推广任务，开始关注社交媒体的广告营销渠道，希望通过 Instagram 这个流行的社交平台为公司产品提升销量。本任务将帮助了解如何注册 Instagram 账号并掌握其功能，深入了解 Instagram 的用户特征，并学习如何在 Instagram 上进行营销和策划。

任务分析

一、Instagram 的概念

Instagram 是图片社交软件的“鼻祖”，其名称就源自柯达公司一款名为“Instamatic”的相机，如图 8-9 所示。

图 8-9　Instamatic 相机

Instagram 于 2010 年 10 月正式在 App Store 上线，在推出的初期只有 iOS 版本。上线仅仅一周，Instagram 就拥有了 10 万注册用户。2014 年 12 月，Instagram 全球活跃用户数突破 3 亿，正式超越传统的主流社交媒体平台 Twitter。

Instagram 官方最后一次透露其用户数量是在 2018 年 6 月，当时 Instagram 的月活跃用户数量首次突破 10 亿大关。据知情人士透露，2021 年 12 月，Instagram 的月活跃用户数量突破 20 亿，成为仅次于 Facebook、YouTube 和 Whatsapp 的全球第四大社交媒体平台。

2012 年 10 月，Facebook 以 7.35 亿美元收购 Instagram。在此之前，Instagram 只有 13 名员工，从未进行过任何市场营销的推广活动。Facebook 的创始人马克·扎克伯格是这样评价这一收购行为的："对于 Facebook 来说，这是一个里程碑式的时刻。对于 Facebook 来说，之所以有这么多用户喜欢 Facebook，很重要的一个原因就是 Facebook 为用户创造了非常优质的照片分享经验。所以，将两家公司联合起来非常有必要。"

二、注册 Instagram 账号

要在 Instagram 上开展营销活动，需要先做好必要的准备工作。首先，来了解一下如何注册 Instagram 账号。

Instagram 的用户基本都是通过移动端来进行访问，可以在 App Store 或其他的应用商店搜索"Instagram"找到软件并进行下载，如图 8-10 所示。

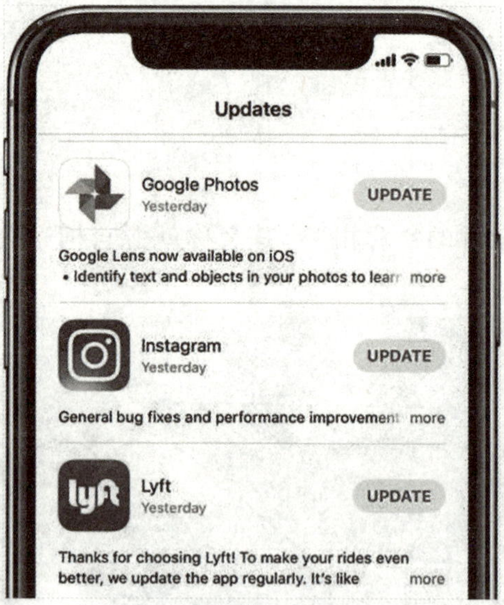

图 8-10　搜索 Instagram

下载完成后，点开软件即可开始注册步骤。注册 Instagram 账号有三种方式，分别为：直接用 Facebook 账号登录，使用邮箱注册，或使用手机号注册。可以根据自己的情况任意选择一种方式进行注册，如图 8-11 所示。

如果直接用 Facebook 账号登录，就可以同步在 Facebook 上的个人信息和资料，是最为便捷的方式。但为了防止日后忘记用户名等，建议首先使用邮箱或手机号注册，如

图 8-12 所示，注册完成后再关联 Facebook 账号。关联 Facebook 账号后，可以很容易地找到 Facebook 好友中也在使用 Instagram 的人，帮助我们迅速建立起第一批用户。

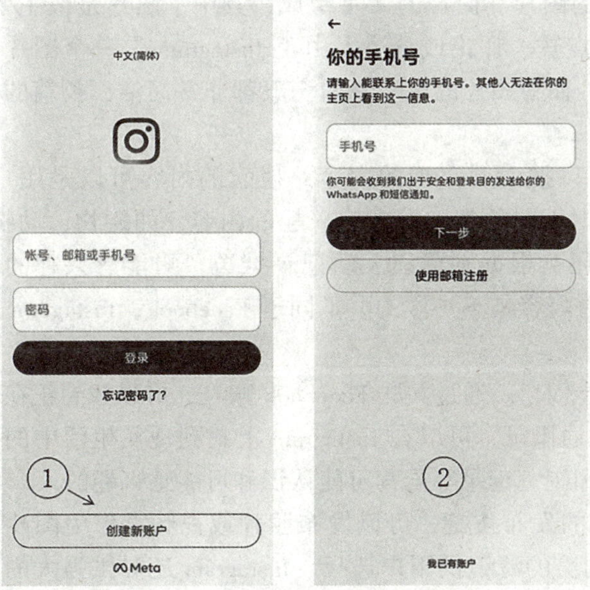

图 8-11　注册 Instagram 账号

图 8-12　使用邮箱注册

选择使用邮箱或手机号注册后，需要添加姓名，使其他用户可以通过搜索姓名找到用户。在 Instagram 个人主页，姓名也显示在最显眼的位置，所以，为 Instagram 账号创建一个便于记忆的姓名很关键，最好与店铺或品牌名称有关联，更方便客户加深记忆。

根据提示创建密码、添加生日之后，Instagram 账号就注册完成了。注册完成后，可以通过关联 Facebook 账号和搜索通讯录来寻找好友，这些正在使用 Instagram 的好友可以成为第一批用户。

另外，还需要选择一张照片作为头像。虽然后续还可以更改，但头像是其他用户看见的第一张照片，所以要谨慎选择。一般可以用企业的标识或者产品图片来作为头像，头像图片的像素不能太低。

一个全新注册的 Instagram 账号的关注列表暂时是空的，但 Instagram 会推荐一些账号供选择关注。建议大家首先关注 Instagram 的官方账号，以便及时得知平台的一些最新信息和动态。同时，从 Instagram 官方账号发布的帖子中，可以得知目前的图片风格流行趋势，以便更好地处理自己的图片。另外，也可以根据店铺和产品类型，选择关注一些相关的账号。

设置完成后，点击页面底部中间的加号图标，就可以开启 Instagram 图片之旅了。

三、Instagram 的功能

完成注册之后，就可以利用 Instagram 平台来开展营销活动了。Instagram 的功能主要包括以下几点。

（一）基本功能

首先，Instagram 的一个动态由精美的图片和简短的文字组成，其中，图片是最主要、占比最大的部分。用户可以对帖子进行点赞、评论或分享。由于 Instagram 是一个图片社交网站，因此图片的精美程度非常重要，而对图片的文字说明一般都非常简洁，长篇的文字在 Instagram 是不流行的。

其次，在 Instagram 的发现页面，可以搜索感兴趣的内容。搜索的内容可以是用户、话题或任何你感兴趣的东西，也可以根据不同的类别发现感兴趣的内容，如购物、动物、影视、科技、大自然等。同时，该页面还会根据浏览和互动记录推送“可能感兴趣的内容”，因此，每一位 Instagram 用户看到的内容是不一样的。不同于 Facebook，Instagram 是一个基于兴趣的社交媒体平台。

最后，在 Instagram 上还可以寻找“熟人”。通过关联 Facebook 账号，可以找到正在使用 Instagram 的 Facebook 好友；通过关联通讯录，可以在 Instagram 上找到现实生活中的朋友。Instagram 也会根据用户的账号信息和浏览记录等推荐可能认识和可能感兴趣的人。

菜单栏最中间的加号就是 Instagram 的发布按键，可以发布照片或视频。作为图片社交软件的“鼻祖”，Instagram 提供多种精美的滤镜供用户选择。Instagram 还提供强大的图片编辑功能，可以通过调整亮度、对比度、结构等，对图片进行更高级的编辑。

（二）限时动态故事

2016 年，Instagram 推出“Stories”限时动态故事功能，可将过去 24 小时的照片与影片剪辑成一段可轻松浏览的 15 秒短片，并会在发布 24 小时后自动从个人档案与动态上消失。Stories 没有点赞及公开评论功能，鼓励大家更轻松自在地分享每天的生活片段。

如果想要制作自己的限时动态故事，只要按下 Instagram 左上角的相机符号，就可拍摄照片或短片了，当然，也可从手机相簿选取最近 24 小时的照片或短片。使用者可尽情发挥个人创意，在照片或短片上加上涂鸦、表情贴图及对白字幕。

Stories 的隐私设定与账号原设定相同，如果设定为不公开账号，那么就只有用户才能看到 Stories，另外，也可针对用户隐藏动态。浏览自己的动态时，往上滑动就可知道有谁看过照片或短片。如果特别想凸显 Stories 其中某些部分，则可将其直接贴到自己的个人档案中。

（三）Reels

2022 年 7 月，Meta 旗下社交媒体平台 Instagram 宣布，15 分钟以内的新视频动态将以 Reels 短视频的形式分享。

Instagram 方面表示，这一变化是 Instagram 努力提供更多沉浸式和全屏体验的一部分。公司还将整合用户档案中的视频和 Reels 标签。

有分析认为，Instagram 此举是为了应对短视频平台 TikTok 越来越大的威胁。Reels 与 TikTok 相似度较高，能吸引到更多的年轻用户。

根据官方数据，目前 Instagram 上接近 20%的时间都被 Reels 占据。Meta 透露，2022 年 4 月至 6 月期间，人们通过 Instagram 和 Facebook 投入到 Reels 上的时间增长了 30%。

四、Instagram 的用户特征

在 Instagram 的注册用户中，超过一半（近 52%）为男性用户，48%为女性用户；其中，超过 30%的 Instagram 用户年龄在 25~34 岁之间。实际上，在 Instagram 成立初期，由于模式新颖，用户年龄层基本集中在 18~25 岁。现在 Instagram 用户的年龄层已经稍有增长，但仍然是一个以年轻用户为主的社交媒体平台。Instagram 对于年轻人的购买选择有非常大的影响力。调查显示，超过 50%的“零零后”认为 Instagram 对他们网购选择商品的影响力是最大的。在该项调查中，只有 30%的受访者选择了 Facebook，而选择 Twitter 的只有 10%。

由以上用户特征可以看出，Instagram 非常适合销售女性产品的店铺进行营销推广活动。Instagram 的核心是时尚、潮流，任何与年轻女性相关的时尚类产品都应重视 Instagram 的营销推广。另外，部分年轻女性对宠物、家居用品也很感兴趣。在 Instagram 的用户中，还有部分是年轻的妈妈，所以母婴用品也可尝试在 Instagram 进行营销推广。

虽然在主流社交媒体平台中，Instagram 的用户数不是最多的，但根据对 32 多个行业、2200 万帖子进行的分析，Instagram 是每千人用户中互动率最高的平台，其 1.26%的平均互动率遥遥领先于 Facebook、Twitter 等其他的主流社交媒体平台。

五、Instagram 营销

在 Instagram 开展营销活动主要有以下举措。

（一）善用个人主页

首先，应该好好打理个人主页。除了选择合适的用户名和头像，在个人简介部分也要用精简的语言对店铺、品牌和产品进行描述和介绍。

关键的是，Instagram 的动态中无法插入链接，而唯一允许插入链接的地方就是个人简介。因此，可以在个人简介中放上店铺首页的链接，或者某一主推产品的链接。需要注意的是，应根据最新发布的动态对个人主页的产品链接进行实时更新。同时，在发布的帖子中，要记得提醒用户去个人简介里点击链接进行购买，如“Linkis in my bio”等。

（二）拍摄精美图片

由于 Instagram 是一款图片社交软件，因此发布的图片一定要非常精美，让图片来说话。

Instagram 里有各种滤镜来改善图片的色调。图片色调要适合品牌风格，与品牌保持一致性，用颜色和图案创造独特且具有艺术感的品牌形象，以提高品牌的辨识度。研究显示，在 Instagram 的用户中，Mayfair 滤镜的平均使用率最高；明亮的图案比灰暗的图片更受欢迎，能多得到 24%的关注度；蓝色主调的图片比红色主调的图片更吸引人，能多得到

24%的赞；单色调比多色调更受人喜爱。

（三）巧用标签

标签是 Instagram 的一大特色，几乎所有的用户在发布帖子时都会在文字部分之后加上一些标签（以“#”加关键词的形式呈现）。可以通过搜索标签，找到感兴趣的内容。

可以通过以下几种方法添加标签。

（1）联想与品牌或产品相关的标签，如“#clothes”“#food”“#makeup”等。

（2）搜索时髦、受欢迎的标签，注意不要添加与所发布内容完全无关的标签，哪怕它非常流行。

（3）创建自己的标签，可以是品牌和店铺的名称，或是专属的活动名称，来和用户形成良好的互动。

（四）举办用户活动

Instagram 是互动率非常高的社交媒体平台。通过开展多种形式的用户活动，能够有效地帮助企业增加用户、提高用户黏性，从而提升店铺访客数和成交额。

主要的用户活动类型有：点赞参与（like to win），评论参与（comment to win），转发参与（share to win），参与抽奖（enter to win），发布带有特定标签的帖子参与（post to win with#）等。

（五）提供用户专属的推广资讯和优惠活动

除此之外，还可以在 Instagram 上为用户提供一些专属的推广资讯和优惠活动。41%的 Instagram 用户称他们会关注那些给予用户优惠或者小赠品的品牌。而类似 Phonto、PicLab 和 Over 这类的免费应用可以帮助编辑图片上的文字，选择文字的位置，将吸引人眼球的推广资讯和 Instagram 图片完美结合。

（六）发布限时动态故事

Instagram 上“限时动态故事”版块现在已经成为一个人气颇高的版块，不仅普通用户可以上传实时内容，广告商也可以发布一些目标精准的广告内容。但很重要的一点是，为了提高广告的转化率，出现在“限时动态故事”中的广告图片必须呈现一流的设计和外观，给人眼前一亮的感觉，它们必须在第一时间就吸引到目标受众的注意。

用户还可以在发布的限时动态故事中设置一个“swipe up”或“see more”的链接，这样用户就可以直接点击链接购买产品了。

（七）和 Instagram 博主合作

和大部分国内的社交媒体类似，Instagram 上也有不少活跃的博主，也就是 KOL。通过与博主合作来帮助推广产品，也是一个行之有效的方法。

（八）上传有“售卖”图标的信息

尽管现在 Instagram 仍没有提供网络购买渠道，但是它对于网络销售是特别友好的。品牌商可以在 Instagram 广告中插入很多通往购买渠道的图标，用户轻轻一点就可以到达品牌的网店中。在 Instagram 上最高效的售卖方式就是上传有“售卖”图标的信息，它不仅可以出现在限时动态故事中，也可以以静态图片的形式出现在普通的信息中，在这些信息中，有一个购物袋的图标，用户只需要轻轻一点，就可以直接到达网店进行购买。

（九）付费广告

Instagram 也提供付费广告功能。付费广告会以赞助内容的形式随机出现在 Instagram 用户的主页新鲜事上。作为 Facebook 家族的一员，用户可以在 Facebook 广告中创建广告，并在 Instagram 上投放。

技能训练

Instagram 的主要功能有哪些？如何使用这些功能来制作吸引人的图片和视频内容？

____

____

项目小结

通过本项目的学习，读者不仅掌握了社交媒体的基本概念和特点，还深入了解了 Facebook 和 TikTok 等平台的营销策略。社交媒体营销为跨境电子商务带来了巨大的机遇，企业可以通过制定有效的社交媒体营销计划，提升品牌知名度、吸引潜在客户并提高销售额。

随着社交媒体在商业营销中的重要性不断提升，通过本项目的学习，将有效提升读者在跨境电子商务社交媒体领域的专业素养，帮助读者未来的职业发展打下坚实基础。

练习思考

一、选择题

1. 社交媒体的特点不包括（　　）。

A. 自发性　　B. 互动性

C. 多样性　　D. 公开性

2. Instagram 的主要功能是指（　　）。

A. 发送电子邮件　　B. 上传和分享照片和视频

C. 在线购物平台　　D. 实时视频通话

3. 在进行 Instagram 营销时，为了吸引更多用户和提高参与度，以下哪个策略是有效的？（　　）

A. 发布高质量照片和视频　　B. 发送大量的直销推广信息

C. 忽略评论和反馈　　D. 使用大量无关的标签

二、填空题

1. 社交媒体的特点有：________、________、________、________、________。

2. 社交媒体营销的优势有：________、________、________、________、________。

3. Facebook 的五种常见策略和目标：________、________、________、________、________。

项目九

跨境电子商务的服务营销

项目导读

随着全球化的深入发展和互联网技术的日新月异，跨境电子商务已成为推动国际贸易增长的重要力量。在这个充满机遇与挑战的领域中，服务营销成为了企业脱颖而出的关键。本项目旨在探讨跨境电子商务领域中的服务营销策略和方法，帮助企业在国际市场中通过提供卓越的服务增强竞争力和用户满意度。通过学习服务与再营销、社区营销和服务营销评估与策划等核心内容，学生将获得跨境电子商务服务营销所需的知识、技能和素质。

学习目标

知识目标

◆理解服务营销的基本概念、原则和方法。

◆掌握交易履约中的服务营销的实用技巧。

◆掌握客户再营销的策略和方法。

◆理解社群运营的基本概念、原则和方法。

◆理解会员体系的建立和运营。

◆掌握服务营销的评估工具和方法。

◆掌握服务营销策划的关键要素和流程。

◆理解跨境电子商务服务营销的最新趋势和发展。

能力目标

◆能够对跨境电子商务的服务体系进行分析和评估。

◆能够运用服务营销的原则和方法，提升用户满意度。

◆能够运用社群运营的策略和方法，建立有效的客户群体。

◆能够构建完善的会员体系，提升会员黏性和转化率。

◆能够设计和实施具有创新性的服务营销计划，提升企业和产品的竞争优势。

素质目标

◆培养学生具备跨文化沟通和合作的能力。
◆培养学生具备跨界思维和创新精神。
◆培养学生具备系统化思维和分析能力。
◆培养学生具备执行力和协作能力。
◆培养学生具备品牌意识和用户体验意识。

思政目标

在培养学生的创新意识和实践能力方面，跨境电子商务领域具有独特的优势。作为一个不断创新的领域，跨境电子商务需要具备创新意识和实践能力的人才来推动其发展。通过参与跨境电子商务的学习，学生可以获得宝贵的经验和机会，培养出适应市场需求和行业发展的创新意识和实践能力。因此，应该充分利用跨境电子商务领域的优势，为学生提供更多学习和实践的机会，以培养创新意识和实践能力。

任务一　服务与再营销

任务描述

小王所在的公司在跨境电子商务领域有一定的市场份额，但近期销量有所下滑，需要通过提供更好的服务和精细的再营销工作来提高用户满意度和促进销售。本任务将帮助小王了解和掌握服务与再营销的关键知识和技能，以提升用户满意度，增加用户转化率和销售额。

任务分析

服务营销，是指企业在市场细分的基础上，根据个人的特定需求来安排服务营销组合，向顾客输出非有形产品，或者具有便捷、愉悦、省时、舒适和健康等形式的附加价值或利益，以满足每一位顾客的特定需求的经济活动。服务营销包含产品、价格、渠道、促销、人员、有形展示、服务过程等综合要素。

一、服务营销

服务营销有以下两个方面。

(1)“服务”是从区别于有形的实物商品的角度来界定的，服务具有无形性、不可分离性、品质差异性、不可储藏性。正是这样的特性，让服务营销成为商家和顾客之间建立关系的重要方式。

（2）服务营销起源于对客户需求的认识。以产品为中心的营销模式满足的是消费者在生理或安全方面的需求，随着企业竞争的加剧，消费者需要的是这种产品带来的特定或个性化的服务，从而有一种被尊重和自我价值实现的感觉，而服务营销正是满足消费者高阶需求的重要方式。

服务营销在跨境电子商务营销中日益重要，是出于以下几个方面的原因。

（1）跨境电子商务的出现缩短了国际供应链，使中国在人口红利基础上保持了价格优势，实现了过去20多年的高速增长。随着人口红利的消失和产业的转移，以品牌化为导向的产业升级成为必然。在产品同质化严重的情况下，塑造服务的差异性，成为竞争制胜的关键所在。

（2）跨境电子商务的发展伴随着互联网在世界范围的渗透。发达国家的互联网渗透率普遍高于80%，继续增长空间有限。流量红利的消失使传统的获取新流量的增长思路，转变为挖掘已有流量。私域运营重要性日益突出，服务营销可以让企业利用存量客户获取增长。

（3）从跨境电子商务自身的特点来看，跨境电子商务交易流程长，交易风险大，客户可以自由地对商品进行评价。而评价是产品排名和客户转化的重要因素，所以在可控的范围内做好服务营销对整体运营来说尤为重要。

（4）随着技术的进步，批量定制化服务成为可能，让商家能够在满足每一位客户的特定需求的同时，还能掌控由此产生的复杂性。可以预见，在跨境电子商务服务营销领域，进行数字化布局的企业与没有涉及该领域的企业之间的差距将会越来越大。

服务的宗旨是客户满意和客户忠诚，而要实现客户满意和客户忠诚，服务营销就必然是一个系统工程。服务很大程度上注重的是关键时刻与过程透明，通过互动、主动服务等多种方式打造客户极致体验。在跨境电子商务中，服务营销体现在多个场景中。本项目首先介绍交易履约中的服务营销；其次介绍针对老客户的精准营销策略，来实现客户生命周期价值最大化；最后介绍通过社群运营、管理和保持客户关系，实现提升客户忠诚度的目标。

提 示

埃森哲研究报告 The through line for B2B growth 揭示，在驱动 B2B 数字化转型的成功因素中，采取服务高于销售的领袖企业已经从它们的努力中受益，96%的受访者报告盈利能力提高，97%的受访者报告市场份额增加。

二、交易履约中的服务营销

在交易过程中服务营销触点包括客户服务、订单处理、纠纷处理、促进销售、货物发送等。由于跨境电子商务交易涉及产品规格、地区文化、思维方式等差异，并且国际物流周期长，因此，保证整个过程的客户体验需要系统设计。建议从客户沟通服务、订单流程的客户关怀、个性化包裹三个维度来完成交易履约中的服务营销。

（一）客户沟通服务

客户沟通服务是连接跨境电子商务企业与海外客户的重要桥梁，影响着成交转化和品牌形象。在系统了解产品知识、物流、支付、通关、平台操作及海外客户需求的前提下，采用个性化的询盘模板、多样的回复方式、灵活的语言沟通技巧、清晰的问题解决思维，可以处理好售前、售中、售后的客户问题，追求沟通专业、高效，适度传递品牌价值，以赢得客户信赖。客户沟通服务策略参考如表 9-1 所示。

表 9-1　客户沟通服务策略参考

策略名称	对象	对策	主要客户区域
欲擒故纵	对下单犹豫不决，一直说等等的客户	① 原料即将涨价； ② 人工工资提高； ③ 汇率变化很大； ④ 海运费要涨价； ⑤ 正有促销活动	阿联酋
若即若离	对产品很满意，非我莫属的客户	① 看透客户的心思，不必总是催促； ② 忽冷忽热地等待客户的最终决定； ③ 重点提醒客户产品的优势和热销度； ④ 产品好，订单多，交货期紧张	日本
紧追不舍	说立刻下单，准备付款的客户	① 趁热打铁，紧盯客户，直到客户付款； ② 价格谈妥后，兑现交货承诺； ③ 树立良好的服务形象	以色列
穷追猛打	出价低但对产品满意的客户	① 价格低，利润少，但是付款方式要合理； ② 对于客户的承诺不要太过于信以为真； ③ 邮件、电话/传真、WhatsApp 等多渠道触达； ④ 只要客户不说下单，就紧密跟踪	印度
投其所好	来中国拜访，商议合作的客户	① 对客户进行轮番试探； ② 适可而止，又不失礼仪； ③ 招待满意，盼望下次再来中国	土耳其和中东
坚守阵地	在价格上纠缠不断的客户	① 利润已达到极限，没有下降空间； ② 给客户计算一个明细账，告知最低价； ③ 即使客户如何劝说，价格都不能改变	印度

续表

策略名称	对象	对策	主要客户区域
软硬兼施	订单潜力很大的客户	① 精准推断，认定合作前景可观； ② 价格上、包装上及交货期上均给予优先权； ③ 欢迎客户来访，建立业务合作关系	阿联酋
扬长避短	比较价格后，要求降价的客户	① 强调自己的优势，避开自己的劣势； ② 在价格、包装、交货期等方面各显神通； ③ 优势是打动客户的重点	玻利维亚
情同手足	与业务员年龄相仿，爱好和兴趣接近的客户	① 以业务为主、聊天为辅，相互促进； ② 种下友谊之树，等来日长成参天大树； ③ 时常问候，关心对方，友谊牢不可破	波兰和摩尔多瓦
不厌其烦	初次涉入一个新行业的客户	① 客户不懂，正是显示商家专业度的时机； ② 帮客户了解产品，商家也强化了知识； ③ 客户的感激，正是商家接单的动力	西班牙和塞尔维亚

（二）订单流程的客户关怀

订单是客户关注的重点，订单流程的客户关怀通常包括下单关怀、支付关怀、派件关怀、签收关怀等。因为跨境电子商务购物流程长，每一个环节的疏忽，都可能导致买家做负面评价，影响复购转化，所以做好订单流程的客户关怀，一方面可以保障交易顺利达成，另一方面可以为下一次复购做铺垫。订单流程的客户关怀如图 9-1 所示。

图 9-1　订单流程的客户关怀

（三）个性化包裹

无形的服务可以通过有形的包裹得以展示，个性化包裹是跨境电子商务服务营销不可或缺的部分。个性化包装、提示卡、赠品、好评返现卡等都体现着企业的服务意识。另外，个性化包裹也可以传递企业文化。

随着数字技术的发展，智能客服在跨境电子商务中的应用将越来越深入。通过规则设置，智能客服可以实现敏捷响应与自动化回复，完成自动化的订单服务流程，并提供个性化包裹建议，提升交易中的客户体验。

案例链接

"三只松鼠"的服务营销策略

"三只松鼠"是由安徽三只松鼠电子商务有限公司于2012年推出的一个互联网"森林食品"品牌，代表着天然、新鲜及非过度加工。它率先提出"森林食品"的概念，引发网售新鲜低价安全食品的革命。"三只松鼠"将品牌目标人群锁定在喜爱网购的"80后""90后"身上，他们个性张扬，追求时尚，享受生活，善待自己，对细节挑剔，注重全方位体验。"三只松鼠"着力塑造、传达属于自己的松鼠文化，无论是产品描述页，服务卡上的文字，包裹箱，果壳袋，附赠的手机挂件、插卡套，还是员工工作环境等各个细节，无一不流露着"松鼠文化"——快乐可爱、绿色天然、关爱环境。

"三只松鼠"创始人张燎原是"三只松鼠"的第一个客服，根据自己的客服经验写下了一本上万字的《松鼠服务秘籍》，推出"客户服务十二招"，目的就是教会松鼠客服"做一只讨人喜欢的松鼠"，熟悉客户的需求并保证将客户的需求实现到位。"三只松鼠"经常会拿出一部分优质产品进行成本销售，以低价进入市场回馈新老顾客。并且"三只松鼠"还运用大数据，通过对后台数据的分析，精确地识别几个关键指数，以筛选出目标客户。根据这些信息，松鼠客服在与顾客在线沟通时会更有针对性。另外，顾客每次购买"三只松鼠"产品时所收到的包裹或体验品都会不一样。这样的服务不可能规模化，也不容易被模仿。

"三只松鼠"关注消费者购买、食用的每个环节，尽可能给予客户方便和优化。例如，把坚果产品加工得更易剥，采用时尚且有质感的双层包装以突出松鼠形象，提供各种工具，（如开箱器、吃坚果的工具、装果壳的纸袋、纸巾）。在寄给顾客的包裹中还会有一些有趣的提示语。例如，果壳袋上的提示："主人，我是鼠小袋，吃的时候记得把果壳放进袋子里哦"，轻松有趣。另外，"三只松鼠"还会经常送出小惊喜，如抽奖卡、优惠券、新产品试用装、微杂志等。

【案例分析】

（1）服务附着于具体的产品，与品牌定位密不可分。

（2）服务可以借助个性包裹进行有形的展示。

（3）服务质量从本质上讲是一种感知，是由顾客的服务期望与服务体验比较的结果。"三只松鼠"正是凭借对服务营销的准确把握，为消费者提供全方位的体验服务，将传统坚果经营成独特体验，并以此为卖点成功传递了品牌价值。

三、客户再营销

随着流量时代的结束，新客户的获取成本逐渐增加，老客户的营销成本相对较低，精准的老客户运营对稳定店铺业绩至关重要。从店铺运营角度来说，良好的复购率有助于店铺整体权重的提升。另外，老客户交易流程简单，可以在获取评价、新品推广等方面对店铺经营产生正面影响。

老客户再营销的关键要素包括客户分群与分层、商品分层与选品、触达方式、促销工具、触达时机。如图 9-2 所示。

图 9-2 精准营销要素

（一）客户分群与分层

客户分群是精准营销的基础，从基础信息、行为标签、营销偏好对客户加上标签并聚类，实现客户分群。客户分层是通过客户的消费额度、消费频率、消费时间进行层次化的划分，把客户分为只购买过一次的新客户、一般价值客户、高价值客户。

（二）商品分层与选品

对商品的标签化建立商品池，并对商品进行各个品类下流量款、爆款、利润款的结构沉淀，是精准营销的另外一个基础。通过算法建立商品标签与客户标签的匹配，在上新推荐、爆款推荐、系列推广选品、关联推荐选品等场景，进行个性化筛选。

（三）触达方式

触达方式是和客户联系的手段，阿里巴巴国际站内的 EDM、Skype、WhatsApp 等都是常见的触达渠道。站内高活跃人群通过站内工具可以便利触达，而低活跃用户则通过电话、短信等方式触达。在客户生命周期的不同阶段，在不降低用户体验的前提下，要选择最合适的触达方式。

（四）促销工具

促销工具是精准营销中的必要因素，常见的促销工具有优惠券、样品、试用等，不同类型的客户对促销工具的敏感程度不同，也可以称之为促销偏好，并可将其分为特价敏感型、折扣敏感型、赠送敏感型、价值敏感型、包邮敏感型等。

（五）触达时机

选择合适的触达时机是提升客户体验、保证复购率的重要因素。促销时机可以是客户的个性化生命周期、平台节奏和节庆日等。阿里巴巴国际站的三月新贸节、九月采购节和“双十一”全球购都是良好的触达时机。

精准的老客户再营销是对于客户、商品、促销工具、触达方式、触达时机元素的匹配和优化，主要包括复购促进、活跃期促活跃、流失客户召回等，目标都是客户价值最大化。

在客户成长期，保证接触频率，但不做促销刺激，所以通过上新通知、精品推荐等促进复购，主要目的是促进客户销售增长。在客户成熟期，保证接触频率，给予少量的促销刺激，除了常规的上新通知，专属小额优惠券和爆款推广可以有效地促进客户活跃度。在客户衰退期，控制有限的接触，通过给予较大折扣、专属中额优惠券和店铺活动来激活客户。在客户流失期，召回的常用方法是大额优惠券和平台大促通知。客户生命周期的常用营销策略如表 9-2 所示。

表 9-2　客户生命周期的常用营销策略

生命周期	成交客户/普通会员	复购客户/高级会员	高价值客户/VIP 会员
成长期	上新通知 精品推荐	上新通知 精品推荐	专场活动
成熟期	专属小额优惠券 上新通知与上新券 爆款推广	上新通知与上新券 爆款推广 专场活动	上新通知 爆款推广 专场活动
衰退期	专属中额优惠券 店铺活动	店铺活动 专场活动（短消息）	客户专场活动（短消息） 专享券（短消息） 店铺活动（短消息）
流失期	大额优惠券 平台大促	专享券（短消息） 平台大促	客户专场活动（电话） 专享券（短消息） 平台大促

注：表中未标注的触达方式推荐站内信或邮件。

客户关系管理（customer relationship management，CRM）系统是支持服务营销的有效工具，通过将策略进行规则设置，可以进行自动智能营销。阿里巴巴国际站的客户通是支撑服务营销的有效工具之一。

技能训练

在进行再营销时，你认为企业应该如何分析客户的需求和行为，以针对性地提供个性化的推广和营销措施？

任务二　社区营销

任务描述

假如小王兼任企业的市场营销专员，被委派负责制定并执行社区营销计划。通过社区营销，目标是增加品牌知名度、提高用户参与度、培养忠诚度，并推动销售增长。通过本任务学习社群运营和会员运营的要点及方法。

任务分析

一、社群运营和会员体系搭建

社群运营是以企业为中心建立社群关系，以价值服务为基础，通过与客户进行互动，增强客户的活跃度和归属感，以达到促进客户消费行为，进而培养客户的忠诚度的一种营销方式。

常见的社群形式是品牌的客户俱乐部。跨境电子商务第三方平台运营中最常见的社群形式是店铺会员。

社群运营的价值可以从客户及企业两个视角加以体现。

（1）利用社群运营可以对客户的消费行为进行激励，增强客户关系，维护客户忠诚度，与客户保持长久的关系，提升客户终身价值。

（2）社群运营不仅可以带给企业经济利益，还可以给客户带来精神层面的认可。通过对社群成员的情感维护，可以实现客户对企业品牌的价值认同和归属感。

在跨境电子商务中，社群运营通过店铺会员运营来实现。通过店铺会员体系和营销手段相结合，留存核心购买力群体，达到促进店铺销量、提升店铺客户忠诚度、传递品牌价值的目的。

会员体系是流量层面的运营策略，本身是一种客户筛选机制，旨在筛选出更愿意支付的客户群体，并从中挖掘更多收益。会员运营通过划分客户的消费等级，对不同的客户提供不同的服务。会员运营可以提升会员的活跃度与留存问题，还可以提升营销与服务的深度与层次。

会员等级和会员权益是搭建会员体系的两个必备要素。

（一）会员等级

会员等级一般根据一定统计周期内的交易额和交易订单数量来划分。在阿里巴巴国际站，店铺会员默认分为三个级别：普通会员、高级会员、VIP 会员。

（1）普通会员是与商家名片交换成功的客户，普通会员是潜力消费群体，通过交换名片的零门槛入会方式，与潜在客户加强联系，便于主动触达，实现进一步的营销转化。

（2）高级会员是和商家已经有成交的客户，但交易额在一定范围内。高级会员处于忠诚过渡阶段，需要进一步激励，提升忠诚度。

（3）VIP 会员是年交易额大于某个额度的客户，具体额度根据商家的具体情况确定。VIP 会员是商家的忠诚客户群体。

（二）会员权益

会员权益的差异化是激励会员采购的有效方式，难以被对手复制的权益是对客户最大的吸引力，黏性的本质是用户切换成本。常见的会员权益类型包括商品优惠权益、物流权益、服务权益。会员专供私密品、预付款比例、免费拿样是阿里巴巴国际站有效激励会员的三种常见方式。

会员专供私密品是指仅向指定会员展示的商品。可将企业的最新款式、测试款、超低折扣价、高定价款商品的升级款商品设置为会员专享商品，让会员体验到尊享、专属的感觉。

针对不同的客户设置预付款比例，可以体现会员权益差异。预付款比例要根据客户等级和企业商品特征综合设置，定制款商品预付款比例比常规款相对要高一些。

阿里巴巴国际站假发行业定制款商品的预付款比例一般是 75%左右，但是针对 VIP 会员采购的常规款，一些商家可以接受预付款比例低至 30%。

免费拿样可以作为会员特殊权益送达客户，促进会员采购。例如，VIP 客户可以免费拿样不限次，普通会员可以免费拿样三次。除此之外，会员权益还包括会员折扣、会员专享价、优先发货、物流升级等。表 9-3 是阿里巴巴国际站店铺会员等级与权益体系示例。

表 9-3　阿里巴巴国际站店铺会员等级与权益体系示例

<table>
<tr><th>会员等级</th><th>商品优惠权益</th><th>购物权益</th><th>物流权益</th><th>交易权益</th><th>服务权益</th></tr>
<tr><td rowspan="4">VIP 会员</td><td>免费拿样不限次</td><td rowspan="4">会员专供私密品</td><td rowspan="4">样品包邮</td><td rowspan="4">预付款比例
30%</td><td rowspan="4">VIP 专属节日
及常规礼品</td></tr>
<tr><td>会员专享券 $ 500/月</td></tr>
<tr><td>VIP 指定商品 9.5 折</td></tr>
<tr><td>VIP 场活动</td></tr>
</table>

续表

会员等级	商品优惠权益	购物权益	物流权益	交易权益	服务权益
高级会员	免费拿样 10 次	会员专供私密品	样品包邮	预付款比例 40%	个性化节日礼品
	会员专享券 $200/月				
	高级指定商品 9.8 折				
	高级会员专场活动				
普通会员	免费拿样 3 次			预付款比例 50%	
	会员专享券 $50/月				
	普通会员专场活动				

（三）会员招募

在浏览、购买、收货等多个场景展示会员权益有利于会员招募，利用内容营销进行会员招募也是有效的途径。会员招募通常以新会员礼包、新会员专享优惠券等利益点来吸引客户入会。

二、会员运营

会员运营是以会员为中心进行的关系维护，会员制和精准运营相互促进。以下从会员活动运营、内容运营、服务关怀三个维度进行考虑。

（一）会员活动运营

会员活动运营以会员的促活、转化、复购为基础，目的是增加会员活跃度、提升会员转化率和复购率。

会员专属周期活动是会员促活的有效方式，活动需要搭配其他会员权益，如会员专享券、会员专享礼包、会员专享价/折扣。可以采用会员折扣，来提升会员转化，使用会员满返来提升会员复购率。

会员活动运营与会员权益如表 9-4 所示。需要注意的是，活动运营的大部分内容需要使用企业级 CRM 系统进行，阿里巴巴国际站后台暂时没有相关功能。

表 9-4　会员活动运营与会员权益

运营目标	会员权益
提升会员活跃度	会员专享券
	会员专属商品
	专享折扣
	免费拿样
	专属活动

续表

运营目标	会员权益
提升会员转化	会员专享价/折扣
	会员优专享券
	会员满折
提升会员复购	会员满返

（二）内容运营

通过内容营销可以与会员实现差异化沟通。根据阿里巴巴国际站客户调研显示，49%的大型买家对行业新闻、行业趋势、贸易数据感兴趣。除了产品宣传，还可以通过内容运营定期传递品牌理念与服务提示。True View 视频是在阿里巴巴国际站进行内容运营的重要渠道。

（三）服务关怀

服务关怀是会员运营不可或缺的部分，商家可以通过专业解答、个性节日关怀、直播互动等形式，加强与会员之间的情感联系。融洽的人际关系会鼓励买家保持和店铺的业务关系，而且情感联系一旦建立，竞争对手就难以用价格刺激抢夺客户了。

需要注意的是，当前大多数公司不具备差异化的产品与服务能力，会员运营可能在短期会提升运营效果，但是长期竞争仍然取决于供应链效率。

案例链接

小米的社群运营

小米成立于2010年，目前已经成为全球第三大智能手机制造商与全球最大的消费级物联网（Internet of Things，IoT）平台，主要业务为智能手机销售、互联网服务、IoT与生活消费产品及其他产品的制造和销售。小米众多高性价产品成为相关领域的重量级参与者。

小米是通过第一款智能手机来建立起市场知名度的，以“高配置、低价格”的市场定位，短时间内就吸引了大批年轻人的注意力。依靠这批用户，小米开始拓展其他相关品类，完成了在智能硬件领域的全生态布局。

小米在创立之初就十分重视与用户的互动，专门为“米粉”建立小米论坛，并提出另类的宣传口号：为发烧而生。通过小米论坛“米粉”可以进行自由沟通，为小米未面世的新产品提出用户意见，并参与到小米营销方式设计中来，这样使小米更能了解用户需求，加强新产品与用户之间的联系。另外，小米在一系列社交媒体上的运作维护也吸引了大量手机用户关注点赞。

此外，在线下渠道方面，小米在各大城市举办同城会、爆米花节、用户年会等一系列线下活动，以增进企业内部人员与用户之间的情感联系和沟通频度，以培养用户的认同感、依赖感和参与感。

这种与用户直接进行沟通和联系的方式，为小米赢得了极高的社会关注度和流量。事实表明，这种关注度既能转化成相当丰厚的经济收益和社会效益，又能为小米的多元化多层次的战略式发展提供便捷通道。

【案例分析】

小米是依靠社群运营高速发展起来的典型互联网企业之一。虽然小米主要是面对国内客户群体运营用户，但给跨境电子商务的社群运营带来了以下具有前瞻性的启发和思考。

（1）除了物质激励，参与感也是社群运营中非常有效的激励方式。

（2）商品价值一般经由厂商产出，通过深度的社群运营，可以使客户参与到商品价值创造的进程中，这一进程非常利于提升客户忠诚度。

（3）线下活动可以补充线上用户体验缺失，在维护客户忠诚度上有不可替代的作用。

技能训练

在设计社区营销计划时，你将如何选择适合目标市场的社交媒体平台？你会考虑哪些因素来做出决策？

____

____

任务三　服务营销评估与策划

任务描述

小王将负责评估和策划服务营销，以提升公司的服务品质和客户满意度。小王需要进行服务营销的全面评估，并制定具体的策略和计划，以改进和优化服务过程，并提供更好的客户体验。通过本任务学习服务营销的评估及策划方案。

任务分析

一、服务营销评估

服务营销评估一般包括对服务质量和服务效益的评估。定性评估用于了解客户的主观感知服务质量，理解客户服务期望，反馈服务营销策略的有效性。定量评估用于了解服务营销策略带来的实际效益。

（一）服务质量评估

服务质量

对服务质量的评估，务必要从客户角度去评估，而非商家视角。跨境电子商务交易过程中存在多个客户触点，所以顾客对服务质量的感知是多个要素的综合感知。本书建议从可靠性、可信性、响应性、可接近性、有形性五个维度来评估跨境电子商务的服务质量。

1. 可靠性

可靠性是商家精确履行承诺服务的能力。这要求商家能够兑现先前做出的商品、物流、售后等服务承诺，按时完成服务任务及保证服务结果与客户期望一致。

2. 可信性

可信性是指客户感知到的商家信用，与客户服务人员的真诚服务态度和专业的服务水准密切相关。如果商家和客户建立了信任关系，就会大幅提升销售达成率。

3. 响应性

响应性强调商家在处理客户问题时的速度及响应愿望，一般包括询盘回复速度及交易相关问题解决效率。

4. 可接近性

可接近性是商家在服务时间等方面考虑客户要求，并给予顾客关怀和个性化服务，使顾客感受到商家对客户需求的理解和关注。

5. 有形性

有形性强调交易过程中与顾客实际接触到的可视交互因素。由于服务的无形性，顾客往往会通过一些可视的有形因素对服务水平进行感知。因此，店铺视觉交互、包裹等有形展示部分，会给客户感知服务质量带来影响。

明确了服务质量评价维度之后，需要掌握评估服务质量的方法，跨境电子商务服务质量评估量表如表 9-5 所示，供读者参考。

表 9-5　跨境电子商务服务质量评估量表

评估维度	测量问题	非常不同意	不同意	一般	同意	非常同意
可靠性	* 商家的商品描述比较准确	1	2	3	4	5
	* 商家能及时发货	1	2	3	4	5
	* 商品在承诺运达时间内送达	1	2	3	4	5
	* 商家提供了所承诺的售后服务	1	2	3	4	5

续表

评估维度	测量问题	非常不同意	不同意	一般	同意	非常同意
可信性	* 与商家交易是安全的	1	2	3	4	5
	商家的问题回复比较专业	1	2	3	4	5
	* 客服人员值得信赖	1	2	3	4	5
响应性	商家可以及时回复客户问题	1	2	3	4	5
	* 商家有明确的问题解决时间	1	2	3	4	5
	客户的交易相关问题得到了有效解决	1	2	3	4	5
可接近性	* 考虑时区差异，根据客户的工作时间提供服务	1	2	3	4	5
	商家给客户提供了及时的交易通知服务	1	2	3	4	5
	商家理解客户的个性化商品需求	1	2	3	4	5
	商家给予客户应有的优惠等相关权益	1	2	3	4	5
	商家会给予客户个性化关怀	1	2	3	4	5
有形性	* 商家的包装可以有效保护商品	1	2	3	4	5
	包裹能让客户感受到商家的关怀	1	2	3	4	5
	通过商品详情页可以得到足够的信息	1	2	3	4	5
	* 店铺装修清晰合理且能引导客户找到商品	1	2	3	4	5
	店铺装修风格且具有吸引力	1	2	3	4	5

注：

（1）量表采用 5 分制，5 表示完全同意；1 表示完全不同意；中间分值表示不同的程度。

（2）总分值 100 分，测试结果在 80~100 分的区间表示服务水平优秀，在 60~80 分的区间表示尚可，在 60 分以下表示需要改进。

（3）标注“ * ”的维度，可以筛选出来为最简测试方案使用。

在使用量表的过程中，需要注意以下几点。

（1）量表的评估维度可以根据不同行业、不同层次的商家经营环境进行调整。

（2）量表可以为提升服务水平提供方向。例如，测量两个不同商家的服务水平，找到对客户感知服务质量影响较大的关键维度，对应具体的服务营销措施，以优化服务营销策略。

（3）测量结果要区别对待。将不同客户的得分进行归类，评估群体特征，如客户忠诚度与价值水平，可以将资源倾斜给高价值客户群，提升该客户群的满意度。

（4）量表是从客户视角进行定性、主观测量的，没有考虑客观评价指标，如实际的响应时间、询盘转化率等，因此可以结合定量指标进行综合评估。

（二）定量评估服务效益

服务营销是系统工程，包含诸多环节，难以从整体上进行评估，本节选择会员运营的具体场景，给读者以定量评估服务效益的思路。

1. 评估指标

会员运营从三个维度考虑：会员规模、会员活跃度、会员贡献。

（1）会员规模

会员规模的衡量指标是累积加入会员人数，会员规模越大，可以触达的客户数量越多。

（2）会员活跃度

会员活跃度可以用活跃会员数和活跃会员占比来衡量。

在跨境电子商务 B2C 交易中，常用的活跃会员数衡量方法是，在统计周期内，统计有加购商品、收藏商品、购买、领取会员权益任一行为的会员人数。在跨境电子商务 B2B 交易中，活跃会员是指进入价格谈判、推荐产品、确认图纸、待付款、结算订单及领取会员权益任一环节的会员。

活跃会员占比是一定统计周期内的活跃会员与总会员人数对比值。按照统计的时间周期分为日活跃度、周活跃度、月活跃度。一般，会员月活跃度用以下公式进行考察

会员月活跃度=（近 30 天活跃会员数/累计会员数）×100%

（3）会员贡献

会员贡献可以用会员成交金额占比来衡量，即会员人群购买金额占当期总成交情况的比率。

会员成交金额占比=（当期会员支付金额/当期店铺总支付金额）×100%

2. 评估方法

（1）制定策略

评估当前状况与具体场景，具体分析是哪个层次的会员群体，在招募、促活、复购的哪个环节需要具体解决问题。根据精准营销的五个要素，即客户对象、产品、促销工具、触达手段、触达时机，来制定营销策略。

（2）策略执行与数据监控

分阶段有节奏地执行策略，并使用企业级 CRM 工具或阿里巴巴国际站后台的客户管理工具，为特定会员建立一个特定的客户群，定向监控跟踪该群体的访问、询盘、下单行为，统计数据。

（3）复盘评估与沉淀迭代

分析对照统计周期初的会员运营指标和统计周期结束的各项指标，复盘活动完成效果，总结经验与不足，沉淀策略。

二、服务营销策划

（一）服务营销策划流程

跨境电子商务服务营销体系包括以下三个部分。第一，交易履约中的服务营销，在

交易过程中通过客户沟通、包裹、订单处理等客户触点进行服务设计，重点是保障客户体验。第二，老客户群体的再营销，重点是各种场景下的精准营销，以促进客户复购。第三，通过会员运营，增强客户忠诚度，提升品牌价值。因此，从短期目标看，进行服务营销策划可以保证交易履约中的客户体验，提升客户满意度，提高会员活跃度。从长期目标看，服务营销维护客户忠诚度，传达品牌价值，所以服务营销对店铺经营意义重大。

在实际工作中，服务营销策划可以分为以下两种情况。一种是新店铺，需要从整体上进行服务营销体系的构建。另一种是已经在运转但没有系统考虑服务营销的老店铺，需要进行服务营销的梳理，去做一些体系化的建设。这两种情况都可以参考下面的服务营销策划流程。

1. 了解公司状况及客户状况

首先，了解公司状况。在进行服务营销策划之前，需要了解行业情况、公司基本情况、品牌定位与特色、产品特点，还要注意店铺运营人员配置。

其次，了解客户状况。了解客户状况一般从以下三个指标入手：客户数量、客户复购率、会员活跃度。客户数量决定了服务营销的体量，客户复购率反映客户再营销活动的有效性，会员活跃度反映会员运营的效果。相关数据可以通过阿里巴巴国际站店铺后台获取。

2. 服务营销渠道搭建

一般情况下，商家都会采取多渠道和客户进行互动。常用的服务营销渠道如表 9-6 所示。沟通渠道有核心渠道和辅助渠道。核心渠道是要重点运营的，如站内消息、EDM、WhatsApp。

3. 梳理交易履约中的服务营销

可以从客户沟通服务、订单流程的客户关怀、个性化包裹三个维度来梳理交易履约中的服务营销。一个正常运营的店铺，一般已经具有某些服务营销策略。需要分析哪些策略比较好，哪些策略有进一步优化空间，再根据实际情况进行体系化。

4. 客户再营销

客户再营销需要从客户生命周期出发，结合公司商品实际情况，从客户对象、商品、促销工具、触达手段、触达时机五个维度进行适配，策划营销方案，并通过策略执行和复盘，来沉淀符合实际情况的落地策略。

5. 会员体系搭建与会员运营

核查当前的会员体系，包括会员等级、会员权益设置。如果当前店铺没有会员体系，需要设计会员体系，招募会员。会员运营分为活动运营、内容运营、会员服务关怀，在一个具体的营销场景中，一般综合运用这三种方式。会员运营要结合各种权益激励进行促活、促转化、促复购。

6. 整合服务营销体系

最后，需要把上述内容整合成一个框架，这是服务营销策划的关键。店铺一般有以下四大流量来源：潜在客户、老客户、社群、用户。服务营销体系的搭建会影响到老客户流量、社群流量及交易履约的客户体验。只有完善整个服务营销框架体系，在交易各个环节实现协调和配合，才能让整个店铺的私域流量实现闭环运转，如图 9-3 所示。

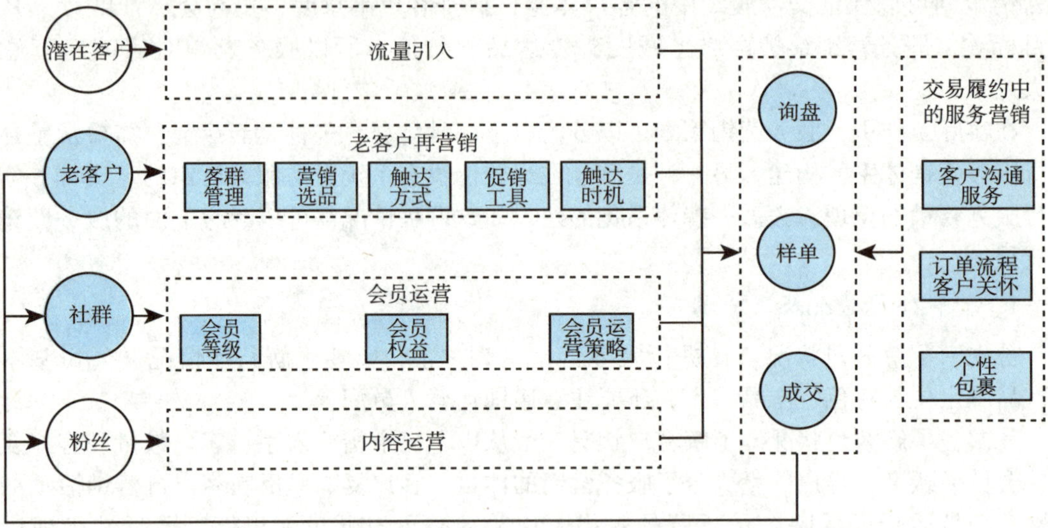

图 9-3　服务营销框架体系

服务营销策略需要长期沉淀和优化。如果完整搭建了整个框架，并形成了机制，就可以让服务营销体系固化下来，为持续优化奠定坚实基础。如果有企业级 CRM 的支持，就可以把响应策略进行自动化设置，实现智能营销。在此情况下，服务营销体系将发挥出意想不到的价值，不仅可以实现持续沉淀，当出现人员流动时，整个框架也可以正常运转。

（二）服务营销策划案例

1. 公司状况及店铺客户状况

L&C 的优势产品是高度定制的智能手机和功能手机，从该公司产品结构来看，智能手机在新兴市场已经告别高增长时代，增长率已接近个位数，而新兴智能产品成为当前市场热点，但该公司的智能产品尚未形成足够的竞争优势。

A 店铺是该公司在阿里巴巴国际站的多个店铺之一。通过阿里巴巴国际站后台的数据统计得知，该店铺累积客户 593 个，累积成交 2 单以上的客户 153 个。店铺流量来源主要是搜索渠道。该店铺老客户访流量占比仅为 11%。

2. 服务营销渠道搭建

进一步梳理服务营销渠道，该店铺除 TrueView 渠道尚未开通权限外，其他相关沟通渠道均建设完毕。L&C 店铺的服务营销渠道如表 9-6 所示。

表 9-6　L&C 店铺的服务营销渠道

渠道类型	渠道名称	是否现有	评估
站外渠道	呼叫中心	有	一般
	电话	有	良好
	短消息	有	良好
	私域运营	有	良好
	社媒平台	有	良好
站内渠道	站内消息	有	良好
	EDM	有	优秀
	旺旺	有	优秀
	TrueView	无	—

3. 梳理交易履约中的服务营销

该公司有良好的国际贸易基础，客户沟通服务工作基础扎实，所有业务员都已经沉淀了询盘回复模板库、报价单模板库。但平台客户信息管理薄弱，没有统一的客户分类分层体系，客户标签处于混乱状态，订单处理与评价跟踪流程不完备。除了订单催付，其他订单流程的客户关怀没有执行。通过调研得知，该公司的 CRM 系统和阿里巴巴国际站后台无法贯通，导致订单信息无法使用工具主动推送。该公司样单打包使用常规方式，未启用个性包裹服务，且经常遗漏公司介绍，个性包裹服务流程没有固化。L&C 店铺交易履约中的服务营销评估结果如表 9-7 所示。

表 9-7　L&C 店铺交易履约中的服务营销评估结果

服务营销类型	具体措施	是否已有	评估
客户沟通服务	询盘话术	有	优秀
	客户信息记录	有	一般
	售后处理	有	一般
	评价跟踪	有	一般
订单流程客户关怀	订单催付	有	一般
	发货提醒	无	—
	到达提醒	无	—
	签收提醒	无	—
个性包裹	内外包装	有	优秀
	感谢信	无	—
	小礼品	无	—
	DIY 惊喜	无	—

梳理完交易履约相关的服务营销状况后，晨光对该模块给出了如下优化方案。

（1）建立统一的客户分层标准，业务员在阿里巴巴国际站平台给客户打标签，执行统一的标准，便于理解和内部交流，客户信息管理实现了规范化。

（2）规范订单服务流程，申请公司配置可以对接阿里巴巴国际站的 CRM 系统，待新系统启用时，就可以把订单流程的客户关怀自动化了。

（3）对样单采取个性包裹服务，制定个性包裹规范。要求每个包裹均包括商品说明书、公司介绍、关联商品介绍和小礼品。在内包装盒的设计上，选取符合当地文化特色的风格。

4. 客户再营销

该店铺没有系统的客户再营销策略。常规的客户再营销措施有新产品推送、打折促销活动及平台大促活动。通过阿里巴巴国际站后台数据分析得知，该店铺客户对优惠券促销并不敏感。晨光计划在接下来的 1 个月内，根据客户生命周期的常用营销策略表，并结合店铺运营节奏，逐一进行测试和沉淀。

5. 会员运营体系

该公司没有会员体系，并且没有 CRM 支持，所以晨光根据阿里巴巴国际站后台的自动规则，设计了简单的会员体系，如表 9-8 所示。

表 9-8　L&C 店铺会员体系设计

<table>
<tr><th>会员等级</th><th>商品优惠权益</th><th>购物权益</th><th>物流权益</th><th>交易权益</th><th>服务权益</th></tr>
<tr><td rowspan="3">VIP 会员</td><td>免费拿样不限次</td><td rowspan="3">会员专属产品</td><td rowspan="3">样品包邮</td><td rowspan="3">预付款比例 25%</td><td rowspan="3">VIP 专属节日及常规礼品</td></tr>
<tr><td>VIP 会员指定商品折扣</td></tr>
<tr><td>VIP 专场活动</td></tr>
<tr><td rowspan="3">高级会员</td><td>免费拿样不限次</td><td rowspan="3">会员专属产品</td><td rowspan="3">样品包邮</td><td rowspan="3">预付款比例 30%</td><td rowspan="3">个性化节日礼品</td></tr>
<tr><td>高级会员指定商品折扣</td></tr>
<tr><td>高级会员专场活动</td></tr>
<tr><td rowspan="3">普通会员</td><td>免费拿样 2 次</td><td rowspan="3"></td><td rowspan="3"></td><td rowspan="3">预付款比例 35%</td><td rowspan="3"></td></tr>
<tr><td>会员专享券 50 元</td></tr>
<tr><td>普通会员专场活动</td></tr>
</table>

6. 服务营销体系

最后是整合之前梳理的服务营销框架，形成服务营销体系。因为缺乏技术支持，所有的服务营销仍需要人工完成，并且策略测试与优化也需要一定的时间，所以该公司的服务营销体系建设仍然任重道远。最终形成的服务营销策划表如表 9-9 所示。

表 9-9　服务营销策划表

策划人：晨光　　　　策划时间：2024-04-14

服务营销要素	要素说明
服务营销优化目标	提升服务质量水平 5%，提升整体商品交易总额 3%

续表

服务营销要素		要素说明
服务营销提升策略	交易履约	建立统一的客户分层标准，客户标签规范化 建设统一的询盘话术库、报价策略库（参见表 9-1） 规范订单服务流程，固化订单流程客户关怀（参见图 9-1） 样单实施个性包裹规范
	老客户	优化客户分群沉淀再营销策略（参见表 9-2）
	社群	构建会员体系，搭配会员权益 监控会员运营数据，测试会员营销策略
协助部门及任务		运营部：运营数据监控、策略沉淀 销售部：客户分层与标签统一 客服部：话术库整理与优化
审批意见		CMO：同意，着重关注服务营销在品牌价值提升方面的意义及相关数据采集

技能训练

在设计社区营销计划时，你将如何选择适合目标市场的社交媒体平台？你会考虑哪些因素来做出决策？

____

____

项目小结

本项目聚焦于跨境电子商务中的服务营销环节，通过三大核心任务的深入探索与实践，读者全面理解了服务在跨境电商中的重要性，并掌握了服务营销、社区营销以及服务营销评估与策划的关键策略与技巧。

通过本项目的学习，提高读者跨文化沟通和合作能力，提升系统化思维和分析能力，并具备跨界思维和创新精神。将能够设计和实施具有竞争力的跨境电子商务服务营销计划，为企业的国际发展带来关键的长期价值。

练习思考

一、选择题

1. 订单流程的客户关怀通常包括（　　）。

A. 下单关怀　　　　B. 支付关怀

C. 派件关怀　　D. 支付关怀

2. 社区营销的目的是什么？（　　）

A. 提供个性化的服务　　B. 增强用户黏性和转化率

C. 塑造品牌形象　　D. 提高客户购物体验

3. 服务营销策划中，评估的目的是什么？（　　）

A. 确定服务优势和不足　　B. 制定改进措施

C. 提供培训和支持　　D. 监控服务营销效果

二、填空题

1. 老客户再营销的关键要素包括＿＿＿＿＿、＿＿＿＿＿、＿＿＿＿＿、＿＿＿＿＿、＿＿＿＿＿。

2. 服务营销评估一般包括对＿＿＿＿＿和＿＿＿＿＿。

3. 会员运营从三个维度考虑：＿＿＿＿＿、＿＿＿＿＿、＿＿＿＿＿。

项目十

跨境电子商务营销创新

项目导读

在全球化和数字化时代，跨境电子商务已成为各国企业拓展市场、增加销售额的重要手段。然而，传统的营销方式已无法满足消费者不断变化的需求，因此，跨境电子商务需要坚持创新营销的理念和策略。本项目主要聚焦于跨境电子商务营销创新。

学习目标

知识目标

◆了解营销创新的概念、原理和重要性。

◆掌握直播营销的基本原理、步骤和实施技巧。

◆了解高阶营销技巧中的流量 IP 的概念及其价值。

◆了解线上流量整合策略的基本原理。

◆了解线上线下营销协同的重要性。

◆了解模式整合的概念和应用。

能力目标

◆能够运用创新思维和方法，进行跨境电子商务营销的创新策划和实施。

◆能够运用适当的直播营销技巧，有效地展示产品、引导观众参与和购买。

◆能够运用高阶营销技巧，如合作流量 IP、整合线上流量、协同线上线下营销、模式整合，提升品牌知名度、拓展市场份额和提高销售额。

素质目标

◆培养学生创新意识和创新能力，具备在不确定环境下解决问题的能力。

◆培养学生沟通和表达能力，能够有效地与观众、合作伙伴和团队成员进行互动和合作。

◆培养学生市场洞察力和适应性，能够及时把握市场变化和趋势，灵活调整营销策略。

思政目标

在探讨营销创新与社会责任的关系、直播营销的社会影响、高阶营销技巧的伦理问题以及营销创新与可持续发展的结合等问题时，这些话题对于每一个学员来说都是深入了解其本质、提高社会责任和伦理意识，以及积极推动跨境电子商务行业可持续发展的重要途径。通过这些讨论，学生们可以更加全面地理解这些议题，并能够更好地应对当前市场环境中的挑战和机遇。

任务一　跨境电子商务营销创新概述

任务描述

小王在了解跨境电子商务营销创新的概念、重要性和实施原则，帮助小王了解如何在跨境电子商务中应用营销创新思维和策略，以提升产品销量和市场竞争力。本任务介绍营销创新的概念和运用。

任务分析

创新的定义

一、营销创新

创新是思维的跃升和技术手段的更新，但是从营销的角度来说，依然是对客户的深度认知。

（一）创新的特征

创新即创立或创造新的。在经济学中，创新是指以现有的知识和物质，在特定的环境中，改进或创造新的事物（包括但不限于各种方法、元素、路径、环境等），并能获得一定有益效果的行为。因此，创新常常产出新的产品、服务或方法等，并且通常能够带来积极、有益的效果。创新需具备有用、新颖和应用三个特征，如图10-1所示。

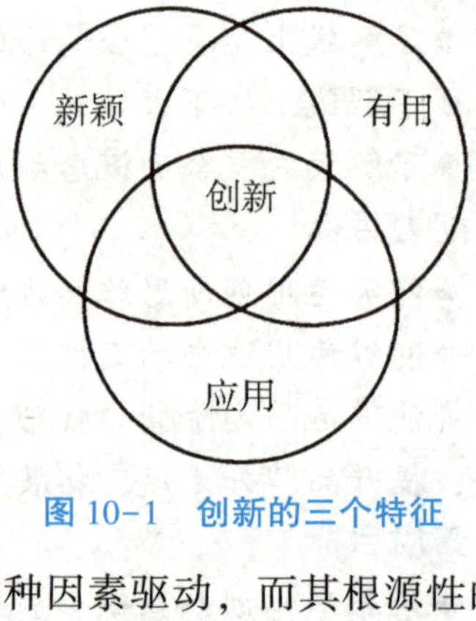

图10-1　创新的三个特征

创新发生在社会、经济、哲学、科技等各个领域，由多种因素驱动，而其根源性的驱动力是人与物质本身的发展需要，激发了对已有方式、方法的否定，从而出现对既往的超越。在经济领域，创新最重要的驱动因素是科技进步。

（二）营销创新的定义

营销创新就是在营销领域的创新，既包括从无到有的创造，也包括在已有方法上的改进。例如，本书提出的13N1模型，就是在跨境电子商务营销这个细分领域（特定的环境），在以科特勒为代表的西方营销管理学基础（现有知识）上做出适应性改进，并构建一套营销框架体系（新方法），以用于指导跨境电子商务企业建立自己的营销体系，使之营销工作系统化（有益效果）。因此可以说，13N1模型是一种营销框架体系的创新。

当出现全新的市场，或者需要主动开拓新的市场时，旧的营销策略在全新的领域里不再有效，这时就会有营销创新的需要。例如，曾经铺天盖地的纸媒，现在已鲜有人问津；曾经为缓解电梯里的尴尬而出现的电梯液晶屏广告，在智能手机普及的今天，也已显颓势。又如，通过营销可以卖出一些看起来毫无价值的东西，其实也不能完全这么说。因为从严格意义上来说，钻石也是石头，直到戴比尔斯的那句经典的钻戒广告语出现，如图10-2所示。其实，无论是案例中的石头还是这里的钻石，均满足创新的三个特征，因此都是营销创新。

图10-2　戴比尔斯的钻戒广告语

二、在跨境电子商务中坚持营销创新

在13N1模型中，营销创新并未归入三层框架中，而是一个超然的存在，本书的用意很明确——在跨境电子商务中坚持营销创新，所有的营销任务，无论是战略层还是战斗层，均要创新。同时强调，战略层任务需要相对稳定性，这并不代表不需要创新。相反，战略层任务是由战斗层和战术层任务的持续创新、微创新和小创新的凝聚所构筑起来的大创新。

（一）从创新视角再谈跨境电子商务营销

当前，科学技术日新月异，为跨境电子商务营销创新提供了技术保障，促进了电子商务的快速发展。纵观电子商务发展史，简直就是一部营销创新史。

互联网的最早应用是E-mail。正是在商业营销方面的应用，E-mail面临了第一次挑战——垃圾邮件泛滥。现在看来，跨境电子商务也最早因E-mail而诞生，因为从广义上讲，使用 E-mail 达成跨境交易就可以定义为跨境电子商务。

万维网的诞生使得线上信息展示更为丰富，人们开始把商务信息汇聚编纂成网络黄页，成为供需双方关注的网站。网络黄页的盈利模式就是收取部分商家的赞助，帮助其呈现更为丰富详尽的信息，以赢得买家的关注。网络黄页在纯文字版的网络论坛（balletin board system，BBS），以及后来的图文论坛上摸索前行，前途未卜。

门户网站大发展时期，其主要收入来源就是网络广告费，相信当下 40 岁左右的人还对满屏跑广告的新浪网首页记忆犹新。这个时期，亚马逊开始在网上卖低货值、无保质期、信息相对结构化的产品——图书。

很快，搜索引擎成为门户的门户，几乎是所有人上网的入口，点击付费广告得到大发展，自此，按效果付费的理念逐步深入人心。

之后，加密算法、数字签名技术使得网上银行和电子支付得以广泛应用，电子商务终于迎来了大爆发，对此，美国的 PayPal 和中国的支付宝功不可没。

互联网和电子商务的发展，让人们总结出长尾理论、平台理论、六度分隔理论等一系列新规律，这些又进一步指导产业实践，支持了社会化媒体高速发展，新的 UGC 模式让普通网民拥有了话语权，创新的速度进一步提升，电子商务新业态不断出现，社交电子商务、社区电子商务、兴趣电子商务层出不穷，有流量的地方就有电子商务，朋友圈几乎被电子商务霸屏。

视频应用随着 4G 第四代移动通信技术的普及站上了新风口。需要注意的是，通信技术发展到第四代时，中国才取得这种新技术的普及应用优势。巧合的是，在这个时期诞生自中国的短视频应用——TikTok，其一度进入某国负面清单。此前，无论是四大门户（新浪，搜狐、网易、腾讯，还是之后呼风唤雨的 BAT（百度、阿里巴巴、腾讯）都没有得到这一“殊荣”，可见在当今世界技术领先具有多么重大的意义。

基于智能推送算法的 TikTok 于 2021 年正式在国内招商启动跨境电子商务项目，以美团、携程、滴滴等为代表的互联网迅速发展扩大，这些项目均受益于伴随社媒兴起的裂变营销。流量池理论也将是中国互联网电子商务高度发展背景下，在营销创新方面对世界的重要贡献。

（二）跨境电子商务营销创新的一般方法

跨境电子商务领域的各种花式创新，但可以应用创新思维，总结出几种跨境电子商务营销创新的一般方法。

1. 新技术的应用

智能推送算法让网民有刷视频成瘾的嫌疑，上网时长大幅增加，这种算法本身就有“营销”属性，是在人们不知不觉下的营销。随着智能语音识别技术的成熟，智能客服机器人已广泛应用于电子商务领域。因此，跨境电子商务营销人员应密切关注新技术的应用，做好终身学习的准备，通过新技术应用不断创新营销。

2. 跨界融合

跨界思维是互联网思维的一部分。所谓跨界，就是融合原本认为属于不同行业领域的技术或模式，实现创新。直播电子商务就是典型的跨界产物，直播本来是电视、广播的术语，网络直播已经是跨界，直播电子商务又是传媒与电子商务的融合。传媒之所以能和电子商务融合，是因为它们共同的特征是以流量为主，所以有流量的地方就有营销，也就有电子商务。

3. 已有营销方法的整合和活用

相对新技术的应用和跨界融合两类营销创新，已有营销方法的整合与活用似乎更简单些，是跨境电子商务营销人员的主要创新模式。

4. 参考优秀的营销案例

当然，最简单的方法是参考同行优秀的营销案例（它山之石），结合自身特点，进行微创新。但这种创新有两个问题：一是容易被指抄袭，对品牌形象不利；二是受众可能已无新鲜感，营销效果打折扣。即使如此，这种参考同行的微创新还是当前跨境电子商务领域最常见的，毕竟创新很难，成本很高。毫无疑问，创新是营销的命门，“无创新，不营销”。

技能训练

营销创新在跨境电子商务中的重要性是什么？举例说明一种营销创新策略，并分析其对跨境电子商务企业发展和用户体验的影响。

____

____

任务二　直播营销

任务描述

小王在深入研究了直播营销的定义、重要性，以及如何有效执行直播营销策略后，能够发挥直播营销在提升产品销量、强化品牌形象和吸引用户方面的关键作用。本次任务将集中探讨直播营销在社交媒体平台上的应用，旨在提高公司产品的曝光度和销售量。

任务分析

一、直播营销简介

直播营销是一种现代营销方式，它以直播平台为载体，通过实时制作和播出节目，旨在提升企业品牌知名度或促进销量增长。

直播营销与直播电子商务并不能等同。但本书是电子商务领域的专业教材，故有时会将直播营销和直播电子商务混用。直播电子商务是由网络直播与传统电子商务融合而成的一种创新模式。直播是形式，电子商务是变现模式。

（一）直播营销在跨境电子商务领域的特点

在跨境电子商务领域，一般认为直播营销具有以下特点。

1. 商品与服务展示充分

通过直播的方式展示产品本身的尺寸、颜色、形状、属性、使用方法，让客户能够有一个非常直观的认识，尤其是一些使用比较复杂的、功能性较强的产品，或者需要装配的产品，能够消除客户的购买疑虑，对产品转化非常有帮助。

2. 受众精准

无论是平台基于大数据的推送，还是直播前发布短视频等进行预告，都能够使进入直播间的客户更加精准，因而使营销更有效，从结果来看就是获得了更好的转化。

3. 互动交流深入，有温度，有情感

直播间的即时信息交互，在解答产品疑惑的同时，还使客户获得了更加深度的参与，具有商业甚至娱乐属性，相比传统电子商务方式更有温度和情感，非常有利于提升客户信任度、黏性和忠诚度，同时更具传播属性。

4. 促进销售变现快

直播对于冲动型消费群体和产品更为适合，在获得充分的产品信息的同时，饥饿营销、限量销售、秒杀等营销方式比较容易激发客户的消费欲望。相对传统电子商务来说，直播营销在这方面优势相当大，一些头部主播不断拉升单场直播销售额就是明证。

5. 对主播及其团队，甚至对整个企业的经营管理能力要求高

因一场直播涉及众多产品，所以许多主播通常都有专业、庞大的选品团队，选品所耗费的资源也很大。选品团队还需要快速学习产品知识，并传递给主播。如果主播对产品专业度不够，对用户忠诚度和黏性会有很大影响。对营销引流团队要求高，直播可以为店铺引流，但直播本身也需要引流，层层推进的引流计划可能从直播前很久就开始了。毋庸置疑，对主播的要求是最高的，因为主播是直播企业的核心资产。客户服务团队要及时处理客户问题，及时发货，一场上亿产值的直播活动，通常有上百款商品，当这些订单集中爆发时，只有优秀的客服团队才能确保服务满意度，否则对于主播口碑也有很大的负面影响。而这些团队的主力大多非常年轻，很多人刚刚毕业甚至还没有毕业，团队协作能力有限，这就对企业的整体管理能力提出了极高的要求。

总之，直播营销具有以往其他模式无法比拟的优势，也对从业人员提出了很高的要求。在该领域中，我国已走在世界前列，作为一种杀伤力很大的电子商务新模式，必将为我国跨境电子商务产业发展做出积极的贡献。

（二）直播营销对跨境电子商务的作用

与其他营销模式一样，直播营销对跨境电子商务的作用主要可以归纳为以下几点。

1. 引流

通过直播为店铺引流，从而达到促进销售的目的。直播是给店铺或产品带来流量的一种方式，但要注意，直播电子商务的本质其实是私域流量变现，除非平台为优秀的直播场次推送新的流量。就跨境电子商务而言，存在跨文化交流问题，因此选品和受众群体分析要更加深入，最好选用国外主播做主播。变现方式推荐直接在直播室变现，也可以将直播流量导入电子商务平台促成购买。进行营销的前提是流量，所以引流是直播的第一个作用。

2. 品牌提升

我国有完整的工业体系，是全世界最强大的供应链，能够生产出各类性价比极高的产品。但我们各项成本在提升，国际商业环境在恶化，唯有大力打造品牌，才能保住国际竞争力，才是“中国制造”的根本出路。直播营销直接面向受众，强互动非常有利于传递品牌价值，同时又能收集客户需求，持续改良产品，以进一步提升品牌价值。

3. 增加销售

直播让客户更加容易和全面地获得产品信息，消除信息差，特别是直播间的情感传递较传统电子商务强很多，非常有利于刺激消费，短短几年的时间，直播销售套路已经非常丰富。在当前阶段，人们认可直播的主要原因是强大的销售转化能力。

二、实施直播营销

下面简单介绍直播营销六要素，然后说明直播营销与其他营销任务的联动（流量整合、变现），以及直播营销的一般流程。

（一）直播营销六要素

直播营销六要素，即人、货、场、牌、剧、阵。

1. 人

人主要包括主播、商家和消费者。主播是商家与消费者的纽带，是直播营销最重要的因素，其人物设定和风格要能够匹配产品。如果是乐器产品，那么最好请一位乐手做主播；如果是母婴产品，那么最好请一位年轻妈妈做主播。主播对产品的熟识度、对节奏的掌控、对客户的引导要能够匹配客户需求。从消费者的角度而言，能够通过主播充分获取产品信息，获得性价比高的产品，获得满意的购物体验，这也就是从直播营销中受益了。

2. 货

刚需产品、高知名度产品、高质量产品、高折扣产品，这类因素的叠加，对于直播的效果必然有着极其积极的影响。直播团队在选品时，要综合考虑这些因素。特别是产品质量，对于主播的人设和口碑，具有长期、积极意义，要追求万无一失。

3. 场

场地的选择和直播间的布置也要考虑产品的属性和用途。运动类的产品适合户外，居家类的产品通常放在室内。尤其是一些室内外的装饰品，应该现场进行应用场景展示，以激发客户的购买欲望。

4. 牌

直播带货通常只考虑品牌商品，对于跨境电子商务 B2B，大多是定制类产品，则要传递工厂能力，把工厂的品牌宣传出去。直播营销本身是品牌打造的重要渠道。当前以带货为主要目的的直播电子商务，只是直播营销的初级阶段。未来，直播更多的应用场景是品牌宣传。直播从业者也应该有意识地探索直播在品牌打造方面的价值。

5. 剧

直播带货的目标明确，需要在很短时间内达成目标，这就必须精心策划直播过程，在直播前写好全过程脚本，甚至包括直播前、直播后的执行方案。从某种程度上说，直播“剧本”的设计，是直播带货成功的基础保障。例如，产品的导入不能太生硬，产品介绍要逐步深入，不同产品之间的跳转和衔接要自然。当前，在直播带货领域，从业者已经总结了大量的经验和技巧，很多是围绕“剧”展开的。

6. 阵

直播需要团队配合。一个优秀的直播团队是直播企业的最大财富。通常，一个团队以主播为中心，副播、助理、编导、场控、选品运营、活动运营、客服等各种角色分工合作且紧密联动，只有精心地策划、一丝不苟地准备、有条不紊地执行、有节奏地互动、及时应对突发状况、快捷提供客户服务，才能给观众呈现一场高质量的直播。直播团队不应以拍几百集的慢节奏连续剧的心态来做直播，也不能用拍大投入的商业电影的心态来做直播，最好用举办奥运会开幕式一样的心态来做直播。在保障不混乱、不出错的前提下，尽全力给观众呈现一场完美的直播。

上述六要素是直播营销的成功因素，知易行难，需要大量实践，用心研究，才能在直播营销中做到游刃有余。

（二）直播营销与其他营销任务的联动

作为一种营销工具，直播营销本身也需要引流，而且直播就像个满身孔洞的大水缸，不仅容量大，并且在持续漏水。从开始直播到直播结束的整个过程都需要不断引流，以保持一定的场观，对于漏掉的那部分，还得想办法处理，故直播营销必然与其他营销任务有联动关系。

1. 为引流而联动

几乎所有的主播均会选择使用视频引流，部分主播仅在直播前 12 小时发布引流视频，其他主播会在整个直播进程中发布视频，甚至一旦开始直播便会密集发布引流视频。可见，视频营销与直播已经有着非常好的联动，并且被业界认可为一种套路。直播营销几乎可以和所有的营销任务有联动关系，要么是为其他营销任务导入流量，要么是其他任务为直播导入流量。

2. 为促进直播带货效果而联动

除了引流，与直播电子商务联动的主要目的是促进销售，通常是短期促销策略，如发放优惠券、限时秒杀、大幅折扣等。电子商务是直播营销的主要变现方式之一，直播是电子商务的又一种重要形式。相对其他模式，直播电子商务具有前文所述的各种优势。当前，各种渠道积攒流量池，择机使用直播电子商务变现已是重要的电子商务形态，商家应充分重视这种形态，保持与会员的情感链接，以防止客户流失。

（三）直播营销的一般流程

以阿里巴巴国际站为例，直播营销通常可以按时间进程分为以下几个步骤。

1. 前期规划

首先，要明确直播营销的目标。在确定定性目标的前提下，进行充分的、有针对性的市场调研，对调研数据进行分类整理，根据产品大类确定意向类别和产品，以及受众群体。

其次，对目标消费者的偏好习惯进行初步分析，从流量入口、消费能力、产品客单价、支付与物流方式等方面进行分析，进而清晰定义直播营销的定量目标（如带货销售额）。

再次，根据确定的目标进行受众画像，结合产品大类进行受众需求分析，进而完成选品，并分解直播营销的目标（如各种产品的销量和产值）。

最后，将前期规划落实在纸面上，形成直播的整体策划案。

2. 播前执行

在整体策划案的基础上，细化直播前的相关工作，包括播前执行计划、物料准备、直播平台的选择、主播选择及团队组建、引流营销方案及实施、试播、数据跟踪分析与优化等。

物料准备主要包括产品（明确定位的产品清单、产品测评或相关培训材料、展示或试用产品备货，并按销量预测的一定比例备货）、直播设备与耗材（拍摄设备与灯光设备，计算机与麦克风音响设备，直播专用设备如云台、提词板、背景板、贴纸等）、直播软件（根据平台的不同，安装并测试直播软件）、宣传物料（引流用海报、短视频、长图等）、促销工具（提前生成优惠券/码、赠品、物流代金券等）。直播团队中，应安排专人负责物料相关工作，包括计划、筹备、分发和管理等。

直播平台的选择要根据产品、目标群体和平台特性进行，好的平台能够与直播带货衔接顺畅，也能够获得平台分发流量支持。如果是以带货为目的的直播，则电子商务平台是首选。目前，阿里巴巴国际站支持的两类直播：店铺直播和活动直播，如图 10-3 所示。店铺直播是店铺每周可以在店铺首页或商品详情页分发的直播活动，活动直播是在已报名且通过审核的展会/大促/行业活动排期的直播。注意，阿里巴巴国际站要求，开启直播前，需要完成主播认证考试并绑定店铺账号，这个过程需要消耗一定的时间，应提前安排。活动直播报名成功后，平台会进行排期，一旦排期完成，则必须要按时进行直播，并且必须是真人直播，不能播放提前录制的视频，否则将触发违规条款。

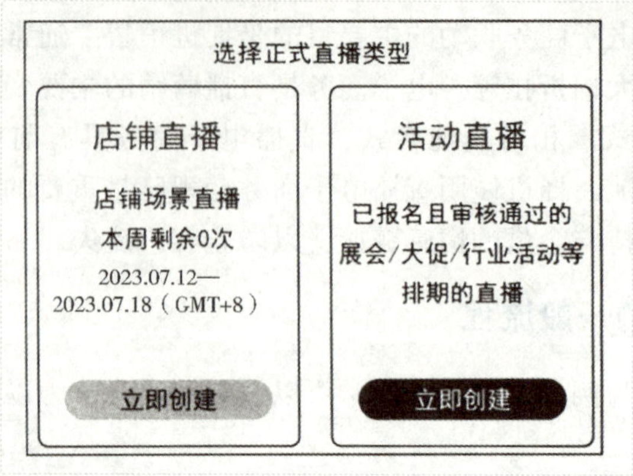

图 10-3　阿里巴巴国际站支持的直播类型

主播要根据目标、产品、平台、受众群体的特性进行选择，可以是经主播认证的内部员工，也可以从多频道网络（multi-channel network，MCN）机构挑选。其他团队成员也要明确下来，并完成团队组建和培训的相关工作。

引流是相对比较复杂的工程，一般需要提前足够长的时间进行推动。在阿里巴巴国际站有以下两种主要的引流形式：一种是创建直播预告（广而告之），客户可以在直播会场看到直播预告；另一种是通过内容营销渠道，如 TrueView、站内 EDM 或其他社媒渠道有针对性地主动邀约客户参与。例如，在 TikTok 发布引流视频。多渠道引流基本已经成为直播电子商务的标配，有时，甚至会将线下的流量导入线上直播。

试播相当于正式开播前的彩排，重要的活动直播最好执行试播，以利于在正式直播前发现和解决问题。阿里巴巴国际站的活动直播也支持试播，试播与正式直播一样需要创建直播预告并审核（一般 1 小时即可得到审核结果）。

数据跟踪分析与优化是播前执行阶段的总结，应根据引流和试播反馈的数据，及时优化前期规划阶段的策划案，并确认各项准备工作已经完成。

3. 开播及现场执行

前两步工作完成后，直播会得到较好的流量保障，接下来就可以按计划进行正式直播带货了。该步骤主要包括开场、营销、促销、互动、结尾及引流等几个环节。整个过程基本可以套用 AARRR 模型来进行。

（1）获取客户（acquisition）。开场环节主要有主播自我介绍、问候、介绍直播主题、预告对用户的价值、与用户互动等，目的均为抓住客户眼球。主播特点、与受众的情感链接、产品吸引力、活动优惠等能有效吸引进入直播间的客户的注意力。

（2）激活并提升活跃度（activation）。获取客户的时间要尽可能短，就像老师敲黑板提醒昏昏欲睡的学生一样，只要吸引到客户的注意力，就马上执行激活并提升活跃度的动作。从客户需求“痛点”入手是激活的常用策略。例如，脸部皮肤常见问题的处理办法，脸部护肤产品选择的纠结等。此时，专家型主播能发挥很大的作用。活跃的直播间大多有许多点赞、送花、留言、发弹幕等互动。

（3）保持并提升留存率（retention）。直播电子商务常用一场直播推荐多款产品来保持客户数量，即产品切换利于保持留存率。这里涉及一些技巧，如憋单，通常在无产品切换时使用。因此，直播电子商务的留存数据（累计场观）通常呈现波浪式变动，策划会尝试将曲线一浪又一浪地推高，最好能在结束前达到整场直播的最高峰。在这个阶段，主播的专业度至关重要，要给出需求“痛点”的解决方案，副播/助理与客户的及时互动也很重要，产品切换的节奏对留存影响大。

（4）变现并提升客单价（revenue）。直播电子商务的核心目标是变现，前面所有的工作都是为此目标服务的。直播通常会用较激进的促销策略，如大幅度折扣、赠品、第二件半价、买一送一等，促销力度在很大程度上影响最终变现数据。此时，副播的配合通常会非常重要。主播，特别是专家型主播在变现环节反而不宜用力过猛。提升客单价的方法一来可以用精准的促销策略，如买一送一；二来可以用多款商品策略。

（5）转介绍/自传播（referral）。整个直播过程需要持续引流，其中质量最佳的是转介绍吸引来的流量。主播可以直接要求受众转介绍，或通过一些激励策略来鼓励受众转介绍。一般认为，要实现转介绍，产品价值、转介绍的便利、转介绍行为的奖励三者缺一不可。

虽然用AARRR模型对直播现场执行进行了分解，但在实践中，可能不会严格按照这些步骤进行。例如，在受众保持这一步，直播电子商务常常会跳过；转介绍也不一定会执行。由于直播时间短暂，所以更重要的是将现有受众转化。

4. 播后执行

直播营销并不是一次性活动，播后执行对后续直播营销活动影响很大。直播主要是经营私域流量，如果没有把客户服务好，那么丢掉的很可能是老客户，这个损失是非常大的。直播后的主要工作包括确认订单、发货及物流跟踪、客户回访等，必要时（特别是B2B销售）还需要跟进生产、安装调试、客户培训等。

直播带货的有效订单一直饱受业界质疑，因为商家可能主动安排刷单行为，而在短暂的直播期间，部分客户是在引导下做着冲动型消费，所以直播带货的订单往往需要确认。

直播订单非常集中，且波动可能很大，而播前执行阶段的备货只能按保守预测进行。在这种情况下，发货并跟进物流的相关工作非常考验一个直播团队的整体作战能力，其中的难点是在高强度的工作压力下保障准确、及时。

客户回访是本次直播带货的终点，也是下次直播带货的起点，一定要评估客户满意度，获取客户的直接反馈。

5. 复盘总结

每次直播活动均需要进行复盘总结、沉淀经验，对直播过程中的各类工作进行评估，并结合客户反馈等其他信息，为下一次活动的营销方案提供支持。

三、直播营销成效分析

直播营销虽然发展时间不长，但已经具有极强的可度量性。下面以一个抖音电子商务的案例来说明成效分析指标与优化策略。

（一）直播营销的评价指标

直播电子商务的评价指标分为三类，如表 10-1 所示。

表 10-1 直播电子商务的评价指标及其说明

指标类	指标项	指标说明	案例数据
流量类指标	观看人次	一场直播总的观看人次	407.5 万人次
	平均在线	直播间平均在线人数	7.3 万人
	在线峰值	直播间在线人数最大值	9.5 万人
	平均观看时长	所有人观看直播的平均时长	6 分 21 秒
流量转化指标	涨粉数	一场直播增加的用户数	3.3 万人
	转粉率	涨粉数/观看人次	0.82%
	点赞数	直播过程中的点赞总数	1 194.6 万次
销售效果指标	销售额	一场直播总的销售额	1.12 亿元
	销量	一场直播获得的订单数	66.1 万笔
	商品数	一场直播上架的总商品数	69SKU
	GPM	千次播放产出的销售额，在直播电子商务中为“销售额/观看人次”	2.75 万元
	UV 价值	每“观看人次”产出的销售额，即“销售额/观看人次”	27.5 元
	客单价	评价每个订单的金额，即“销售额/销量”	170 元
	购买转化率	购买转化率，即“订单数/观看人次”	16%

可见，直播电子商务的评价指标非常丰富，读者可以将三类指标和已经比较熟悉的阿里巴巴国际站的曝光率、点击率、询盘率、销售额等数据进行对照，理解其意义即可。

（二）直播营销的成效分析与优化

直播营销的评价指标很丰富，在精细化复盘时，几乎每个执行事项均能找到对应的指标数据，这对沉淀经验和有针对性的改进非常有帮助。另外，为了简化和可比较，直播平台还会定义一些综合指标，反映更宏观的情况。例如，抖音采用流量层级来评价一场直播在获取流量方面的大致水平，用留存指数来综合评估直播留存受众的水平。

1. 引流情况

如果 150 万个用户的贡献达到 21.21%，引流视频不容忽视，贡献 16%的流量，平台自然推流达到 63%，这个数值非常值得细致分析。抖音平台直播的自然推流一般由直播间停留、互动、成交数据激发。直播间停留与直播内容的专业度密切相关，内容有价值，观众停留时间就长。该场直播平均观看时长是 6 分 21 秒，是一般水平的三倍多，反映直播的内容价值很大，观众受内容吸引，愿意持续观看直播。这是非常难能可贵的，这就提示用户要特别关注直播内容。这个数据也给用户带来了希望，追求专业的直播，传播有价值的内容才有未来。

2. 流量转化情况

经过一场直播，主播涨粉 3.3 万人，而前期五个月的用户累计是 150 万人，可见这场直播的涨粉效率很高，相当于 10 天的涨粉量。这些新增用户是平台自然推流而来的，这就相当宝贵了，因为后期这些新增用户还有很大的裂变空间。该场直播的互动情况也很棒，总计 1 194.6 万次点赞，平均每人次达到三次赞，进一步说明了本场直播的质量非常高。

3. 销售效果

GPM 是抖音提出并重视的，综合反映直播带货的质量，是抖音自然推流的核心依据。通过上述分析，直播电子商务的优化方向如下。

（1）直播内容质量应持续优化

内容质量主要由主播传递，由主播的专业度决定，因此主要体现在两个方面，一是持续提升内容策划能力；二是主播要深耕专业方向。虽然直播的基本技巧有用，但专业度更有用。

（2）播前执行应持续优化

直播前的用户积累，构建私域流量池，是直播场观人次的基本保障，平台喜欢“锦上添花”，不喜欢“雪中送炭”，没有基础场观人次，很难得到平台的自然推流。引流视频可以保持直播间的场观人次，也需要合理规划。另外，选品及其定位也很重要，这会直接反映在销售数据上。直播电子商务常常出现“翻车”现象，一些带货直播场观人数、互动点赞数、平均观看时长可以很高，但购买转化率低、订单支付率低、收货率低，这种“三高三低”现象就是典型的“翻车”现象。其直接原因就是选品不当。事实上，直播电子商务对产品要求很高，并不是所有品类都适合直播营销。即使产品选对了，与主播人设或专业技能不符，也会“翻车”。

（3）要根据渠道特点优化直播营销

例如，抖音直播带货很重视 GPM 值，很大程度上影响了平台的自然推流，如果在抖音上做直播，则应根据 GPM 的影响因素进行优化，如提升用户质量（而不是购买或低关联度增粉）、提升直播内容质量。

总之，直播、短视频带货已成为重要的电子商务模式。目前头部主播主导市场，未来更专业的主播将蜂拥而至，直播不仅在促进销售方面大有可为，在品牌宣传上的巨大潜力还远远没有发掘出来。但直播电子商务也存在费用高、留存低、复制难等瓶颈，“赔本赚吆喝”“翻车”等现象每天都在发生。随着行业越来越标准化，从主播带货到全民带货、从信任主播到信任商品，是未来必然的主要发展方向。

技能训练

在直播营销中，如何有效地吸引观众的兴趣并保持他们的参与度？

任务三　高阶营销技巧

任务描述

小王接到一个公司的任务，要求以直播营销为主题，完成一个具有创新和影响力的直播营销策划方案，并制作一份10~15分钟高质量的直播营销演示视频。那么他应该怎样设计演示视频呢？本任务将学习高阶营销技巧。

任务分析

一、流量IP及其价值

本任务介绍的高阶营销技巧是整合营销，主要有三层整合：线上流量整合、线上与线下协同营销、多模式整合营销。

（一）流量IP概述

IP是intellectual property的缩写，是“知识产权”的意思。各种智力创造如发明、外观设计、文学和艺术作品，以及在商业中使用的标志、名称、图像，都被认为是某一个人或组织所拥有的知识产权。

随着商业的发展和繁荣，IP的价值会越发凸显，IP有概念泛化的趋势：从传统意义上的漫画、电视剧、小说、游戏作品，到如今某个人、某个角色、某个金句，或者某种商业现象、某种商业模式、某种思维方法……在网络营销领域，大致可以认为流量IP是具有较大流量的某种独特的东西，一般还需要有较大的变现价值。例如，《盗墓笔记》是网络小说类的流量IP，阅读量大，且付费阅读的量较大。

（二）品牌与流量IP

是否打造品牌已不是问题，企业家思考的是应该打造什么样的品牌，且如何快速打造品牌。几十年前，国货品牌会取诸如“蒙娜丽莎”“欧陆经典”“奥克斯AUX”等“洋气”的名字，这样更容易打开国内市场。近年，“鸿蒙”“问鼎”“在水一方”“十里桃花”等名字似乎越来越受国人欢迎。从名称的变化可见，人们期待打造具有中国特色、具有中国文化积淀的品牌。

无论流行风如何，打造品牌必须思考如何高效传播并快速获得顾客关注，品牌IP化正是有效方式之一。海尔、小猪班纳均选择投资拍摄同名动画片，是比较早的品牌IP化案例。互联网品牌“三只松鼠”从诞生之日起，一直在品牌IP化方面投入精力，卡通形象、动画、创意包装，“三只松鼠”总有“故事”在网上流传。互联网丰富的传播渠道，使品牌IP的应用场景更多了，很多时候也更有效了。信息越多，互动越频繁，感性沟通就越有优势。通过一个IP做载体，或者把品牌IP化，效果比之前更喜人。

品牌必然追求流量，有故事的IP化品牌显然更容易吸引眼球和获取情感链接，故品牌打造的最终结局似乎都指向流量IP，或者说品牌传播的目标是成为流量IP。应尽快定义IP，承接品牌流量，并持续运营品牌流量IP，推动品牌价值的提升。

（三）跨境电子商务品牌流量池的布局

跨境电子商务品牌通常善于全网营销。所谓全网，就是有多种营销渠道，每条渠道均为品牌贡献流量。本书倡导应用流量池思维持续沉淀流量，则每条渠道均会有一个流量池，品牌流量池布局包括跨境电子商务平台官方旗舰店、品牌在社媒（如Facebook）上的官方账户/主页、官方自媒体/微商城、品牌自有独立站/App。

这些流量池各有特性，那么有主次吗？能整合吗？哪一个更适合IP化？

对跨境电子商务企业而言，目的不是流量，而是变现，故流量必然要整合，以便变现，问题是如何整合。一般而言，因各渠道均有规则制约，故最佳的整合方向是品牌自有独立站/App，这是可控性最强的流量池，是真正私有的。目前，炙手可热的安克、SheIn等均已完成自有独立站/App的流量整合进程。相对而言，安克的独立站流量占比已过半数，但在移动流量占优的大环境下，SheIn的App流量整合看起来更胜一筹。

但多数跨境电子商务企业并不能支持自有独立站商城/App的建设和推广，安克、SheIn是标杆，值得跨境电子商务企业学习。根据品牌发展阶段，选择一个合理的流量池，用于整合各渠道流量，具体内容如下。

（1）以跨境电子商务平台官方旗舰店为主流量池。品牌建设初期可以将跨境电子商务平台的官方旗舰店作为引流目的地。这并不是说只做平台营销，站外EDM、展会、社会化媒体等渠道的流量完全可以导向线上店铺。这样做的好处是便于快速变现，但电子商务平台与用户的互动性不够好，难以做复杂的流量运营操作，此时私域流量的运营主要依靠CRM软件，通过邮件订阅形式实现。当前，大部分阿里巴巴国际站的B2B商家均处于这个阶段，品牌IP化的道路还很漫长。

（2）以社会化媒体官方账户/主页为主流量池。当社会化媒体的主页/账户沉淀了足够多的用户后，可以将主流量池迁移到社媒上。社媒强交互性非常利于做私域流量运营，且流量沉淀更便利。社媒流量池和CRM软件流量池可以分层定位，即社媒沉淀用户，CRM软件沉淀客户。到这个阶段时，品牌企业一般已构建会员体系，是时候加强会员运营了。电子商务平台主要承担流量变现的职能，只是一个产品和订单管理的系统。当前，阿里巴巴国际站的一些头部商家已经开始这样转型了。降低电子商务平台营销成本，但平台的交易数据并不下降，这就是客户沉淀的结果。

（3）以官方自媒体/微电子商务为主流量池。这个阶段的突破是利用社媒提供的接口开设了自有商城，同时具备媒体和电子商务属性。这一突破看似不大，但有转折意义。自此，电子商务闭环是在自有商城完成的，摆脱了第三方电子商务平台的制约，但对供应链管理、商城管理都提出了新的挑战。商城所依附的社媒只是流量的入口，此外，与自建独立站商城/App 已没有多大区别。当前，能做到这个程度的跨境电子商务企业并不多，但必然是相对比较有影响力的品牌，否则官方自媒体/微电子商务无法成为主流量池（流量、销售额占比小于电子商务平台旗舰店）。

（4）以品牌自有独立站商城/App 为主流量池。此时，品牌影响力已足够大，独立站商城/App 的流量及销售额已占据绝对优势，全网营销的流量，包括线下流量均可以导流到主流量池。

上述过程是近年来跨境电子商务产业发展所推崇的一种品牌发展策略，但并不是唯一路径，在实践中，品牌发展的阶段并不会如此泾渭分明。这里需要注意以下几点。

（1）即使达到第四个阶段了，也要做好电子商务平台店铺或社交电子商务，高阶发展阶段是向下兼容的。

（2）上述四个阶段不一定要一步一步地走，可以跨越式发展。特别是传统强势品牌，数字化转型可以直接从第四个阶段起步。四个阶段也不一定只能按上述顺序依次出现。从微商城起步，或先不做电子商务变现，从社媒品牌营销起步都是可行的。

（3）流量有线上线下之分，主流量池应是数字化的。

总之，这只是一种可能的流量整合路径，提示在实施多流量池策略时应有意识地培育主流量池。然而，有的企业不选定主流量池，而是同时发展多个流量池，只在需要整合的场景才进行导流操作，如直播电子商务，这种情况也是可行的。跨境电子商务企业应基于自身特点，找到适合自己的流量整合方法和承接地。

（四）三层整合营销策略

13N1 模型将营销划分为三个层级十个典型营销任务，它们不是孤立的，而是一个有机整体，也会有一个整合的过程，对应着流量的整合和品牌的发展。跨境电子商务营销框架体系三层整合策略如表 10-2 所示。

表 10-2　跨境电子商务营销框架体系三层整合策略

整合层级	整合策略	策略说明	主导力来源	涉及组织范围
战斗层	线上流量整合	三大类（电子商务平台、社会化媒体、搜索引擎，本书称之为主动获取流量的“三板斧”）线上流量的整合	营销经理	营销团队内
战术层	线上线下营销协同	线上流量与线下流量（如展会、客户服务再营销、客户推荐等）的整合，并实现与客户、产品运营的营销协同	事业部总经理	事业部内
战略层	模式整合	企业存在多个业态模式时，通常会划分事业部，多个模式也需要协同发展（如 B2B 电子商务、B2C 电子商务、社交电子商务、直播电子商务等）	CEO/CMO	企业内（多个事业部）

下面简单讨论三层整合营销与品牌发展阶段的关联。

战斗层的整合营销在品牌起步阶段就要推动，以保障线上营销时的品牌一致性，表现在各营销渠道的视觉、EDM、服务营销等要素的一致（品牌识别），完成整合标志着品牌外部竞争力的基本确立。也就是说，品牌在外部看来已经成形，具备参与竞争的能力，能赢得客户的青睐。

战术层的整合营销在线上成功构筑主流量池的时候推动，具备了将线下流量导向线上的条件，完成整合标志着实现品牌全面数字化，产品（含定价）、渠道、客户战术三要素能较好地协同，品牌的内在竞争力基本确立。也就是说，品牌内化完成，品牌竞争力已不再只是“看上去”成形，而是有了企业内部力量的强有力支持，品牌价值将在客户心目中持续提升。

战略层的整合营销在两个以上事业部均能盈利时推动，此时能在统一品牌下实现多模式协同，B2B 电子商务、B2C 电子商务、社交电子商务、直播电子商务，以及传统外贸等能相互促进，品牌的“事业结构竞争力”（根据战略事业单元的定义，每种模式均是一个独立的“事业”，多个事业的组合能提升企业经营的综合竞争力）基本确立。也就是说，品牌赢得可持续发展的机会，多事业结构轮动发展将不断刺激品牌焕发新的活力，品牌生命周期大幅延长，品牌价值也有望持续攀升。

营销的终极目标是打造优质品牌。品牌建设的一个有效方法是流量 IP 化，这就必然涉及流量整合。从外部流量渠道看，流量整合的方向是流量池，多流量池运营时，在品牌发展的不同阶段可定义主流量池（通常是水到渠成的）。从内部营销框架体系看，可以通过三个层级的营销整合策略汇聚流量，有力支持优质品牌建设，持续提升品牌价值。

二、线上流量整合策略

流量整合是以客户为中心，构建不断增长的、活跃的流量池，最终构建营销闭环。流量整合是战术层营销创新的重要方式。

（一）线上流量类型及其特点

线上流量可以分为直接流量、第三方平台流量、搜索流量、社会化媒体流量、邮件流量、推荐流量等。直接流量，是直接访问品牌网站或落地页的流量，是对品牌已经产生认知的客户或消费群体，是企业通过跨境电子商务平台获取的流量。跨境电子商务平台带来的流量，以购物为目的，匹配度更高，转化率也更高，故不少商家选择直接进驻第三方平台，利用平台的自然流量迅速打开海外市场。搜索流量，是来自于搜索引擎的流量。这类流量可以分为 SEO 流量与付费广告流量，搜索流量覆盖人群比较广。社会化媒体流量，用人口统计特点来进行用户画像，可以让商家在营销时进行渠道、受众、内容的精准匹配。邮件流量，是通过邮件营销获取的流量，覆盖范围广，操作方便，来源比较广泛，成本相对较低。推荐流量，是客户主动分享产品或服务而获得的流量。

其中，电子商务平台、社会化媒体、搜索引擎，是主动获取新流量的主要来源，称之为主动获取流量的“三板斧”。不同类型的跨境电子商务企业根据其经营特点，有着不同的流量结构。据 SimilarWeb 在 2021 年 2~7 月对近 50 个知名跨境电子商务独立站进行数据监测的结果显示，跨境电子商务独立站企业的流量结构中，搜索流量占比 39.19%，直接流量占比 37.47%，社会化媒体流量占比 10.65%。

（二）线上流量整合策略

在了解各类流量渠道特点的基础上，商家可以从整体上合理分配资源，进行流量整合。流量整合即对所有流量来源进行合理统筹和布局，在资金和资源分配、统筹安排和资源投放节奏上，达到“1+1>2”的效果。图 10-4 为线上流量整合路径。

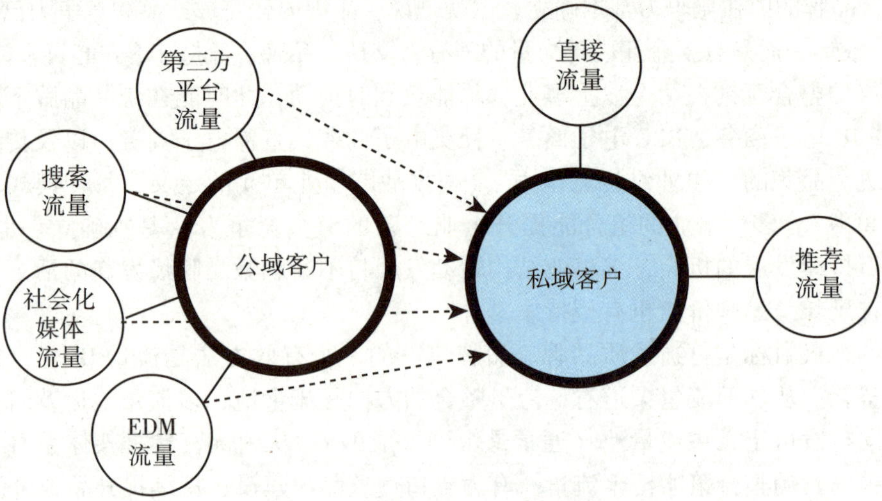

图 10-4　线上流量整合路径

根据客户行为路径，流量整合有三个基本策略。

（1）积极获取流量，构建流量池。根据企业实际情况，把握流量渠道的特点，构建引流矩阵，全网多渠道获取流量，构建持续增长的流量池。

（2）运营流量使其价值最大化。构建私域流量池，对流量进行运营，通过营销自动化，提升客户转化/复购率。流量运营的主要对象是私域流量。私域流量是属于企业的、无须付费、不受第三方平台的规则约束，在营销渠道和营销方法的选择上灵活度相对较高。可以重复利用反复触达，在此过程中可以反复进行用户及其行为分析，根据分析结果调整营销策略，快速提升用户体验。虽然企业私域流量池的建设前期需要投入一定的成本，但是一旦积累了一定基数的忠实用户，探索到适合企业的营销方法，后期的营销成本就可实现大幅下降。

（3）进行流量挖掘，用现有流量获取更多流量。当流量积累到一定程度时，可以挖掘“老带新”模式，获取推荐流量，直接流量占比持续提升，并最终实现品牌自身即流量 IP 的目标（品牌价值最大化）。

（三）线上流量整合的组织实施

线上流量整合属于战斗层任务，由营销团队负责人组织实施，对应的组织方法即 DR 循环。

每天下班前，营销主管首先应组织复盘，听取团队成员今日的工作要点清单完成情况及其原因分析，对各团队成员的当日工作情况进行点评；其次应要求团队成员描述如何帮助其他成员改善业绩指标，引导团队成员之间形成交互，最终让大家将流量向主流量池归集。各营销渠道向主流量池贡献的流量数量及质量也可以设定为团队成员的考核指标。

复盘了解的相关数据应同步制作成每日业绩看板，保留一周后汇总记录在案，作为团队成员业绩考核依据。注意，考核本身不是目的，日复盘过程中分享的业绩完成经验、互助策略比考核数据更重要。鼓励团队成员及时记录可行的改进策略，形成工作要点清单，要求其在下一日实践检验，并追踪效果，用数据驱动团队成员不断成长。

营销团队主管应对每周数据进行记录，与上周实际数据和本周目标进行对照，分析差距及其原因，并在本周结束时，能抛出下周的关键指标的增长目标。

三、线上线下营销协同

随着企业立体化营销渠道布局，客户采购行为发生变化，线上线下营销协同已经成为跨境电子商务企业面临的切实问题。线上流量和线下流量要纳入整体的营销规划中，进行统一的渠道管理，互相导流，实现场景、数据、资源的实时共享，从而实现交易全流程数字化的营销协同，构建流量池变现转化的闭环，以便更有效地发挥流量池的最大效能。

（一）线上流量与线下流量的特点

线上流量有以下四个特点。首先，线上信息获取便捷，无地域限制。例如，客户从阿里巴巴国际站等平台了解商家信息，商家事实上获得了阿里品牌背书，增加了企业的可信任程度。其次，线上交易便捷。客户可以在线上直接下样品单，更深入了解企业信息，拓展商机。再次，线上数据获取比较方便，因此线上的客户数据可以给线下交易提供参考。最后，品牌可以在线上开展多种类型的品牌宣传活动，与客户开展交流，聚合流量，并最终导流到线上或线下的交易闭环。总之，线上流量具有信息获取便捷、交易便捷、数据获取方便、品牌宣传简易等特性，线上可以赋能线下，使营销更有针对性，并向线下导流。

线下流量的特点主要有两点。首先，通过线下服务可以与客户面对面交流，给客户提供真实的场景体验，从而丰富客户对品牌的印象。其次，线下可以为客户提供更多的服务，建立情感链接，进一步加深与客户之间的关系。总之，线下流量可以反哺线上流量。

（二）线上线下营销协同策略

线上线下流量的营销协同主要包括两个基本策略：流量转化和客户体验。

（1）流量转化。线上线下流量协同体现在跨境电子商务业务流程上。从跨境电子商务的业务流程来看，交易、信息获取等环节是线上进行的部分，物流、售后客服等环节是线下服务的部分。线下的数据反馈给线上，可以支持前端的产品、视觉等的优化。通过线上线下流量协同在流量池中汇聚信息，实现全流程的数字化，从而提升流量池转化的能力，反馈到选品将形成支持。

（2）客户体验。从优化客户体验角度来看。品牌可以全面建设线上营销渠道，进行流量聚合。并通过线下展会、海外体验店，形成对线上渠道客户体验缺失的补偿。通过建设企业级 CRM 系统，建设会员体系，整合各个营销渠道，形成有效的信息沟通与资源共享，发挥协同效应。

（三）线上线下营销协同的组织实施

线上线下营销协同属于战术层任务，由事业部负责人组织实施，对应的组织方法即介绍的 DCA 循环。

事业部负责人应按时召集团队主管周例会，听取各团队主管汇报周行动目标达成情况及相应的原因，给定周工作情况的评价。之后，要求销售团队主管提出下周增长目标，逐一确认营销团队、视觉团队、客服团队、产品与供应链团队等如何贡献力量，帮助各团队主管明确周行动目标，并由专门的会议记录人员记录在案。

此外，一定要提问线上营销如何与线下营销协同，要特别关注运营/营销团队与销售的配合，是否有良好的互动，如有问题，则一起讨论解决方案，如合作良好，则要求共同商议增长目标。

关键增长目标和周行动目标构成的周例会纪要，应及时发送到各团队主管，作为下一周例会的参考依据。事业部负责人应对每周数据进行记录，与月度计划分解到每周的目标数据进行对照，分析差距及其原因，并于月度业绩回顾会之前，总结本月每周情况，绘制数据报表。报表中需要体现计划与实际情况，并提出下月核心业绩指标及周分解数据。

四、模式整合

模式整合是企业在不同的电子商务模式、电子商务类别进行整体统筹的，以实现整体经营的最佳效果。

（一）商业模式整合

利用多种商业模式进行企业整合可以取得最佳效果。当前，常见的跨境电子商务模式有 B2B、B2C、S2B2C、D2C，不同的模式会依托不同类型的平台进行经营，如图 10-5 所示。企业在业务战略层的整合与企业自身的具体情况、不同类型商业模式的特点、渠道发展状况相关。

（1）B2B 是大部分工贸一体企业进入跨境电子商务赛道的第一选择，跨境电子商务 B2B 让商家在跨境电子商务平台上与国外采购商直接交易，利用平台流量快速扩展海外市场。

（2）B2C 是出口企业与海外最终消费者之间通过 Aliexpress、eBay、Amazon 等第三方跨境电子商务平台完成交易的一种模式。跨境电子商务 B2C 让企业在跨境电子商务中面向海外终端消费者进行交易，因跨境电子商务平台提供营销、物流等全链路辅助服务，故经营跨境电子商务 B2C 店铺有便捷、灵活、轻量化的特点，降低了商家开展对外贸易的门槛。

图 10-5　常见的跨境电子商务模式

（3）S2B2C 是企业将货物供应给跨境电子商务企业，通常是独立站平台（如 SheIn 等）或供应链整合企业（如赛维、通拓等）。在这种模式下，不需要企业具备跨境电子商务平台运作能力，业务更轻量化，操作更简单。

（4）D2C 是商家自建跨境电子商务平台，直接面向海外消费者的品牌经营模式（如 SheIn 等），是在品牌出海浪潮中，最适合品牌发展的商业模式之一。

企业在业务的发展过程中，只有以品牌定位为导向，整合利用多种商业模式，才能获取整体效益最大化。模式整合应考虑以下策略。

（1）多种商业模式共同建设。跨境电子商务全渠道建设已经成为我国大部分企业品牌出海过程中模式整合的选择。不同的模式、平台一般面向不同的国家市场与买家，全渠道建设可以覆盖所有的流量渠道，全渠道建设是充分利用跨境电子商务渠道价值的有效方式。但全渠道建设的成本控制是难点。理论上说，全渠道建设必然导致成本上升，通常建议当营销费、人工投入不足时，不要拓展新渠道。但如今电子商务平台不断涌现，流量趋于分散，多渠道运营几乎成为品牌出海的必然选择。

提 示

有效控制成本的策略包括以下几个。

（1）首选经营准入成本较低或者零成本渠道。

（2）利用第三方服务工具，可以有效实现多平台产品统一管理、智能客服、多平台订单处理。

（3）培训员工新技能，争取在模式增加的情况下不增加过多的人力。

（2）选择重点模式进行资源投入。因企业资源有限，当企业选择多渠道发展策略时，建议选择重要的模式和平台进行重点投入。

从企业自身的经营能力要求来看，建设不同的渠道需要具备不同的能力要求。亚马逊、速卖通、eBay 等第三方跨境电子商务平台有较完善的引流、营销、物流等服务，企业只要按照各平台的要求开设店铺、开展经营活动即可获取流量、达成交易。而自建站，需要企业建立自己的独立网站，相比于入驻平台门槛更高，涉及网站设计、技术开发、电子商务运营、客户管理、物流管理等多链路的管理体系。

企业经营能力只是选择重点电子商务渠道中的一个因素，科学的决策需要综合考虑企业因素、平台因素、客户因素及项目风险和渠道的关联交互影响。跨境电子商务重点渠道评估量表（表 10-3），以战略因素、财务因素、企业经营该平台的资源和能力条件、平台环境、渠道风险、协同效应六个维度作为一级分类，并选取了十七个二级指标作为跨境电子商务重点渠道选择的评估依据。可以根据企业实际情况，采用专家法赋予指标体系权重，并根据层次分析法或综合模糊评价法得出量化结果。用这种方法得出的量化结果可以用于决策支持。

表 10-3　跨境电子商务重点渠道评估量表

一级指标二级指标	
战略因素	① 战略符合程度； ② 高层支持程度； ③ 战略贡献度
财务因素	投资回收期
	投资回报率
企业经营该平台的资源和能力条件	产品特性
	跨境电子商务平台运营能力
	人力资源条件
平台环境	平台定位及影响力
	平台信息系统质量
	平台服务
	平台市场环境
渠道风险	交易风险
	市场风险
	宏观环境风险
协同效应	平台间的关联程度
	平台间资源的竞争

（二）电子商务类别整合

在不同电子商务类别之间的整合是模式整合的另一个重点。

一般认为，当前的电子商务模式可以分为一类电子商务和二类电子商务两种。一类电子商务是指在线支付型的电子商务平台店铺经营形式。例如，在亚马逊等平台开通一个店铺，通过上架商品、客户下单、在线支付、签收回款等流程完成交易。二类电子商务是指货到付款形式的单品推广经营形式。例如，在 Facebook 的商品单页广告中，上架单款商品并主动推广该商品，客户下单，快递送达同时代收货款，就是典型的二类电子商务。

这两种模式的相同之处在于都是售卖商品，都通过线上平台进行推广。它们的不同之处在于，就支付方式而言，一类电子商务是先付款后发货，由第三方支付公司向商家结算，而二类电子商务则是通过先发货后付款，由物流快递公司向商家结算；就推广方式而言，一类电子商务通常由平台导入流量，提供电子商务运营工具，同时经营多款产品，而二类电子商务则主要是通过投放单页广告，有意去打造爆款产品。因此，一类电子商务更看重复购率和经营口碑，二类电子商务更看重运营爆款；就消费人群而言，一类电子商务的消费人群主要是已经养成网购习惯，不太在乎信任问题（信任问题已有电子商务平台保障）的网购人群；二类电子商务则覆盖那些几乎没有网购经验，或是没有见到实际产品而存在信任顾虑的消费人群。因此，一般来说，二类电子商务注重短线，稳定性弱；一类电子商务注重长线，稳定性较强。二类电子商务是一类电子商务的补充。

一类电子商务与二类电子商务整合的基本思路是充分利用两类电子商务的特点。常见的整合方式是，一类电子商务可以提供丰富的产品。通过直播和二类电子商务培养用户、用户或首次购买客户，将成熟的客户导入一类电子商务平台上的店铺。而一类电子商务的店铺和品牌，也为二类电子商务与直播进行背书，提升客户信心和关注度。整合的最终目标是，通过短期的产品和流量爆发，完成客户的培养和积累，带来长期的稳定收益。

（三）模式整合的组织实施

模式整合属于战略层任务，由企业负责人组织实施，对应的组织方法即介绍的 PDCA 循环。

企业负责人应按时召开事业部负责人月度计划会（或月度业绩回顾会），听取各事业部主管汇报月度业绩达成情况及相应的原因，给定月度工作情况的评价。之后，要求各事业部主管提出下月业绩目标，并由专门的会议记录人员记录在案。

此外，一定要确认各事业部如何协同，要特别关注增长最快的事业部，鼓励其他团队说明如何帮助该事业部保持快速增长，以便达到更快的成长速度。会议纪要应将具体的配合方法记录下来，月度业绩目标、每周分解数据及相应策略等的月度会议纪要应及时发送给各事业部主管，作为下一月业绩考核的依据。

企业负责人应要求助理对每月数据进行记录，与季度计划分解到每月的目标数据进行对照，分析差距及其原因，并于季度业绩回顾会之前，总结本季度情况，绘制数据报表。报表中需要体现计划与实际情况，并提出下季度核心业绩指标及月度分解数据。

技能训练

直播营销与传统营销方式相比有哪些优势和不足？如何把握直播营销的时机和效果？

____

____

任务四　营销创新环境与激励

任务描述

在当前竞争激烈的市场环境中，企业需要不断寻求创新，以适应消费者需求的变化和科技发展的迅速进展。本次任务的重点是营销创新，分为三个关键方面：新技术、新模式与营销创新；构建和保护营销创新生长环境；创新激励。

任务分析

一、新技术、新模式与营销创新

（一）技术驱动跨境电子商务营销创新

跨境电子商务作为数字经济时代新型商业模式，新技术是其发展的基础支撑，也是重要驱动因素。从跨境电子商务发展历史来看，网络的普及带来了 PC 端电子商务的高速发展；网速的提升、信息交互的便捷又带来了移动端电子商务的爆发；如果说 4G 推开了移动互联的大门，5G 第五代移动通信技术则凭借其高带宽、高速率、低延时的特点有望实现万物互联，让 AR、VR 这些需要较高数据吞吐量的技术应用具备可能性。

网上店铺可通过 VR 技术给消费者营造身临其境的购物体验，人们足不出户就可以逛购物中心。例如，Amazon 用 VR 技术给用户提供了 View in Your Room（图 10-6），允许消费者使用可视化工具设计一个房间，使消费者获得更具沉浸感的购物体验。消费者不仅可以想象自己梦寐以求的房间，还可以将其形象化，从而做出更明智的购物决定。这种参与和互动能大幅提升购买转化率。

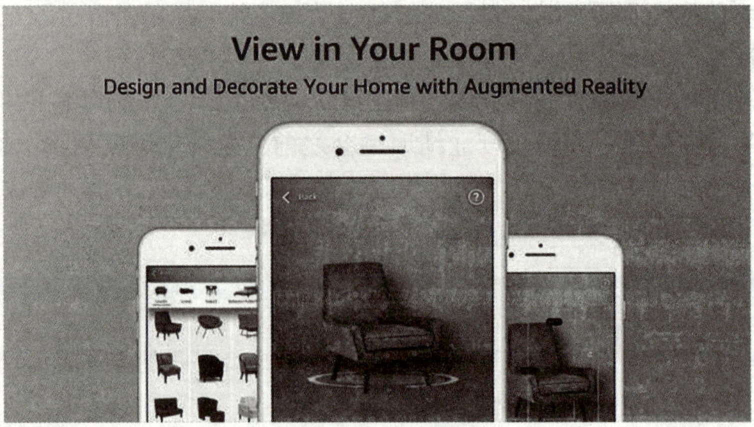

图 10-6　Amazon 用 VR 技术给用户提供的 View in Your Room

除了AR、VR，大数据分析和人工智能是跨境电子商务领域应用较多的新技术。相对于线下交易，线上交易的数据更容易获取。因此，数据分析可以让企业制定更具洞察力的营销战略。人工智能技术的应用也在逐渐深入，战略决策、定价、促销、客户服务等各方面均出现了人工智能的应用场景。

可以预见，随着区块链、人工智能、大数据等技术赋能跨境电子商务各环节，有望在全球范围内共建信任网络与开放平台，从而带动全球创新链、产业链和价值链加速优化整合，成为推动经济社会发展的新动能。

（二）跨境电子商务商业模式创新

商业模式创新是以改变企业价值创造为基本逻辑来提升顾客价值和企业竞争力的活动。商业模式创新的首要意义在于帮助跨境电子商务企业提高创造价值和获取价值的能力，从而在有挑战的市场环境中获取竞争优势。全球化、竞争加剧、技术变革等因素正在深刻影响跨境电子商务竞争格局，宏观环境的变化缩短了商业模式的创新周期，跨境电子商务企业支持和加速创新是其发展的内在需求，进行商业模式创新的企业更容易获取竞争优势。因此，跨境电子商务企业要保持持续健康发展，创新商业模式势在必行。

跨境电子商务商业模式创新，一般以价值创造为核心，从目标市场、价值主张、价值创造、价值交付、利润获取五个要素进行考虑。

1. 目标市场

进行商业模式创新，首先应考虑的问题是目标市场与客户群体，这是一个关乎跨境电子商务企业战略定位的问题。把企业的目标市场定位于需求未得到满足的细分市场，这是商业模式创新的基本方式。以阿里巴巴国际站的大多数制造商为例，大部分制造商的主要客户群体是大规模定制的客户，部分商家意识到了小量批发客户的需求，就开拓RTS赛道，满足这部分客户的细分需求，这是以目标市场为要素进行商业模式创新的基本方法。

2. 价值主张

无论跨境电子商务企业是否明确提出其价值主张，企业都以提供满足客户需求的价值主张为核心竞争力。跨境电子商务企业的价值主张附着在企业的产品、服务或解决方案上。价值主张的出发点是客户的独特需求。在过去相当长的一段时间内，大部分中国跨境电子商务企业满足的是采购商生产制造的需求。但是，随着中国企业品牌意识的增强，中国企业开始打造品牌，增加产品附加价值，在其生产制造之外，增加设计、科技创新、品牌等价值，这是跨境电子商务企业基于价值主张要素进行商业模式创新的常见方法。

3. 价值创造

价值创造是关乎跨境电子商务企业运营模式的问题。对于工贸一体型跨境电子商务企业，其价值创造方式为产品生产，而贸易型跨境电子商务企业则以代工模式来满足其经营需求。众多的微型跨境电子商务企业，在国内电子商务平台进行采购来满足其经营需求。

价值创造的方式是商业模式的核心问题。

4. 价值交付

跨境电子商务企业成功交付价值，意味着该企业找到了目标客户，最终目标客户购买了该企业的产品、服务或解决方案。例如，某手机商家通过阿里巴巴国际站上传产品并实施营销来获取客户，最终达成交易，就是一种价值交付方式；某宠物用品商家用社会化媒体聚集用户，并通过内容营销进行“种草”，通过落地页进行流量承接，也是一种价值交付方式。不同类型的跨境电子商务企业有着不同的价值交付方式，价值交付方式也是商业模式的核心问题。

5. 利润获取

完成价值创造并不等同于获取了利润，即使完成价值交付也并不意味着跨境电子商务企业已回收成本并获取利润，盈利模式与成本控制和收入模式有关。例如，一些跨境电子商务前期会通过投入付费广告来获取流量，很长一段时间，店铺的盈利都为负。盈利模式是跨境电子商务企业商业模式的终极问题，任何商业模式创新都必须能够建立或提高企业持续盈利的能力。

从以上五个维度进行分析，可以得到跨境电子商务企业现有的商业模式。跨境电子商务企业在进行商业模式创新时，可以从本企业现有的商业模式出发，对其中一个维度进行创新，也可以同时对多个维度进行创新。在品牌出海的浪潮中，跨境电子商务企业要勇于进行商业模式创新，以在全球市场竞争中“弯道超车”，实现爆发式增长，成长为世界品牌。

二、构建和保护营销创新生长环境

营销创新需要基因和土壤，这需要明确创新意识、创新组织架构、创新工作机制、创新保障这一资源配置的闭环，使各种创新要素在遵循整体组织业务方向和管理原则的情况下进行聚合，形成有利于创新发展的生长环境。

（一）明确创新意识

跨境电子商务企业应该有营销创新的共同价值追求。跨境电子商务的市场环境瞬息万变，因此明确营销创新在企业发展中的作用，在企业的各个方面体现营销创新意识、落实营销创新，是跨境电子商务企业发展的内在需求。而建立学习型组织，让企业跟上新技术、新模式的步伐，是跨境电子商务企业实现长期可持续发展的必要条件。

（二）创新组织架构

跨境电子商务企业要完成创新目标，仅靠个人几乎是无法实现的，需要从组织上进行创新，创新组织架构是构建营销创新生长环境的重要部分。跨境电子商务企业一般以成立独立业务单元、内部创业孵化器的形式来与原有业务做区隔。细化后的重战略中台支持的创业型组织架构如图 10-7 所示。

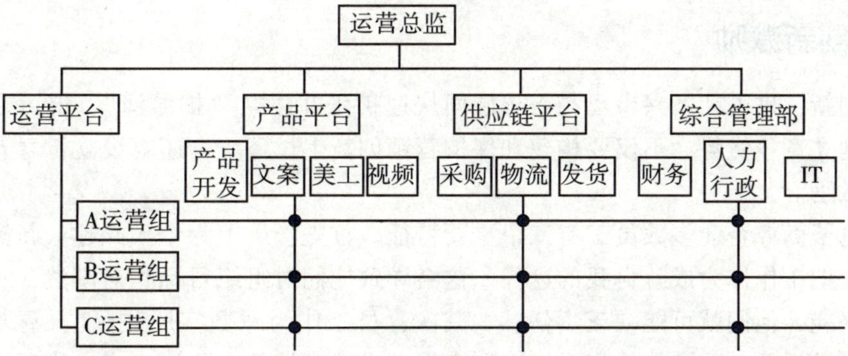

图 10-7　细化后的重战略中台支持的创业型组织架构

在运营平台根据不同的跨境电子商务渠道建立运营小组，把产品、供应链、综合管理部等组建起战略支撑中台。这种组织架构一方面保持前端运营团队的小型化和灵活性，以更好地匹配市场需求，并将创新的任务主要赋予这些运营团队；另一方面通过战略支撑中台去保证每一条运营线都能高效运营，为试错和规模化提供可能性。这种组织架构，对于以第三方平台经营为主体的企业比较普遍，如深圳赛维、通拓等都在应用这种组织架构。正是因为这样的组织架构，才得以让跨境电子商务企业以较低的成本实现了快速创新发展，快速地拓展了市场。

（三）创新工作机制

创新以人为本，跨境电子商务以数字经济新生代知识工作者为主要就业群体，此类群体追求平等、坦诚、创新、自由的组织文化，因此舒适、时尚的办公环境、弹性工作制、远程办公，都有利于孕育创新的文化。

新营销方式的试验突破不可避免地需要大量试错和迭代成本，需要在绩效管理机制上做相应容错的优化。建设高包容性的组织文化，可以有效避免新团队因无力承担可能的失败而在创新方面畏首畏尾。

另外，创新思想更容易在宽松、民主、愉悦的环境下孕育和产生。透明、公平、民主的决策机制可以调动员工的积极性，企业应充分授权，建立民主决策机制，激活创新思想。

（四）创新保障

创新需要探索未知领域或尝试新方法，这就意味着失败风险更高，特别是在跨境电子商务多平台、多区域的市场环境下。因此，要在制度上确认对创新行为的认可，并设立相应的保障体系，落实有利于创新的资源配置。

无论是从制度层面还是从经济层面，都要做好相应人员的保障工作，只有这样才能让员工没有后顾之忧，全身心投入相应的创新工作中。例如，可以从合同期限、薪资构成、可能的转岗方向等进行安排和保障。总而言之，保护营销创新环境不是空谈，而要以必败的假设对参与的团队和个人提供保障，并尽可能形成长效机制，才有希望迎接必胜的结果。

三、创新激励

营销创新，进可在新兴市场与需求层面快速扩张并建立“护城河”，退可在激烈竞争的市场中确立竞争优势。不仅要构建和保护营销创新生长环境，还要设立行之有效甚至激进的创新激励。

跨境电子商务企业多数员工有三个重要特征。首先，员工为个人兴趣、新鲜体验和理想而工作，把工作作为成就自我的途径。这会导致他们对组织目标相对漠然，一旦职责超出或偏离兴趣，他们就可能缺乏责任感。其次，员工作为“数字原住民”，喜欢追求变化和刺激，思维活跃，这会使他们对组织和工作的忠诚度较低，跳槽率高。最后，他们擅长虚拟世界中的人际交流和人机交互，追求开放自由、相对宽松的企业文化，但对现实工作场景中的团队协作意识和凝聚力稍欠缺。

商业环境的快速变化和就业群体的特点对组织的创新激励提出了挑战，要落实创新，组织需要根据主要就业群体的特征，在物质激励的基础上，适当提升精神激励的重要性。具体可以从以下两方面入手。

首先，组织需要明确认可员工创新的贡献，并将其与晋升机会、物质回报挂钩。创新的贡献不仅体现在成功上，失败的创新也有其价值，应予以肯定。但毕竟组织未从失败的创新中获得可见的产出，故失败的创新无法通过物质奖励进行充分肯定。因此，就更加需要对好的创新结果进行充分的肯定且给予奖励，让创新工作即使面临极高的失败风险，也能让员工因为高额的成功回报而充满激情。

其次，对于新生代员工关注自我发展的特点，组织应当精心设计职业发展通道，提供大量的培训发展机会，拓宽员工工作施展空间，把组织成长与员工个人成长关联起来，并让员工真正成为自我成长过程的掌控者、成长成果的最终拥有者和价值兑现者，从而构建创新的长效机制。

技能训练

科技发展如何影响营销策略的制定？举例说明新技术如何改变消费者行为和期望，以及企业如何利用这些变化进行创新营销。

____

____

项目小结

本项目通过四个任务的全面学习与实践，不仅提升了读者对跨境电子商务营销创新的认识与理解，还为读者掌握了一套高效、实用的营销技能与策略。

通过本项目的学习，读者将获得跨境电子商务营销创新的基本概念和理论知识，掌握直播营销的实施技巧，了解高阶营销技巧的应用方法，并培养创新思维和市场洞察力。同时，学生还将发展沟通、协作和问题解决能力，以适应跨境电子商务市场的不断变化和竞争压力。

练习思考

一、选择题

1. 跨境电子商务中__________被强调为提高企业竞争力的关键？（　　）

A. 直播营销　　B. 营销创新

C. 流量 IP　　D. 线上线下协同

2. 在直播营销活动中，为什么数据分析变得至关重要？（　　）

A. 评估主播的知名度　　B. 优化直播效果，提高 ROI

C. 调整直播策略　　D. 提高用户互动度

3. 线上流量不包括。（　　）

A. 间接流量　　B. 第三方平台流量

C. 搜索流量　　D. 社会化媒体流量

二、填空题

1. 直播营销对跨境电子商务的作用主要有：__________、__________、__________。

2. 直播营销六要素，即____________、____________、____________、____________、____________、____________。

3. 线上线下流量的营销协同主要包括两个基本策略：__________和__________。

参考文献

［1］凌雪莹，陈帅嘉，黄岚．跨境电商基础与实务［M］．北京：中国人民大学出版社，2024.

［2］黄毅，来立冬．跨境电子商务［M］.2 版．北京：电子工业出版社，2024.

［3］陈进．跨境电子商务基础与实训［M］．北京：人民邮电出版社，2024.

［4］郑秀田，甘红云，林菡密．跨境电商基础与实务（微课版）［M］．北京：人民邮电出版社有限公司，2023.

［5］刘钧炎．跨境电子商务基础［M］．北京：电子工业出版社，2023.

［6］陈岩，李飞．跨境电子商务［M］.2 版．北京：清华大学出版社，2023.

［7］贾如春，祖旭，陈佳莹，王冲．跨境电子商务海外营销实践［M］．北京：清华大学出版社，2023.

［8］陈道志．跨境电商营销推广［M］.2 版．北京：电子工业出版社，2023.

［9］刘永举，徐娟娟．跨境电商海外营销（中级）（1+X 职业技能等级认证）［M］．北京：清华大学出版社，2023.

［10］跨境电子商务平台运营实务编写组．跨境电子商务平台运营实务［M］．北京：经济科学出版社，2023.